贵州民族大学学术文库丛书
GUIZHOU MINZU DAXUE XUESHU WENKU CONGSHU
丛书主编：黄其松

贵州民族传统
体育文化资源调查与开发利用研究

GUIZHOU MINZU CHUANTONG TIYU WENHUA ZIYUAN DIAOCHA YU KAIFA LIYONG YANJIU

黄　咏著

中国社会出版社
国家一级出版社 · 全国百佳图书出版单位

图书在版编目(CIP)数据

贵州民族传统体育文化资源调查与开发利用研究 / 黄咏著 . -- 北京 : 中国社会出版社，2023.3
（贵州民族大学学术文库丛书 / 黄其松主编）
ISBN 978-7-5087-6855-7

Ⅰ. ①贵 ... Ⅱ. ①黄 ... Ⅲ. ①民族形式体育 - 体育文化 - 研究 - 贵州 Ⅳ. ① G852.9

中国国家版本馆 CIP 数据核字（2023）第 020334 号

出 版 人：程 伟
终 审 人：陆 强
责任编辑：陈 琛
责任校对：卢光花
封面设计：尹 帅

出版发行：中国社会出版社
地 址：北京市西城区二龙路甲 33 号
邮政编码：100032
编 辑 部：(010)58124836
网 址：shcbs.mca.gov.cn
发 行 部：(010)58124838
经 销：新华书店

印刷装订：北京虎彩文化传播有限公司
开 本：170 mm×240 mm 1/16
印 张：16
字 数：260 千字
版 次：2023 年 3 月第 1 版
印 次：2023 年 3 月第 1 次印刷
定 价：72.00 元

中国社会出版社微信公众号

中国社会出版社天猫旗舰店

目　录

上篇
贵州民族传统体育文化资源研究总论

中篇
贵州民族传统体育文化资源调查

下篇
贵州民族传统体育文化资源的开发利用

上篇

贵州民族传统体育文化资源研究总论

第一章 绪 论

一、繁荣发展少数民族文化事业是丰富人民精神文化生活，建设社会主义文化强国的重要内容

文化是民族的血脉，是人民的精神家园。全面建成小康社会，实现中华民族伟大复兴，必须推动社会主义文化大发展大繁荣，兴起社会主义文化建设新高潮，提高国家文化软实力，发挥文化引领风尚、教育人民、服务社会、推动发展的作用。繁荣发展少数民族文化事业，能够丰富人民精神文化生活，推进社会主义文化强国建设。

我国少数民族文化、艺术丰富多彩，少数民族传统体育项目众多，它们是我国少数民族文化的重要组成部分。近年来，随着我国少数民族地区现代化进程的快速推进，少数民族地区的传统体育文化与现代社会处在一个融合发展的时期。少数民族传统体育作为我国少数民族文化的重要成分，如何定位少数民族传统体育、文化与艺术，并将其有效地融入我国少数民族地区社会主义现代化文化建设进程中，繁荣发展少数民族文化事业，以发挥其积极的文化功能，更好地为我国少数民族地区文化发展服务，同时实现对少数民族传统体育、文化和艺术的保护、传承与发展，这是一个值得深入探讨的现实问题。

二、贵州省是少数民族聚居大省，有着丰富多样的少数民族传统体育文化亟待开发和利用

贵州是一个多民族共居的省份，全省共有民族成分 56 个，其中人口数量较多的有汉族、苗族、布依族、土家族、侗族、彝族、仡佬族、水族、回族、

白族、壮族、蒙古族、瑶族、畲族、毛南族、仫佬族、满族、羌族 18 个民族。据贵州省第六次人口普查数据，贵州全省人口 34746468 人，其中汉族 22344156 人、苗族 3968400 人、布依族 2510565 人、土家族 1436977 人、侗族 1431928 人、彝族 834461 人、仡佬族 495182 人、水族 348746 人、回族 184788 人、白族 179510 人、壮族 52577 人、蒙古族 41561 人、瑶族 40879 人、畲族 36558 人、毛南族 27332 人、仫佬族 24956 人、满族 23086 人、羌族 1605 人、未识别民族人口 612780 人。贵州是一个拥有丰富民族传统体育项目的省份，无论是从民族体育项目类型上，还是从数量上来说，贵州都是开展民族体育研究的资源宝库。贵州得天独厚的少数民族体育资源，为我们提供了宝贵的研究资源，而且这些独特的少数民族体育项目可以成为展现贵州独特地域文化的一张名片。但是，受现代科技和文化的冲击，以及人们对少数民族传统体育文化认知上的弱化，一部分少数民族传统体育项目逐渐淡出人们的视野，使得这些少数民族传统体育项目面临保护和传承的困境。因此，加大对贵州省少数民族传统体育文化的研究力度和深度，挖掘少数民族传统体育项目隐性和潜在功能，以发挥它们在丰富人民群众精神文化生活，建设社会主义文化强国，打造贵州特色的少数民族文化，以及构建贵州精神内涵等方面的作用。可以说这是贵州省少数民族传统体育文化未来发展的必然趋势。

三、贵州民族传统体育文化系统性研究不足，急需深入的系统研究

贵州省少数民族传统体育文化资源种类繁多、异常丰富，但现有研究只是零散地对某一个民族进行研究，有些民族的传统体育文化还未被关注，还存在很多研究的空白区域。本书力求对贵州少数民族传统体育文化资源进行系统调查，挖掘鲜为人知的传统体育文化资源，并对这些资源进行开发与利用。

第二章　贵州民族传统体育文化资源分类

一、分类依据

项群理论是我国著名学者田麦久先生以及他的同事在竞技体育领域所建立的重要的基础理论。项群训练理论是竞技体育的一般训练理论和专项训练理论之间的一个层次，它是以不同项目的本质属性所引起的项目之间的异同点为依据，将一组具有相似竞技特征及训练要求的运动项目放在一起进行比较研究。项群理论认为，训练活动的基本任务在于提高和发展运动员的竞技能力，在体能类中又有快速力量性、速度性、耐力性三个项群；在技能类中有表现难美性、表现准确性、隔网对抗性、同场对抗性、格斗对抗性五个项群。

（一）竞技运动项目的三个主要分类标准

1. 依决定竞技能力的主导因素分类

依据运动项目所需运动能力的主导因素，可将所有的运动项目首先分为体能主导类和技能主导类两大类。继而以各项目体能或技能的主要表现形式或特征作为二级分类标准，把体能主导类项目分为快速力量性、速度性及耐力性三个亚类，把技能主导类项目分为表现难美性、表现准确性、隔网对抗性、同场对抗性及格斗对抗性五大类。

体能主导类快速力量性项群包括田径中的跳跃、投掷、举重等要求运动员具有高度爆发力的项目；体能主导类速度性项目则包括一切短距离的竞速运动项目，即短距离跑、游、赛场自行车、速度滑冰等；体能主导类耐力性项群是个大家族，包括中长距离及超长距离的走、跑、骑、游、滑、划所有的项目。

技能主导类中，运动员在比赛中力求完成高难度的精彩动作，并同时着力展示运动美、人体美，包括在水、陆、空、冰等不同场地竞技的项目与徒手和持器械的项目，集中为表现难美性项群。而表现运动员准确完成专项技术能力的射击、射箭和弓弩则被集中为表现准确性项群。

技能主导类中的对抗性项目被分别归入三个项群。比赛时用网将双方选手隔开，各据一方徒手或持器械击球竞技者称为隔网对抗性项目；双方选手在同一块场地上追逐争夺，以将球射（投）入对方特定网区中得分的项目称为同场对抗性项目；而以对手的躯体为攻击对象，双人进行格斗的项目则称为格斗对抗性项目。

2. 依运动项目的动作结构分类

汲取马特维耶夫按动作结构分类基本思想的内核，我们首先把所有的竞技项目划分为单一动作结构、多元动作结构和多项组合结构三大类，然后以各类动作的组合形式为二级分类标准，将单一动作结构类再分为周期性、非周期性和混合性三个亚类，将多元动作结构类再分为固定组合和变异组合两个亚类，将多项组合结构类再分为同属多项组合和异属多项组合两个亚类。

单一动作结构类的混合性亚类兼有周期性与非周期性的特点。各种跳跃及标枪的助跑为周期性动作，而最后的跳跃及掷标枪则为非周期性动作。

多元动作结构类中，固定组合亚类项目要求运动员在比赛中完整地“再现”训练千百次重复练习的动作组合，而变异组合亚类项目运动员则要在比赛中根据对手所采取的技、战术情况，将平素训练中所掌握的技、战术“元件”即时地组合成相应的技术动作或战术配合。

多项组合结构中，有些多项比赛的各个单项属同一个运动大项，如体操男子六项全能、田径女子七项全能等，称为同属多项组合；而有些多项比赛的单项分属不同的运动大项，则称为异属多项组合，如近代五项、冬季两项和铁人三项等。

3. 依运动成绩的评定方法分类

按照各项比赛成绩的评定方法，可将众多竞技项目分为测量类、评分类、命中类、得分类及制胜类五大类。

测量类项目的运动成绩可由对高度、远度、重量或通过一定距离所需时间的测量予以确定。评分类项目比赛中，裁判员按特定的规则和评分办法，对运动员所完成的动作质量给予评分。命中类中的无防型项目（射击等）由在没有防守的情况下，命中某一目标的次数多少而决定比赛的成绩；设防类项目选手则必须突破对方的防守命中特定目标而力求取胜。得分类项目均按局（盘）进行比赛，一方得分达到规定数目时即为获胜，得分的途径既有本方运动员进攻命中，也包括对方的失误“送分”。制胜类项目运动员可以通过取得绝对胜利而结束比赛，而在没有出现绝对胜利的情况时，则仍需按命中得分的情况判别胜负。

（二）三个主要分类体系的对应联系

以上三个分类体系从不同的角度描绘了竞技运动项目总体的内部结构。由于三个体系的分类标准之间有着密切的相互联系，因此，各个体系中所划分的项群之间也很自然地存在着一定的对应关系。例如，技能主导类表现难美性项目同时都属固定组合多元动作结构，都是通过由裁判员给分的方式而评定运动成绩。体能主导类耐力性项目都属周期性单一动作结构，都是通过准确的计时判定运动成绩。因此，在组织训练活动的过程中，可以其中一个体系为主，划分不同的项群，进行相应的研究。

由于一切运动训练活动都必须围绕着运动员竞技能力的发展予以科学规划和组织实施，所以以决定竞技能力的主导因素为主要的分类标准，可将以奥运会项目为主的众多竞技项目分为八个项群，进而对各项群的训练理论进行专门的研究。

少数民族传统体育项目隶属于体育运动项目，具备一般运动训练特征与专项运动训练特征。借鉴项群训练理论构建少数民族传统体育项目分类依据，可实现对纷繁复杂的少数民族体育项目的归类，有助于同类运动项目间训练的迁移，有助于同类性项目的互相借鉴、发展。

二、分类内容

依据项群训练理论，根据少数民族传统体育项目的起源、特征、功能、性质的不同进行分类，将具有相同类别和性质的项目分在一起，力求通过了解一种项目，进而了解同类所有项目。具体分类如表 1 所示。

表　1

类别	性质	项目内容
体能主导类	竞速性	高脚竞速、板鞋竞速……
	竞力性	押加……
技能主导类	民俗性	斗牛、斗鸡……
	娱乐性	打手毽、秋千……
	宗教性	花鼓舞……
	地域性	独竹漂……
	军事性	射弩……
	表演性	跳芦笙、金钱杆……

第三章　贵州民族传统体育文化资源特征

民族传统体育是一种综合性的民族文化，充分地体现了各民族的习俗、礼仪、价值观、审美观以及生活习惯、行为模式。贵州是少数民族聚居地，特殊的地域环境、生活方式和文化特征，形成了丰富多彩的民族体育项目，并呈现出多姿多彩的形态与类型。

一、贵州少数民族传统体育的特点

（一）地域性

某一地区的一个民族或几个民族所处的区域环境以及自然条件存在差异，在与外来文化的和谐发展过程中，各个民族都在自己文化背景基础上形成了有别于其他民族的传统体育文化与活动方式，充分地体现了少数民族传统体育的地域性特征。此外，风俗习惯、社会进程、文化变迁等因素促使不同地区民族传统体育具有其地域性文化特色。

（二）传承性

民族传承性是指民族体育文化在时间上传衍的连接性，即历史的纵向延续性，同时也是民族传统体育的一种传递方式，它通过特定的社会关系和社会要求而实现，民族传统体育既是被传承的，也是被不断发展和创造的，它要从根本上适应民族体育发展的内在需求，这也是民族传统体育文化得以发展延续的内在规律。某种民族体育运动形式一经形成，就具有一定的稳定性和延续性，会在不断发展中变化，充实文化性。文化是各民族共同具有的符号、价值观及其规范，其与人类社会的科学发展密切关联。原始人钻木取火，刀耕火种，崇拜自然、图腾、祖先与神灵。法制社会形态下，人们讲究长幼尊卑、礼教、德治，人的行为、观念随着人类的起源、进化、发展日益丰富。文化的内涵也随之渐趋深厚。当某些行为、观念变成大多数人约定俗成的习惯定式，则成为一种习俗，有些习俗以节日或民风民俗的形式保存下来。节庆习俗是一个民族特有的传统庆典活动，构成了一种寓意深刻且独特的文化表达方式。

（三）娱乐性

民族传统体育的娱乐性体现在运动以闲暇消遣、健身娱乐为主要目的，而又具有一定模式的民俗文化活动。它是人类在具备起码的物质生存条件的基础上，为满足精神的需要而进行的文化创造，从简单易行、随意性较强的一般传统体育项目到技艺精湛、具有严格规则的竞技比赛项目；从因时因地、自由灵便的嬉耍到配合岁时节令的大型体育活动，以及将体育融汇于宗教礼仪、生产劳动、节庆祭祀。民族传统体育承载其民族文化艺术，同民族舞蹈、音乐相结合，使少数民族传统体育的娱乐性得到充分的体现。各种活动均存在着某种竞技模式，然而大多数是在业余时间开展的，并非非常严肃与严格，尤其强调渲染一种轻松愉悦的气氛，旨在健身娱乐、闲暇消遣，从自由的嬉耍到岁时节令的大型文体广场，不同民族均将体育与喜庆丰收、宗教礼仪、祝贺新婚、欢度佳节进行有机结合，并和不同民族音乐舞蹈紧密联系，充分体现出民族传统体育的娱乐性，例如舞龙就属于民族传统体育项目中最具娱乐性的一种活动。

（四）竞技性

民族传统体育活动充分体现出竞技性，促使人们变得机敏、强壮。各种少数民族传统体育活动发源于某一民族，同时又是在该民族中流传。体育活动参加者能够在彼此较量之中，在心理上体验到愉悦，体育活动具有开启心智、磨炼意志的功能，例如拔河、赛龙舟等属于群体对抗性质的体育竞赛活动；而赛马、摔跤等属于个体对抗性质的竞赛活动。通常情况下，竞技性是随着体育活动的举行而不断发展的。例如，近年来，贵州水族端节赛马传统上旨在相亲玩耍、休闲娱乐的挤马活动已经消失，而是增加了诸多竞技体育的现代元素，从而充分体现出民族体育活动的竞技性。通常情况下，民族传统体育具有非常强烈的地方特色。例如贵州的苗族在龙舟竞赛中使用的独木龙舟是最具特色、最古老的一种龙舟，这种龙舟已经被纳入我国非物质文化遗产保护项目范畴，现阶段在我国体育博物馆与日本国家博物馆均有独木龙舟陈列。再如，独竹漂来自赤水流域少数民族，属于贵州省独创的一项民族传统体育活动，被赞誉为中华水上一绝，在全国少数民族运动会的表演项目中曾经获得金奖。不管是哪个少数民族的传统体育活动，均具有丰富情感内涵和理性文化，同时与各个民族的生存环境、生活习性、民族心理与文化模式进行有机融合。如果在现实中进行积极挖掘，则可以发现其悠久的历史。例如，作为贵州苗族的图腾文化，独木龙舟涉及的各个方面均显示出苗族神秘而古老的文化气息。通过查阅文献，清朝乾隆年间的《苗疆闻见录》中就对苗族独木龙舟进行了细致的阐述。历史和现实之间的比对，充分说明这一活动历久弥新，到现在依旧保留着原生态，民族传统体育活动的历史文化性在这里体现得淋漓尽致。

（五）参与性

在长期的发展历史中，民族传统体育一步步形成了适应不同民族人民的文化传统、生存环境的属性，同时还能够满足各个层次人群的多样化需要。各种民族体育项目，无论男女老幼都能够参与其中。例如，男性可参加舞龙、摔跤等活动，崇尚惊险，比拼气力，同时还能够凸显勇武精神；女性可参加踢毽等活动，细腻柔和、淡雅平静，充分体现女性的心灵手巧；青壮年属于众多活动的主力，例如舞狮、赛马等活动；老年人由于具有较高的声望与丰富的经验，则可充当竞赛的评判者，也可以作为青年的指导者；对于儿童，他们可从中学习许多知识。可见，不同年龄人群扮演着符合自己生理特征与社会生活的角色。民族传统体育是不同民族在满足最基本的物质生存条件的前提下，为满足精神需要而开展的文化创造。

二、贵州少数民族传统体育发展现状

不同的少数民族传统体育项目反映着各个少数民族独特的生活习惯、文化特征、道德风尚和宗教观念。贵州是多民族聚居的省份，特殊的地域环境、生活方式和文化特征，形成了丰富多彩的民族体育项目，并呈现出多姿多彩的形态与类型。贵州少数民族传统体育活动与民族习俗紧密相连，与各民族古老的历史生产生活环境息息相关，多为欢庆民族节日的活动，内容粗犷、淳朴，充满浓厚的生活情趣。主要的体育活动项目有苗族群众喜爱的踩月亮、踩火龙、花棍乐、丰收苗鼓、斗四方、芦笙技巧、垒营盘、穿花衣裳比赛、高跷等，仡佬族群众喜爱的较脚劲、高台舞狮，布依族群众喜爱的抵杠、德砂呱、竹鼓操、板凳拳，彝族群众喜爱的斗牛舞、乌蒙铃，水族群众喜爱的弦鼓乐等。贵州少数民族传统体育从内容上大致可分为两类。一类是以竞技为主的少数民族传统体育项目。这一类少数民族传统体育项目经常出现在国家和地方各级少数民族运动会的比赛项目中，通过比赛规则可以有效地强化参与者的拼搏竞争意识，使人积极向上、勇于进取。目前，被列入竞赛项目的主要有：高脚竞速、押加、摔跤、打陀螺、蹴球、射弩、抢花炮、赛龙舟、珍珠球等。这些项目通过进入少数民族运动会等大型体育赛事，在一定程度上被保留和传承下来。另一类则是以社会风俗、礼仪节庆为内容的表演性少数民族传统体育项目，在民族节日和民族庆典活动中主要用于烘托气氛，增加喜庆色彩。这一类少数民族传统体育项目通常以大型聚会或者表演方式体现。然而这些数量较多、被誉为“民族活化石”的表演性传统体育项目，如舞龙、舞狮、拔河、跳绳、跳竹竿、爬杆、上刀梯、飞石锁、顶杠、斗鸡赛、爬山、打棍、打手毽等，因缺乏竞技性和完善的比赛规则而无法进入大型的体育赛事，面临失传乃至绝迹的风险。

三、民族传统体育传承与发展存在的问题

（一）少数民族传统体育活动经费投入不足

贵州少数民族地区经济较为落后，无力发展传统体育，有些传统体育几乎销声匿迹。据了解，贵州少数民族地区体育活动经费的主要来源是劳务补偿，其次是表演报酬，而接受赞助和出售自制体育器材来获取经费的很少。

（二）贵州少数民族地区学校对传统体育重视不足

体育教育是实现学校教育目标，培养德智体全面发展人才的重要手段。据了解，贵州少数民族地区有许多地方的体育课形同虚设，常被文化课占用，而且目前进入学校体育教育教学内容的少数民族传统体育项目少之又少，完

全体现不出少数民族传统体育丰富多彩的优势。此外，还有许多学校由于师资、体育活动经费及场地器材等因素，体育教学的开展受到限制。如此现状使贵州少数民族地区学生的身心健康受到了严重的影响，同时也阻碍了贵州少数民族传统体育的发展。

（三）现代竞技体育运动的冲击

世界体育发展的历史表明，民族体育是现代体育之母，但并非所有的民族传统体育都能被国际接受并在世界范围内推广，尤其在工业革命以后，在全球经济一体化的趋势下，逐渐形成主流体育文化对边缘体育文化的侵蚀，当经济迅猛发展，相伴而来的是生活方式和生存观念的改变，导致许多民族的文化发生急剧消亡和流变。少数民族传统体育属于边缘体育文化，也面临相似的困境，被西方主流体育文化的竞技体育挤到边缘地带。很多人认为，少数民族传统体育不如现代竞技体育刺激、观赏性不如现代竞技体育强，这更造成现代竞技体育不断排挤少数民族传统体育，并迫使其摒弃自身的民族特色来适应竞技体育发展的需要。如果少数民族传统体育失去了民族文化的特色，失去了民族文化的内涵和基本精神，那也就失去了发展的动力，成了无源之水、无本之木。

中篇

贵州民族传统体育文化资源调查

第一章　苗族传统体育文化调查

一、民族概况

（一）苗族传统体育的起源

具有悠久历史和独特风格的苗族传统体育，其起源与发展离不开生活、生产、军事、节日和宗教等。

1. 源于生活

苗族传统体育与生产生活有着密切联系。在原始社会里，由于生产力水平低下，居住在山区、丛林的苗族部落是靠狩猎、捕鱼、采集等生产活动来维系自己的生存和繁衍的，于是掌握生产技能的活动产生了。苗族传统体育活动就是在这一时期逐渐萌芽，它们既是生产技能的锻炼，又是人与人之间变相的生存竞争的形式之一。如射弩，因为弩击发无声，射击精度高，又可就地取材自行制作，用以渔猎，所以弩射的习俗沿袭下来，证实苗族传统体育源于生产劳动的真实性。

2. 源于节日礼俗

苗族传统体育活动不少寓于节日庆典和礼俗活动中，特别是表演性和娱乐性极强的运动项目更是与节日礼俗分不开。这类传统体育项目依附于特定的节日和礼俗，大多需要特定的文化场景才能存在，有的也可以从特定的节日和礼俗中脱离出来，成为独立的体育运动项目。如划龙舟，每年农历五月二十四，苗族人民身着节日盛装，齐聚一处，尽情欢度为时4天的龙舟佳节。

3. 源于宗教祭祀

苗族是一个多神崇拜的民族，保留了众多的原始宗教信仰，自然崇拜、图腾崇拜、鬼神崇拜、祖先崇拜一直保留在民众的生活中。特别是苗族的鼓舞，人们认为木鼓中藏着祖先的灵，跳鼓意味着对祖先的祭祀和缅怀。相传涿鹿一战，蚩尤兵败，被擒而肢解，族人偷偷地收其肩、髀骨，秘密地运回后方驻地于次年用最高礼仪和祭祀大典来安葬。苗族以木鼓为祭祀用鼓，这种击鼓祭祀活动原来每年进行一次，但因战争频繁，民族迁徙，于是族长决定：分宗支迁徙后，各个宗支自行按一个地支轮回，每年进行一次，不再集中到原地聚会。从此以后，苗族约定成俗，形成了鼓节，代代沿袭下来。木鼓平时放在鼓石窟里，过鼓社节或翻鼓节时，才接进村里来，人们围着舞蹈，节日结束后又放回洞里去。苗族跳鼓，至今仍保留着祖灵祭祀的内容，但随时代演进而有所变化，表现在祖灵祭祀的内容有了远祖和近祖之分，保留了跳鼓的最初的内容和形态，近祖祭祀则更多地加进了本族祖先崇拜的内容。

4. 源于战争

苗族传统体育不少来源于战事，或者从战争中得到启示。如苗族武术起源的主要原因就是战争。人们为了提高格斗、械斗的技能和技巧，寻找一些方法与形式锻炼。黔东南一带苗族人民极其喜爱并擅长角抵活动。随着战争及狩猎的需要，角抵被赋予攻防格斗的内容，进而发展成为内容丰富、实战性极强的苗拳。苗族武术内容丰富、蔚然成风，不管男女老少，几乎每人都懂得技击的常识和几手过硬的武功。其开展之经常及广泛，实为罕见。

（二）地理环境

黔东南苗族侗族自治州地处云贵高原向湘桂丘陵盆地的过渡地带，根据地层岩石和地质外营力作用，境内可划分为岩溶地貌区和剥蚀、侵蚀地貌区。镇远至凯里一线之西北属岩溶地貌区，常见的地貌形态有峰丛、峰林、石林、溶洞、溶洼、天生桥、暗河等。镇远至凯里一线之东南属剥蚀、侵蚀地貌区，主要由碎屑岩组成，山体大、切割深，常形成脊状山。州境总体地势是北、西、南三面高而东部低。中部雷公山区和南部月亮山为中山地带，西部和西北部为丘陵状低中山区，东部和东南部为低中山、低山、丘陵、盆地。境内大部分地区海拔 500~1000 米。最高点为雷公山主峰黄羊山，海拔 2178.8 米，最低点为黎平县地坪乡井郎村水口河出省处，海拔 137 米。主要山峰有雷公山、冷竹山、南刀坡、佛顶山、轿顶山、香炉山、龙头岩、老山界、青山界、牛角山、天子岭、高岳山、猫鼻岭、月亮山、孔明山等。

黔东南苗族侗族自治州地属中亚热带季风湿润气候区，具有冬无严寒，夏无酷暑，雨热同季的特点。年平均气温 14～18℃。最冷月（1 月）平均气温 5～8℃；最热月（7 月）平均气温 24～28℃。由于地理位置和地势的不同，各地气温有一定差异。总体趋势是：南部气温高于北部，东部气温高于西部。境内年日照时数为 1068～1296 小时，无霜期 270～330 天，降雨量 1000～1500 毫米，相对湿度为 78%～84%。

（三）宗教信仰

苗族过去信仰万物有灵，崇拜自然，祀奉祖先。“祭鼓节”是苗族民间最大的祭祀活动。一般是七年一小祭，十三年一大祭。于农历十月至十一月的乙亥日进行，届时要杀一头牯牛，跳芦笙舞，祭祀祖先。食时邀亲朋共聚一堂，以增进感情，使家庭和睦。

苗族的主要信仰有自然崇拜、图腾崇拜、祖先崇拜等。苗族传统社会迷信鬼神、盛行巫术，也有一些苗族信仰基督教、天主教。

过去，苗族往往认为巨型或奇形的自然物是一种灵性的体现，因而对其顶礼膜拜，酒肉祭供。其中比较典型的自然崇拜物有巨石（怪石）、岩洞、大树、山林等。此外，苗族认为一些自然现象或自然物具有神性或鬼性，苗族语言往往鬼神不分，或者两词并用。多数情况下，鬼被认为是被遗弃或受委屈的灵魂和工具变成的，常给人类带来灾难、病痛、瘟疫或其他不幸。比如，所谓东方鬼、西方鬼、母猪鬼、吊死鬼、老虎鬼等，被称为恶鬼。而有灵性的自然现象常被认为是善鬼，具有一定的神性，如山神、谷魂、棉神、风神、雷神、雨神、太阳神、月亮神等。对于善鬼、恶鬼，苗族人的祭祀之法不同，对善鬼有送有迎，祭祀较真诚，对恶鬼则须贿赂哄骗直至驱赶使之远离。

在许多地区，苗族还认为自然界存在许多精怪。比如牛在厩内以粪便盖身或在厩内打转、将粪踩成圆圈，猪吃猪崽或躺在食槽里，鸭吃鸭蛋，老虎进田，遇到两蛇交尾，母鸡发出公鸡的鸣叫等均属出现了相应的精怪。

在一些苗族地区，人造物崇拜有土地菩萨、土地奶、家神、祭桥、祭水井等。土地菩萨苗语叫土地鬼，一般由几块石头垒成，土地屋多为木制或用三块石板搭成，极为简陋，设于寨旁路口处或大路边行人休息处。家神信仰存在于部分苗族中，即在家中设立家神偶像。祭桥流行于黔东南大部分地区。龙也是各地苗族的崇拜和祭祀对象。

图腾崇拜方面。东部地区许多苗族与瑶族共同崇拜盘瓠（一种神犬），他们世代传说着“神母犬父”的故事，把盘瓠视为自己的始祖。中部地区一些苗族认为他们的始祖姜央起源于枫木树心，因而把枫树视为图腾。另有一些地区的苗族以水牛、竹子等为自己的图腾崇拜对象。

祖先崇拜在苗族社会中普遍占有十分重要的位置。他们认为祖先虽然死去，其灵魂却永远与子孙同在，逢年过节必以酒肉供奉，甚至日常饮食也要随时敬奉祖先。许多地区定期或不定期地举行祭祖盛典，在湘西有“敲棒棒猪”“椎牛祭祖”习俗，黔东南有吃“牯脏”习俗，黔中地区叫“敲巴郎”，黔西北、滇东北有打老牛习俗。其中，黔东南的吃牯脏至今盛行不衰，最为典型。吃牯脏亦称祭鼓节、鼓社节、鼓藏（牯脏）节，以宗族（鼓社）为单位，每七年或十三年举行一次。他们认为祖先的灵魂寄居在木鼓里，祭鼓就是敲击木鼓召唤祖先的灵魂来享用儿孙的供品。主祭者称为牯脏头，祭品牯脏牛是专门为此而饲养的。每届祭祀活动前后延续三年之久。

多数苗族人虔信巫术。主要的巫术活动有过阴、占卜、神明裁判、祭鬼等，此外还有蛊术等。巫术活动由巫师主持。巫师大多是非职业化的。他们在前述各种原生性崇拜和巫术活动中承担着主持者的角色，有的地方巫师还兼任寨老。巫师除了熟悉祭祀方法外，大多还能讲述本宗支的谱系、本民族重大历史事件和迁徙的路线，熟悉各种神话传说和古歌古词以及民间故事，有的巫师还兼有歌师和舞师的职能。所以说，巫师是苗族传统文化的重要传承人，在苗族社会中充任智者的角色。此外，巫师还掌握一定的医术，懂得一些草药，在为人驱鬼的同时，辅以一些医药手法。

除了这些传统信仰之外，自近代以来，随着西方传教士深入我国内地传教，在滇黔川交界地区、贵州凯里、湖南沅陵等地区有一些苗族群众皈依了基督教，在滇东南有少数苗族信仰天主教。尤其是滇东北、黔西北一带的基督教信仰曾经影响极大。近代外国传教使团或者传教士们在苗族地区开设学校、医疗机构，实施了一些经济发展项目，对于苗族社会的进步起到了积极的作用。著名的牧师有党居仁、柏格理、张道慧、王树德等，前二者均殉职苗区。

新中国成立之后，中国基督教、天主教开展“三自”爱国运动，与1950年以前在社会组织、社会影响甚至信仰内容方面都有许多的不同。

少数在越南、老挝的苗族信仰天主教。在美国、法国等西方国家的苗族也有信仰基督教、天主教的。在老挝、泰国的苗族深受佛教文化的影响。尽管如此，在他们的社会中，传统的祖先崇拜、灵魂观念等仍在很大程度上保留。

二、文化特征

（一）饮食

苗族人的食物以大米为主，辅以苞谷、小米、高粱、小麦和薯类等杂粮。苗族人最喜食糯米，副食品主要有瓜类、豆类、蔬菜以及作为作料的辣椒、葱、蒜等。肉类有猪、牛、羊、鸡、鸭及鱼类。苗族人口味以酸、辣为主，尤其喜食辣椒。日常菜肴主要是酸辣味汤菜。酸菜味鲜可口，制作方便，可生食，也可熟食。平时吃新鲜蔬菜或瓜豆，也掺些酸菜或酸汤，令人增加食欲。此外，苗家的酸汤煮鱼是风味名菜，做法是将酸汤加水、食盐煮沸，取鲜活鱼去苦胆，入酸汤中煮制而成。此菜肉嫩汤鲜，清香可口，一年四季都可以做。苗家能加工保存熏制腊肉、腌肉、腌鱼、鱼干、香肠等。其中腌鱼是苗族的传统佳肴。方法是将鲜鱼剖开后去内脏，抹上盐、辣椒粉，放火上方焙烤至半干，然后入坛密封，食时取出蒸熟。此鱼具有骨酥、咸辣适度、清香可口等特点。苗族人还喜欢制作豆腐、豆豉，加工猪灌肠、血豆腐等，爱吃火锅。苗家男女都喜欢酒，大部分人家能自己酿酒。他们自制酒曲，用土产的糯米、苞谷、高粱等酿出芳香的甜酒、泡酒、烧酒、窖酒等。

（二）服饰

苗族服饰分为童装、男装和女装。苗族男装的色彩和装饰较单调，不及女装鲜艳丰富。女装又有便装与盛装之分。便装是平时穿着的服装，其色彩花样及装饰不及节庆和结婚时穿的盛装鲜艳。

如果说银饰是苗族女性的代表标志，那么服饰则代表着苗家人独特的艺术作品。《辞海》里记载：“代表着苗家刺绣最高水平的苗绣已同湘绣、苏绣、蜀绣、粤绣一同并列收入。”苗族刺绣、服饰正如著名艺术大师刘海粟称赞的：“苗女刺绣巧夺天工，湘绣苏绣比之难以免俗，具有很大的商业开发前景。”

苗族服饰以夺目的色彩、繁复的装饰和耐人寻味的文化内涵著称于世。

苗族服饰图案承载了传承本民族文化的历史重任，具有部分文字的表达功能。由于历史的久远，这些图案所代表的文字功能和传达的特定含义也蒙上了神秘的色彩，无法完全解读，这也是苗族服饰图案所具有的独特魅力。

苗族服饰图案是伴随着苗族服装服饰发展起来的装饰艺术，至今仍应用于日常的服饰和生活用品之中，且具有实用功能和审美功能相结合的特点，被赋予了继承民族传统、纪念祖先和传承祖训等丰富多彩的内涵和意义。这些图案背后的意义和由来代表着苗族人民的感性经验和对客观世界的解释。苗族服饰，历史悠久。由于历史的原因，苗族服饰一直未被任何一部史料记载。从苗族服饰图案符号所代表的文化内涵看，苗族服饰距今已有几千年的历史了。虽然苗族没有本民族的文字，但仅凭强烈的认同感，靠世代口传身授，将流传千年的故事、先民居住的城池、迁徙漂泊的路线等点滴无遗地融进服饰文化当中，也一针一线绣进衣冠服饰，世代“穿”承，永不忘怀，因而，苗族服饰被誉为“无字史书”和穿在身上的“史书”。

（三）生产生活

苗族人民勤劳朴素，但在旧社会，他们没有土地权，大多深居高山，以“刀耕火种”的生产方式种植坡稻，兼种玉米、木薯、大豆等农作物。

海南苗族人积累了丰富的砍山经验。各户一般在每年春节前后选地，以有茂密的林木，树叶呈油绿色，底下没有茅草，泥土肥沃，土面覆盖一层枯烂树叶或堆有蚯蚓粪球的山地为佳。2 月开始砍山，3 月至 4 月烧山，使灰烬渗入土中作肥料，清理残烬后，不翻土即以尖棒戳穴下种山兰糯，6 月除一两次草，至 9 月成熟，用手逐穗捻摘稻穗。山兰种植一年后就轮换生地。

苗族有围猎的习惯。过去，每当农闲季节，全村男子便邀伴上山去围猎，所获猎物按参加人数平均分配，甚至参加围猎的狗也有份。捕猎是苗族人的重要副业。狩猎工具主要是苗族特有的一种自制的毒弩。狩猎有集体围猎和个体狩猎两种形式，主要猎物是野鹿、山猪、黄猄等，除肉食自用外，兽皮、兽骨、鹿茸、鹿胶等，同外来商人换取粉枪、布匹、食盐、火柴、光洋等日用品。苗族猎手善于掌握野兽活动规律，能从野兽脚印中辨别种类、公母、大小、路过时间和行走方向。一经发现，不管费时多久，必穷追捕获。猎肉分配：第一个击中猎物者得 3 份，补枪者 2 份，狩猎头人得背肉 1 份，余众和狗各得 1 份。1958 年起，放狗仪式废除。1980 年后，垦荒种植，猎物减少，聚众围猎已很少进行。苗族猎手还采用挂枪、安圈套、装竹签、挖陷阱等方法捕获猎物。

采集木棉、木耳、益智、红白藤、良兔等土特产品，也是苗族重要的副业。新中国成立前漫长的年月里，苗族赖以生存的主要生产资料之一的山林，大都掌握在汉族和黎族地主手中，他们种山兰都要向地主批租。计算山租通常以户或钩刀（有劳力的一对夫妇为一把钩刀）为单位。苗族在山林里猎获的野兽、采集的土特产必须卖给山主或山主指定的商人，否则便被没收。在经济结构上，苗族是以一家一户为单位进行生产和消费的个体私有小农经济，不过也有少数拥有较多生产工龄和较强劳动力的人家。

三、民族传统体育活动

（一）传统体育活动分类

苗族传统体育活动可以分为体能类、竞速类、技巧类、娱乐类、表演类、宗教祭祀类等。

（二）传统体育活动特点

民族传统体育历史悠久，源远流长。早在原始社会，我国就出现了体育的萌芽，与生存和生活有关的射猎、摔跤、骑马、球戏等活动已初步形成了简单的体育方式。魏国变法颁布的“习射会”使“人皆疾习射”。这一时期，拔河、马术、蹴鞠、下围棋、打秋千等民间体育活动已广泛开展，并立下武举制，武举考试设有长拳、骑射、步射、举重等项目。

1. 传统性

一个民族为了生存和发展，为了维系本民族共同的精神和意识，它的思想文化和生活技能必须世世沿袭、代代相传，民族传统体育就表现出明显的传统性。

2. 地域性

一定地域的地理环境是一个民族长期生息、繁衍的空间条件。过去，由于生产力水平低下，人们征服自然的能力有限，再加上交通不发达，一定地域内的民族生产生活方式相对稳定，而且这种固定的生产生活方式又在其地理环境的影响下难以改变。这种在一定地理环境下形成的固定的生产生活方式世代相传沿袭，表现出明显的地域性。

3. 艺术性

远古时代，音乐、舞蹈、戏曲、诗歌、杂技等和体育竞技往往密不可分。各民族的许多传统体育活动汇集各类游艺活动，至今仍有原始艺术活动的淳朴古拙之遗风，如跳竹竿、跳芦笙、舞铃双刀、霸王鞭等。

4. 宗教性

许多少数民族的传统体育活动受到宗教观念的影响，有些项目甚至直接来源于宗教仪式。原始社会的巫师是最早的音乐家、戏剧家、舞蹈家、文学家，也是最早的体育家和运动员。

5. 教育性

中国体育文化产生与发展的经济基础是“以农立国”的农业经济，这种自给自足的自然农业经济决定了中国体育文化具有一定程度的内向性，形成了含蓄的、保守的体育思想，其思想核心就是重视人与自然的和谐，追求天人合一。

6. 民族性

传统体育内容丰富，多姿多彩，几乎每个民族都有自己的传统体育项目，每个民族的体育都有独特的民族风格和浓郁的民族色彩。在历史发展的过程中，由于历史、宗教、语言、经济、心理、道德和价值观念的差异，各个民族的体育千姿百态、风格各异，其民族特点十分显著。

7. 健身性

民族体育是各族人民在改造自然、改造社会、促进人类自身发展过程中智慧的结晶，它对改善民族体质，提高各族人民的身体健康水平起着积极的促进作用。在几千年的华夏文明中，体育养生有着极其悠久的历史。

8. 多样性

各民族的传统习惯、主观客观条件不完全相同，兴趣爱好也有差别，民族传统体育必然会呈现出一种多元化的特性。《中华民族传统体育志》统计千余项民族传统体育项目就堪称世界之最。

（三）传统体育项目介绍

1. 斗牛

苗族斗牛节是苗族传统的民俗活动，是指人们让两头水牯牛以角相抵斗以争胜论负的活动，被称为“东方式斗牛”。典籍、诗词、舞蹈、传说、鼓社等多种形式都记载了苗族斗牛；传统斗牛自由组合，不决胜负，现代斗牛分组、拈阄、定时、淘汰制，决胜负；苗族斗牛区别于其他民族的斗牛，就在于苗族斗牛是苗族牛图腾崇拜的遗迹。

“斗牛”俗称放牛打架。开阳平寨苗族“斗牛”分别于每年正月初五、十五、二十五举行。斗牛日，开阳、贵定、龙里、福泉四地各族儿女披金戴银，盛装前往观战。数百名牛主牵着剽悍的牯牛分待四周。待对阵双方牛主牵着斗牛绕场一周“踩场”过后，斗牛即由主持人宣布开始。霎时，人群欢声雷动，唢呐喧嚣，鼓乐齐鸣。激战中，难解难分者有之，打翻在地者有之，仓皇败逃者有之。斗牛结束，人们纷纷给胜者披红挂彩，并向其主人敬酒祝贺。很多苗家山寨都有一个盛大的斗牛节日，它是苗族最大的喜庆节日。

斗牛会场一般设在四周有茂密森林的平坦草地上，届时，各苗家山寨人民穿上节日盛装，唱着山歌，牵着条条斗牛蜂拥而来。

斗牛开始，人们把参加比武的斗牛一齐放进斗牛场，顿时，几十头斗牛狂怒互相挑战，寻找对手，互相顶斗，斗败者拔腿就跑，胜者紧紧猛追，直到败者逃出战场，逃入人群，胜者又才返回斗场内再次寻找对手。第一回合的败者都逃走了，胜者又一次展开恶战，败者又逃走，第三轮胜者之间又展开格斗，直到最后剩下一对。这是斗牛中最精彩的决斗，此时两牛实力相当，一个回合比一个回合凶猛，恶战一次比一次激烈，有的一直斗数小时不分胜负。这不仅是比力气的决斗，也是比斗技的决斗，它们互相寻找对方薄弱处和致命处，勇猛冲杀，两对牛角互相碰击，震耳欲聋，有时它们头顶头，相持数十分钟，肌肉绷得几乎要爆裂；有时格斗直到日落，直至其中一头牛败下阵来逃走方休。得胜者昂首在场中，主持人给它戴上大红花，由它的主人牵着绕场一圈，观众纷纷喂给它染红的鸡蛋和节日的饭菜，向它身上撒去无数的鲜花。晚上，人们就在斗牛场上燃起篝火，青年男子吹起芦笙，姑娘们翩翩起舞，老年人讲着古老的传说故事，人们通宵达旦地欢庆着。

苗族是蚩尤的后代，传说蚩尤帝为铜头铁额、牛首人身，苗族是一个敬牛、爱牛、崇拜牛的民族，他们把牛视为健康、力量、勤劳、搏击、英雄的象征。苗家人喜爱斗牛，是长久以来的文化传统，斗牛在以前都是在庄稼收获后，用以庆丰收，放松农民的身心。时间流逝，岁月发展，这一活动逐步演变成一种苗族重要的节日。

贵州苗族斗牛尤以黔东南七月初“斗牛文化节”最为出名，届时汇集贵州省及邻省各个地方的名牛，斗牛时间长，人数多。斗牛开始之前，各村推举的中间人奔走于各牛主之间，了解牛的长度、高度、年龄、体重、角门长势等，然后集中决定谁与谁斗。在征得牛主同意后，主持人即宣布斗牛开始。那场面相当壮观、有趣。斗牛结束后，人们纷纷给胜者披红挂彩，并向其主人敬酒祝贺。

节日的由来和发展

斗牛节的由来还有个广为流传的故事。相传有一年平寨遭水灾，洪水长久不退，直到正月二十五这天，两头水牛在被洪水淹没的岸边打架，大水即消，当年的粮食也获得了丰收。苗族后人就把农历正月二十五这天定为“斗牛节”。每年这个时候，四面八方的苗族群众都会在这里隆重集会，举行“跳园”“斗牛”等活动。

在中国其他少数民族地区，也存在着斗牛这样的运动，主要在牧区。如云贵地区的苗族和侗族均有斗牛习俗。贵州省的开阳县 3 月也会举行斗牛节，山头上拥满围观的热闹人群。在浙江金华也有斗牛的习俗。金华斗牛是牛与牛相斗，不同于西班牙的人与牛斗，被誉为“东方文明斗牛”。其场面之惊险、壮观，令人赞叹。自 1992 年 10 月 4 日以来，“金华斗牛”于每年重阳节隆重开角，并伴有斗牛大奖赛。金华斗牛始于赵宋明道年间，积习相沿，经久不衰。新中国成立后，一度停止斗牛。1985 年 4 月，金华市在湖海塘畔重建斗牛场，占地 14 亩，于 1986 年 4 月正式对外开放。上海科学教育电影制片厂来斗牛场拍片，把金华斗牛搬上了银幕。一年后，因入不敷出，斗牛场于 1987 年 7 月关闭。

斗牛目的

当然，苗族人以牛相斗并不是戏牛取乐，而是以斗牛的方式选出最健壮的牛，以此来展示苗家人崇敬的力量和勇敢。竞赛性则是以输赢论名次。一般来讲，斗胜的牛会被称为牛王、牛神、牛圣，为全村寨带来荣誉，而受到人们的爱戴和崇拜。斗败的牛则命运比较悲惨，有的被再次精心饲养，以图来年再战，否则，就会被其他村寨的村民羞辱和讽刺。一头好的斗牛往往被视为全村寨的财富，因为一年比赛的数场奖金也是比较可观的。古往今来的苗族斗牛，特别是黔东南苗族斗牛，以惊心动魄的牛与牛相斗，区别于西班牙的斗牛。

苗族斗牛节之所以闻名于世界，与中外其他地方相比，还具有丰富多样性、不可替代性、原始神秘性、群众参与性、双重互补性的特点，既是黔东南宝贵的民族民间文化遗产，又是中国和世界文化遗产。有位民俗专家到贵州实地考察后说："世界最精彩的斗牛在中国，中国的斗牛在西部，西部最神奇的在于黔东南苗族斗牛文化。"还有一位日本朋友好奇地问：世界各地有水牯牛，中国各地也有水牯牛，可为何没有黔东南饲养的水牯牛好斗、善斗、能斗？为何凯里市及毗邻县的牛都能斗？以苗岭新都凯里市为中心，涵盖毗邻台江、雷山、丹寨、麻江、黄平、施秉等县苗族饲养的斗牛，经历史检验确实如此。

但要回答这个问题，并非三言两语就说得清的。这大概与巍巍苗岭主峰雷公山、香炉山和清水江、巴拉河、㵲阳河等山高水深的地理环境、宜人自然气候环境的长期熏陶，悠久的苗族历史、文化习俗、饲养技巧、精选习俗、优良的种牛等因素有关。多年来，为探究苗族斗牛习俗文化，我们曾多次随苗族斗牛团到长沙、广州、北京、贵阳等地去参加斗牛大赛，又经常深入苗族村寨调查研究。现就所知，从侧面浅谈苗族精心挑选斗牛、细心饲养斗牛、惊心动魄斗牛即苗族斗牛文化三要素。欲以此抛砖引玉，唤醒民众文化意识，传承优秀文化遗产，进一步抢救、保护和继承发扬民间斗牛文化。

选牛细则

要斗牛，首先要有好斗、善斗、能斗的斗牛。要有勇猛顽强的斗牛去拼搏，以精彩苗族斗牛节的高超武艺赢得万众的欣赏及喝彩，就必须精心挑选好斗牛，这是关键的关键。但如何挑选，选什么样的牯牛去饲养才能成为好斗、善斗、能斗的斗牛？至于挑选斗牛的习俗文化，本身就是宝贵的民族民间文化遗产。黔东南苗族挑选斗牛的标准要求是十分讲究的，至少要从牛的全身、前身、后身、四膊、四脚、蹄爪、皮毛、牛旋、头、眼、角、耳、鼻、嘴、舌、牙、腮、颈、肩、腰、肚、脐、肛门、尾巴等几十个部位去看，区分得一清二楚，苗族认为，牛的习性，从各个部位上都可以看出是否能斗善斗，这本身也是一种苗族牛文化习俗。

牛的全身

在斗牛时，苗族比较讲究精心装扮，又重在对其主人是否吉利二字上。如挑选时，首先要看牛的全身，好的斗牛，只见其“体紧身促，头小腹大”，“颈短身短，角刀眼圆，肩高臂低，四毛不分，四足齐立”。同时，还要求屁股切齐，脚蹄圆顿，更讲究旋毛周正。苗族在挑选斗牛时，还十分讲究牯牛的“三宽四紧”。“三宽”是鼻子宽、屁股宽、角门宽；“四紧”是骨骼紧、四蹄紧、口紧、腰紧。也有的说要“四宽五紧”。“四宽”即宽骨骼、宽角门、宽胸膛、宽后福；“五紧”即口紧、皮紧、骨骼紧、腰根紧、尾巴紧。苗族民间有谚语：“犟牛身长不须近，牯牛边短更有力。”所以，牯牛要讲究“五短”，即嘴角大而短，不挑食，更能吃；颈项短，拼斗有力，拉犁架更有力；身子短，短而精干，短而有劲；脚短，短而立稳，立而如柱；尾短，“短而紧，如钢”。这样的牯牛，是上等牛。买到这种牯牛后，辅以特技饲养，精心调教，必定好斗、善斗、能斗。

苗族还比较讲究看牛的前身。他们从数千年历史长河的实践经验中体验到，“前身高，快如刀”，“前身低，要人推”。可见，凡是好斗善斗的水牯牛，必须前身高，且高在云头上。如果云头两边都生有旋，称为莽轭旋，这牛必定身强力壮，行走如飞，勇猛顽强，拉犁等样样都行；如果是斗牛，“前身高一掌，拼斗角碰响!”这种前身高、后身低的牯牛，在争霸沙场上，必定是“拼斗角碰响”；要是用来犁田，必然是“只闻犁响”，不用人催鞭抽自向前。相牛看前又看后，既要求前身高，又必然要求后身低，二者为对立的统一，且三叉骨要平。三叉骨处如有旋，常叫晒骨旋，其要求标准是旋上膊，后膊要丰满。这种牛必定性子急，身强力壮，行走如飞，好斗无疑。如果“旋落草塘”，此牛必定性子太钝，慢慢吞吞，“打死不忙”，有气无力，死气沉沉，不仅不打架，就是犁田也不行。你用鞭抽打，把牛也逼急了，还会掉头用角撬人。所以，世间有“左空仓，右叹气”的说法。

苗族在选牛时，还要注重看其“四膊”。牛不但以四膊旋为美，而且要求旋要生在膊上，还要求旋圆，位正，要一清二楚。在选牛时，人们往往“相罢四膊看四脚”。有的在看脚时，还要把牯牛拉着走一两圈，然后回头仔细看牛脚印。因为凡牛的脚都要“轻”，又要“圆”，还要“露筋骨”。牛的腕下还要求“肉复蹄”。特别是后脚行走时，要超过前肢印前数寸合步为宜，同时还要求前脚要直，落脚要轻，脚印要浅；骨要长而圆，行走起来既快又有力。

“前脚直如箭，善走不须鞭”，这句民谚已足够说明问题了。有的购牛人员，还要将牛的脚抬起来细看，因为苗家人深知：牯牛的四脚底内的旋，民间称之为“飞空旋”。只要是飞空旋的牛，必定是“神行太子”，如“下山猛虎”，冲得快，斗得凶，死打硬拼，武艺俱全，出战必是“旗开得胜”。当然，除此外，还要看牛的蹄爪。凡是牛都有蹄爪，但牛蹄一定要既圆又大，要青黛颜色即黑或紫色为宜。蹄毛的颜色宜青，不宜黄或白。所以，苗族民间有谚语：“蹄毛带黄色，行走不满百。”也就是说，凡牛的蹄毛是黄或白毛，必定拖拖沓沓，有气无力，走路不行，自然不可能去拼斗或拉犁架了。对于牛的蹄爪，通常又叫蹄尖，也有人叫子爪或八卦爪。凡牛的八卦爪并紧即蹄尖并得紧，行走起来“有力又轻松，来去快如风”。

牛的皮毛

在选牛的皮毛时，讲究的是“薄”“软”二字，要求薄如老鼠皮，软似缎子布。牛皮一般还分为瓜皮、老鼠皮等。只要牛的全身上下都是黑毛青皮，又薄又软，必定是好牛。如果毛顺色，又是青色的，就是上等牛了。挑选到这种牛，其既不轻易生病，又不会怕冷和怕热，一年春夏秋冬，全国东西南北，什么样的气候环境都能适应。在挑选牛的时候特别讲究，要求其毛稀而立，毛健而习，光滑发亮，因为“前密后稀，怕热兮兮；前稀后密，性子不急”。民间还有顺口溜：“牯牛毛要生得稀，牯牛毛要像黄丝烟；前后毛若不合色，枉费一张缎子皮。”说的就是这个道理。牯牛的身上有多旋，人们称为“满架葡萄”。有的人头上有两个或三个旋的，人们都说他（她）是牛变的，这也反映了“牛多旋”的道理。牛旋，黔东南各地苗族称谓有所差异，但归纳起来有以下几种，通肠旋、竖毛旋、追马旋、丧门旋、锁喉旋、砍头旋等。

斗牛过程

斗牛节到了，主人们在迎宾待客喝酒时，还特意用糯米把牛喂饱，斗牛上阵前有的主人还给牛喂上一二两酒，为牛提神壮胆。中午，斗牛场内外，人们从四面八方牵来几十及至几百头斗牛。有的斗牛身上还配有牛鞍，牛鞍上插有五彩小旗。牛鞍两边挂满铜铃，响声叮当。有的牛鞍上还插有历届斗牛获得的奖旗，显得格外威风，主人也显得异常光彩。

苗族斗牛有几种斗法，一种是斗输赢抢名次，这种赛法不准人帮，也不劝斗，以胜败生死来定名次；一种是议定相斗时间比输赢或者到时间劝斗算打平。还有一种配对放斗，或胜败随便，或视其情况劝斗。斗牛时双方牛主和亲友都到斗牛场上，为其斗牛吆喝助威和准备到时劝斗；斗牛由有斗牛经验的人牵着在斗牛场内环绕一大圈或一小圈，使牛亮相，让牛熟悉环境和对方。然后将两牛头相对，牛身对立，在相距约 2 米处，同时将牛鼻绳放开。两牛便相互打斗，两边主客人都在为自家的牛喝彩助威，同时他们也可以从后头或侧面用手推肩顶，给牛助力。四面观众也为两边斗牛吆喝助彩，气氛热烈。如放碰牛相斗，两牛可对峙相距十米八米站立，两边同时放手，两牛便狂奔至中，用头角猛力相撞。这种碰牛相斗极为剧烈，常有碰斗致死的。也有碰斗牛与不碰斗牛相斗，碰斗牛跑五六米冲过去，不碰斗牛原地抵触地斗。

双方牛斗得正酣可已到议定的时间，需要劝斗时，双方主人交换各自带来劝斗用的粗绳，交换人员分别捆住对方牛脚，等待一声呼喊，双方同时拉退斗牛，隔离牵鼻退场。然后第二对、第三对入场竞斗。也有斗牛场上几对牛分别竞斗的，场面气氛更是热烈，其间斗牛主人的亲戚朋友还为斗牛放炮送礼。无论到场斗牛得斗与否，是输是赢，主人都会收到亲友们送的鸡、鸭、绸带等礼品。获奖的斗牛、牛王，冠、亚军或第一、二、三名的斗牛则格外光彩，牛主人扛着奖旗或者将奖旗挂在斗牛的两角上，牛与主人都得到人们极大的钦佩羡慕。斗牛节期间，看斗牛的、看热闹的、做客饮宴的、谈情说爱的，各有所得。这种节日往往三五天才结束。

雷山苗族在吃新节、苗年、鼓藏节等重大节日中举办的隆重活动，一般在节日的第二天以后进行。斗牛会场一般设在四周有茂密森林的草地上，各个苗族山寨同胞穿上节日盛装，唱着山歌，牵着自己的斗牛激情昂扬而来。

雷山斗牛是群众喜闻乐见的民族文化盛会，是苗族民俗文化的精彩内容，被誉为“东方斗牛”的典型代表，甚至在全国斗牛文化活动中都具有一定的影响。苗族斗牛实际上是民族民间文化的大荟萃，汇集着苗族传统体育特有的文化艺术，充分展示了黔东南苗族传统体育活动内容。对于斗牛这一传统项目是十分讲究的，主要有以下四个方面。

第一是选牛。就像选拔竞技体育运动中的优秀运动员一样，要选择优良的作为比赛斗牛。苗族人选择斗牛是很有讲究的，千百年来形成了一套完整的选牛标准，分别是看体形、胆识、鼻梁、头、舌头和鼻沟、牙齿、眼、皮毛、蹄、尾巴、角、旋等，只要能符合这些标准，便是凶猛之牛。

第二是养牛。斗牛活动能激励苗族人民认真养牛，把牛养得膘肥体壮，一斗成名后身价百倍，牛主人也受人尊重。雷山苗族所养斗牛可以分为专业斗牛和业余斗牛，分别提供专业的斗牛比赛和业余斗牛表演。苗族人饲养斗牛有一家饲养和多家饲养之分，都视为宝贝来精心饲养。选好牛后，通常要进行一些祭祀活动，保佑它能够身强体壮，取得好的成绩。

第三是驯牛。在日常饲养斗牛时，牛主人会刻意训练斗牛的好斗性情，给斗牛吃一些药草；将牛关进四周密闭的牛圈里，激发牛的暴躁脾气，在日常的放养中训练斗牛的冲撞能力和在比赛中听从牛主人的节奏来比赛。

第四是比赛。斗牛比赛一切准备就绪时，由当地威望较高的长者来主持比赛，宣布斗牛有关事项，分别对参加斗牛比赛的牛的年龄、牛角进行测试，划分出嫩牛组、宽角组、老牛组等，按来参加牛的多少进行抽签，抽到相同的号码，便是参加斗牛比赛的一对。在双方放牛比赛前，由双方的牛主决定斗牛的方式，斗牛比赛正式开始。

当今斗牛分为两种。一种是既能让观众看斗牛而乐，又保护牛不受到太大损伤的表演，双方都要准备特制的棕绳，待斗牛到数分钟后不分胜负时，需要十几个男子将牛拉开，稍微休息后再重回赛场。另外一种则是每年的专业性斗牛比赛，两头势均力敌的牛互相厮杀，直至其中一头牛败下阵来，分出胜负方休。这种场面飞沙走石、凶猛激烈，胜利一方可以挂上大红花，由主人牵牛绕场一周，同时获得观众的热烈掌声和无数鲜花。

2. 划龙舟

苗族人划龙舟的习俗有悠久的历史，它的起源也流传着几个不同的传说。这些传说都与龙图腾祈福有关。龙舟造好之后，要祭祀和庆祝一番。由全寨每户视其家境情况凑钱物进行，全寨老少于龙船棚内欢宴，并击鼓跳舞唱歌，兴尽始散。

贵州苗族龙舟节是贵州省东南地区苗族人每年在端午节起至农历五月尾的传统民俗活动，当地苗族人会在这天划独木龙舟。除赛龙舟外，还有跳踩鼓舞、对唱山歌等其他活动。苗语称这一活动为“瓮”，意为划龙船，或叫“娄瓮”，意为吃龙肉。贵州的苗族划龙舟活动独特的龙舟形状和比赛规则，与其他地区的龙舟相比之下显得与众不同，被誉为苗族体育运动的一朵奇葩。

苗族人传统上重视端午节，据宋朝人朱辅所著的《溪蛮丛笑》载，湘江、沅江流域之间的苗族人，无论是否与汉人交往密切都很重视端午节，去看龙舟往往花上三天时间。而清朝乾隆年间徐家干所著的《苗疆闻见录》亦记述当地苗人喜欢赛龙舟，以五月二十为端午节，在清水江宽深之处赛龙舟。龙舟以完整的树干木材制成，长五六丈，前安龙头，后置凤尾，中间能容二三十人，以短棹来划动，速度飞快。

苗人以划龙舟来庆祝插秧成功和预祝五谷丰登，并有驱旱求雨、祓邪厌胜、祈子求嗣等意义。其中清水江苗族《龙舟飞歌》中有歌词："要划龙船，人类才兴。""你们给龙一头猪，龙给大家添子孙。"其《祭龙舟词》有歌词："赐给大家添子孙，多像蜜蜂万万千。"可见赛龙舟有祈子求嗣的动机。热闹的祭龙仪式亦与古老年代祈求降雨的传说有关。他们把参加龙舟竞赛视为一件光荣的事，亲友也会准备礼物在江边送行。

起源传说

相传过去江河边住着一个名叫保的苗家渔民。有一天，他带着独子九保下河打鱼。突然风雨大作，一条龙跃出把九保拖进龙洞。保潜水进龙洞救子，却发现恶龙已把他儿子杀死并当作枕头，就决心为子报仇，于是放火烧死龙。龙洞的烟雾弥漫整个地区，之后是一连九天九夜天昏地暗，直至一个妇女带着孩子到江边濯衣，孩子把母亲的捶衣棒在水里划上划下边嬉戏边念："咚咚多！咚咚多！"天上顿时云消雾散，太阳出来了，被烧死的恶龙也被发现漂浮在水面。各寨的人知道后便先后赶到江边分龙肉，最早发现并分得龙头的是胜秉寨（另一说是龙头先分给杀龙的保），施洞分到了龙尾，杨家寨只分得龙肠子。另一说法是杀龙和分龙肉后才风云变色，连日不开，直至小孩用捶衣棒拍打江水和模仿鼓声，天就亮了。

后来死去的龙托梦给苗人，叫他们行好，用杉树仿照它的身躯造成舟，在清水江、小江河一带模仿龙的动作划上几天，它就能兴云作雨，保他们五谷丰登。起初他们做几只龙船试划，果然下起了大雨，于是各寨纷纷仿效。众人本来商定在农历五月初五、初六举行龙舟赛，但为免妨碍生产，各寨又协商划龙舟的日子，最后决定胜平、平挑两寨于五月初五划船，平寨于农历五月二十四划船，塘龙二十五、榕山十六、施洞二十六，这个次序传世至今。

又有一说，龙并非为苗民所杀，而是被雷公劈死。相传龙王有一次行错了雨步，下雨的时间违反天意，大怒的天公命雷公把犯错的龙王劈成数段抛入江中，于是当地天大旱，苗民就造龙船沿清水江划渡，象征被雷公劈死的龙王复活了，又按常规降雨人间。上述传说都是以赛龙舟来求雨。

龙舟的介绍

贵州苗族所划的龙舟形状与其他地区的大异其趣，每艘龙舟以一根完整杉木或大梧桐挖空成槽形，一大二小的龙舟并排成一组，船体很长。大者为母船，苗语称“合迷”，长21~24米，宽约0.7米。船中心前后共6舱，前部安有雕刻精致的五彩龙头，其中台江施洞的龙舟龙头上都有代表男根、象征祈子重男的鸟形和可能表示实现祈子求嗣、鱼水之欢的鱼形饰物。宛似牛角的龙角上常写有“风调雨顺”“国泰民安”等吉祥语。母船翘首水面，两个角尖之间拉一根细绳子，挂上小红旗。角后有4根一米多长的野鸡毛立着。船尾也翘出水面，插着芳草制成的“凤尾”置于正中。两侧较小者为子船，苗语称“嘎呆”，长15米左右，宽约0.5米，专供棹手乘坐。有人以这种龙舟的组合方式称为“子母龙舟”，也有人以制作方式称为“独木龙舟”。每个寨至少有一组龙舟，一些200户以上的大寨可有两至三组龙舟。

这种“子母船”本是苗家水上劳作和走亲访友的水上交通工具，后来却变成龙首形装饰的“子母龙舟”。一些研究者认为，这是因为“子母船”的竞渡活动受中原龙文化影响，到后来除了用龙首装饰以外，还用自己的方式祭龙神祈年。龙舟在平时会存放在专用的“龙船棚”内，有的“龙船棚”写满“龙船千古事，忠孝一生兴”“典祀千年重，绵延百世传”“江山千古意，时序百年兴”等楹联，横批则多为“民众团聚”“万宝来朝”等。

划龙舟的过程

龙舟从制作到开航试水，以至划前的准备，都有着严肃庄重的礼仪。在划龙舟前五六天，苗民就要把龙船洗刷一新。至划龙舟前一至两天会把母船和子船系为一体，并安上五彩龙头。在龙舟下水前，村民要先举行隆重的祭祀龙舟仪式，方抬下龙舟，放入江中练习和比赛。赛龙舟那天的清晨举行的开划仪式，是把龙舟拖到河边沙滩上，在河边、缓口等有龙神之位的井边和沟边置方桌一张，桌脚绑去掉树叶和树皮的树枝、雨伞、红布、纸钱和一把青草。桌上供米一升，去毛白公鸡一只，插三炷香，斟上三杯酒，以扫邪敬神，由寨中德高望重的老人立于沙滩，对着龙舟念诵祖源和龙的起源，并祭献供品。这时穿长袍的巫师会站在桌旁，左手抓着白公鸡，右手不时抓米向龙舟抛撒，口念巫词祭龙神。念毕巫词就用右手握刀，一刀砍下鸡头，并把鸡抛向龙舟，祭龙仪式就完毕了，划龙舟活动就开始了。由于苗族把龙舟赛的顺利进行视为来年丰收的开端，因此祭祀过程中有不少忌讳，如忌妇女上舟等。

竞渡前，乡亲们要给各龙舟赠送鸡、鸭、鹅、猪等禽畜作为礼品，这些礼品包括水手在节日期间每天三餐享用的酒肉，并有能书会算的“文化人”在船上专记下他们所送的礼品种类和数量。礼品会被放在船上或挂在船头，于是母船六舱的中四舱就会装载着礼品和竞渡水手食品。

每组龙舟共有棹手三四十名，舟上有鼓头、锣手、艄公、撑篙各一人，或站或坐于母船上；鼓头或称“龙船头”，由头面人物担任，一般从寨中大姓产生，负责猛烈击鼓，催促棹手奋勇向前冲刺，全船棹手都要听从鼓手指挥，按鼓声节奏挥桨划船。锣手由一男扮女装、衣着华丽、头戴苗家女银饰的十至十二岁男孩担任，应着鼓点节奏打锣。由懂水性的老人当负责掌舵的艄公，艄公以长棹片充舵桨，控制船向，并发出号令调节棹手用棹节律，指挥的重任也落在他身上。艄公和锣手一老一少，象征古代被恶龙拖下河淹死和潜水烧死恶龙的父子。而撑篙则由力气好、识水性、年轻力壮者站在船头担当。

棹手分别站在两条子船上，每条子船各十至二十人。家中有妇女生小孩者不得当棹手。棹手们头戴插有凤尾银片的马尾斗笠，以示祈雨；身穿紫黑油亮的苗族盛装——紫青色土布对襟短衫，弓步兀立，并肩排列。棹手们都是站立用棹。

开赛时、离寨时、归寨时都有专人负责在船上放土炮，象征开赛的铳炮一声轰响，十几只龙舟如箭一般在江上破浪前进，千条棹桨齐飞，势如排山倒海；锣鼓只起助威、渲染气氛的作用；两岸的人喊声雷动，群情鼎沸。按照传统规矩，龙船在途中不得停顿或休息，必须一鼓作气划到终点；龙船掉头后，艄公会分给棹手每人一束青草用以驱邪，然后一起投入江中。胜利者最后可得一面锦旗。

赛事结束时，龙舟满载礼品缓缓而去，亲友们挥手互别。棹手们则高歌，期待来年再相会。各村寨会挑一只全村最肥大的猪，宰来酬谢全村对龙船节的支援，全寨大摆酒席，一起聚餐。聚餐除了酬谢棹手和村民支持之外，还有互祝风调雨顺、国泰民安的意义。

在有些地区，划龙舟是为了纪念爱国诗人屈原而兴起的，是一种体育娱乐活动，是以中华民族的图腾神龙为外形设计建造，具有浓郁的民族气息，几千年来经久不衰。从仪式中的划龙舟演变到龙舟竞渡，又从龙舟竞渡演变到全国的龙舟竞技比赛。

划龙舟作为一种民族传统仪式，孕育在传统习俗中，以交流、娱乐为主要目的，是一种具有浓郁的民俗文化色彩的群众性娱乐活动，也是一种有利于增强人民体质，鼓励人们勇往直前、敢于拼搏的体育运动。如贵州黔东南一带苗族同胞的划龙舟，他们所做的龙船不是为了竞赛，而主要是为了乘坐龙船游村串寨、会亲访友。“龙舟竞渡”是参赛选手在规定距离内，同时起航，以到达终点先后决定名次，没有严格的比赛规则，各民族举办的时间也不一样。汉族在每年“端午节”举行，而苗族是在每年五月二十四至二十七的“龙船节”举行，傣族是每年傣历六、七月（清明节后 10 日左右）“泼水节”举行。“龙舟竞技”是以争夺奖牌为主要目的的竞技运动，它有严格的比赛规则，如对比赛航道、器材、附属装置、参赛运动员都有要求。随着全民健身运动的开展，龙舟竞渡已经由群众性的纪念活动发展成为群众体育。作为具有民族文化特色的一项全民健身活动，遍及大江南北，声势一浪高过一浪，人们对这种活动给予了很高的评价。

3. 木鼓舞

木鼓舞，苗语称“Zukniel”，是苗族的祭祀性舞蹈，具有浓厚的原始宗教色彩。每十三年举行一次的祭祀活动是当地苗族最隆重的传统祭祖活动，那时苗族人民会跳木鼓舞。以木鼓作为唯一的伴奏乐器，鼓手敲击，形成复杂多变的舞调。节奏为四六拍，舞蹈动作有五种，一曰略吉箛，进三步，退三步向左旋转，再回身；二曰略独南，进退均两步；三曰略独大，踏三步，向左转身舞三步；四曰略高逃大，左舞两步，后舞两步，再向前走；五曰略高逃勒，正面舞两步，右侧舞三步，再向左转舞两步，回身舞而前行。舞蹈动作以胯为支点，头、肩、手、腰、腿、脚扭摆、甩动、踢蹬，转体自然，常以急速逆转形成强烈对比。木鼓舞最大的特色是狂，处处强调动作的粗犷奔放，洒脱豪迈，如狂飙飞舞、飞扑坠崖。木鼓舞所表现的是苗族祖先迁徙途中披荆斩棘、勇往直前的艰难历程与精神。舞者多为青年男女，围鼓而舞，且舞且旋。随着苗族的社会发展以及现代文化的影响，木鼓舞除保留自己的特色之外，还有人建议把健美操的一些动作也融入其中。这样，木鼓舞对培养青少年的乐感、灵敏、协调、耐力等身体素质有很好的效果。1982 年反排木鼓舞参加全国第二届少数民族民间传统体育运动会表演，一举成名，被誉为“东方迪斯科”。此后声名远扬，受到许多国家和地区的邀请演出。如今，台江县反排木鼓舞已被列入首批国家级非物质文化遗产名录。

4. 赛马

赛马，是广西和云南部分苗族聚居区民众喜爱的传统体育活动，是马上竞技项目的一种形式。苗族的赛马活动，由于流行地区不同，举行的方式和形式又有所不同。

在广西融水元宝山地区的苗族民间，赛马多在每年六月六日“新禾节”时举行。届时，各村寨的苗族从四面八方汇集而来进行赛马。他们赛马，先放马飞奔，骑手在规定地点等候。当马飞奔而来时，骑手们即纵身跃上马背。按照预定的路线，穿树林、跨山岗，沿着崎岖的山路向终点奔驰，以到达目的地的先后次序决定名次。

而在云南滇西大理、永平一带的苗族赛马，时间一般在正月初一到初三。同时，滇南一带苗族在“踩花山”时也有赛马风俗。云南大理、永平的赛马方式有三类：一是驭者在纵马奔驰中急停，而不能坠马，以此定胜负；二是驭者骑于马上夹紧并拉紧缰绳，由另一人猛拍一鞭，马惊纵起而驭者不能坠马；三是竞速。

苗族民间的赛马多为不鞍而骑，称“骑滑马”。此外，有的苗族赛马，如滇东北、滇南的苗族民间，除了比马快捷外，还要看马跑得是否均匀有节奏，马铃响得是否动听和谐，甚至手端一碗酒时不至于洒出来。只有三者俱佳，滴酒不洒，才能获得优胜。

5. 跳狮子

跳狮子是苗族一项传统的体育项目，属于苗族狮子舞活动的一种类型。苗族的跳狮子活动，多在“踩花山”时节进行。如云南省屏边苗族自治县苗族在“踩花山”时，往往在花场上花杆中央挂一个猪头、两瓶好酒，然后让跳狮子的人们互相比赛，看哪一对狮子跳得好，爬得高，就把猪头和酒奖给那一对狮子。刚开始，有很多对狮子参加比赛。跳一阵后，就开始爬花杆，一个接一个爬。花杆又高又细又滑，要爬上去是很困难的。于是，跳狮子的就一个人又一个人地架起人梯，直到最后将礼品拿下来。礼品拿到之时，整个花场锣鼓喧天，参加“踩花山”的群众欢呼跳跃。

在苗族民间，跳狮子的人一般武艺较好，又会一些动作技巧，如架人梯、爬杆等。这些跳狮人勇敢、机智，成为人们羡慕的英雄。

6. 打花棍

打花棍，是贵州省贵阳市花溪、乌当两地区苗族民间的传统体育活动，是苗族武术中别具一格的传统项目。苗族的打花棍多在喜庆的节日举行，参与者多为女子。所用花棍为木质，长 1~1.5 米，直径 4~6 厘米。花棍表演一般是两人一组进行对打，每次 8 人持棍分为 4 组进行。打花棍的主要棍法有“金鸡独立”“劈棍镇山”“无影棍花”“姐妹相会”“雪花盖顶”“彩龙缠腰”“鹞子翻身”等。

打花棍比赛中，参与者手持花棍，或单打，或对打，棍来棍往，进退有节，攻守相交，红黄绿等五颜六色涂染的花棍在空中飞舞击打。花棍击花棍，花棍击地面，不时发出有节奏、有章法的碰击声，场面精彩，令人眼花缭乱。一会儿“金鸡独立”，一会儿“劈棍镇山”，一会儿又是“无影棍花”，风格独具，表现力较强。

由于打花棍活动形式自由，便于开展，因而深得苗家少男少女的喜爱。在苗族山寨，即使在孩童放牛、玩耍时也可见用花棍对打嬉戏。

第二章　侗族传统体育文化调查

一、民族概况

侗族（侗语作 Gaeml）是中国的一个少数民族。秦、汉时期，在今广东、广西一带聚居着许多部族，统称为“骆越”（“百越”的一支）。多数学者认为侗族是起源于“骆越”，也有相当一部分学者认为是起源于“干越”。魏晋以后，这些部族又被泛称为“僚”。明代邝露所著的《赤雅》中说，侗族属于“僚”的一部分。侗族的分布和属于“百越”系统的壮、水、毛南等民族的住地相邻，语言同属壮侗语族，风俗习惯也有很多相似之处。侗族可能是由“骆越”的一支发展而成。侗族经过原始社会发展阶段，于唐代由原始社会直接向封建社会过渡；有的人认为经过奴隶社会发展阶段。从唐至清，中央王朝在侗族地区建立羁縻州、土司制度，社会处在早期封建社会。清初实施“改土归流”，清朝对侗族人民进行直接统治，土地日益集中，进入封建地主经济发展阶段。但是，侗族社会内部某些氏族组织残余，例如，以地域为纽带具有部落联盟性质的“合款”，仍普遍存在。每个氏族或村寨，皆由“长老”或“乡老”主持事务，用习惯法维护社会秩序。“合款”分大小。“小款”由若干毗邻村寨组成；“大款”由若干“小款”联合。

“小款首”由寨内公推，“大款首”由“小款首”商定。共同议定的“款约”必须遵守，款民大会是最高权力组织，凡成年男子均须参加，共议款内事宜。这种组织一直保存到中华民国初期。

侗族现主要分布在贵州省黔东南的黎平、从江、榕江、天柱、锦屏。据 2000 年第五次全国人口普查统计，侗族共有 2962911 人，为中国第 12 大民族。侗族世居地分布于云贵高原东南边缘的黔湘桂鄂四省区交会区域。贵州为侗族人口第一大省份，有侗族 1628568 人，占侗族人口的 55.01%，占贵州少数民族人口的12.21%，占全省人口的4.62%，侗族是次于汉、苗与布依族的贵州第四大民族。

黔东南苗族侗族自治州位于贵州省东南部，东经107°，北纬25°。东邻湖南省怀化地区，南接广西壮族自治区柳州、河池地区，西连黔南布依族苗族自治州，北抵遵义、铜仁两地。境内东西宽220千米，南北长240千米，总面积30223平方千米。黔东南苗族侗族自治州下辖15个县，1个县级市：凯里市、黄平县、施秉县、三穗县、镇远县、岑巩县、天柱县、锦屏县、剑河县、台江县、黎平县、榕江县、从江县、雷山县、麻江县、丹寨县，州府为凯里市。黔东南苗族侗族自治州地处苗岭山区，境内峰峦起伏，江河纵横，山清水秀，景象万千。自然风光绚丽多姿，古迹胜景绚烂古朴，民族风情浓郁独特，是祖国的一颗璀璨明珠。

黔东南自治州地跨扬子准台地与华南褶皱带两个一级大地构造单元。地层从元古代的四堡群、下江群，震旦系至古生代的寒武系、奥陶系、志留系、泥盆系、石炭系、二叠系，到中生代的三叠系、侏罗系、白垩系及新生代的第三系、第四系均有出露。现已探明的矿藏有煤、铁、金、汞、锌、铅、锑、铜、磷、石灰石、重晶石、白云石、黏土等40多个品种，其中重晶石、白云石、石灰石储量最为丰富，重晶石储量为全国第一。境内有大小河流2900多条，以清水江、㵲阳河、都柳江为主干，呈树枝状展布于各地。河流分属两个水系，苗岭以北的清水江、㵲阳河属长江水系，苗岭以南的都柳江属珠江水系。清水江自西向东流经丹寨、麻江、凯里、黄平、施秉、台江、剑河、锦屏、天柱9县市，境内河道长376千米，流域面积14769平方千米，主要支流有重安江、巴拉河、南哨河、乌下江、八卦河、亮江、鉴江等。㵲阳河自西向东流经黄平、施秉、镇远、岑巩4县，境内河道长166千米，流域面积5106平方千米，主要支流有杉木河、龙江河、车坝河等。都柳江自西向东南流经榕江、从江2县，境内河道长141千米，流域面积8802平方千米，主要支流有寨蒿河、永乐河、污牛河、宰便河、平正河、双江河等。由于山高谷深、水流湍急，一遇暴雨即发山洪，境内河流具有洪枯流量瞬息变化，易涨易退形成雨源性河流的水文特征。全州多年平均地表水年径流量191亿立方米，地下水平均年径流量26亿立方米；水能蕴藏量210万千瓦，可开发量125万千瓦。

二、文化特征

（一）饮食

侗族的饮食文化自成一体，大致可用“杂”（膳食结构）、“酸”（口味嗜好）、“欢”（筵宴氛围）三个字来概括。在其丰富多彩的饮食文化中包含了许多神奇的内容。侗族地区大多日食四餐，两饭两茶。饭以米饭为主体。平坝多吃粳米，山区多吃糯米，糯米种类很多，有红糯、黑糯、白糯、秃壳糯、旱地糯等，其中香禾糯最有名。他们将各种米制成白米饭、花米饭、光粥、花粥、粽子、糍粑等，吃时不用筷子，用手将饭捏成团食用，称为“吃抟饭”。

侗族一般习惯于清晨做好一天的饭菜，带上山去食用。其中香禾稻做成的“抟饭”尤为甘美，有“一家蒸饭，全寨飘香”之说。侗族人喝的茶专指油茶，它是用茶叶、米花、炒花生、酥黄豆、糯米饭、肉、猪下水、盐、葱花、茶油等混合制成的稠浓汤羹，既能解渴，又可充饥。与饭、茶配套的，还有蔬菜、鱼鲜、肉品、瓜果、野味、菌耳和饮料，食源广博而异杂。

蔬菜大多制成酸菜。鱼鲜包括鲤鱼、鲫鱼、草鱼、鳝鱼、泥鳅、小虾、螃蟹、螺蛳、蚌之类，可制成火烤稻花鲤、草鱼羹、鲜炒鲫鱼、吮椟螺、酸小虾、酸螃蟹等风味名肴。肉品主要是猪、牛、鸡、鸭肉，吃法与汉族差别不大。瓜果有刺梅、猕猴桃、乌柿、野杨梅、野梨、藤梨、饱饭果、刺栗、大王泡，以及松树嫩皮、桑树嫩皮、香草根等。其中，栎木的果实可做成豆腐，“香树”的皮可洁白牙齿，油茶树上长的“茶泡”是天然的酸甜汁。野味包括鼠、蛇、蝌蚪、四脚蛇、幼蝉、幼蝗、土蜂蛹、石蛙、穿山甲、囡囡鱼、麋鹿、梅花鹿、麂子，以及吃松果长大的松香鸡和松香猪，侗族均能巧加利用。菌耳方面有松菌和鲜美的鸡丝冻菌，还有可制粑粑与粉丝的藤根、葛根，水田生长的细微苔丝，随处可见的竹笋。饮料主要是家酿的米酒和“苦酒”，以及茶叶、果汁。据粗略估计，侗族的常见食料不少于500种，天上飞的，水里游的，地上长的，草中爬的，只要能吃，无不取食，显示出他们的聪明才智和很强的生存适应能力。

侗族嗜好酸味，自古便有“侗不离酸”的说法，他们自己亦称：“三天不吃酸，走路打倒窜。”在侗家菜中，带酸味的占半数以上，有“无菜不腌、无菜不酸”的说法。这些酸味菜的特色有以下几个方面。

用料范围广。猪、牛、鸡、鸭、鱼虾、螺蚌、龙虱、蜻蜓、白菜、黄瓜、竹笋、萝卜、蒜苗、木姜、葱头、芋头……皆可入坛腌醅。

腌制方法巧。先制浆水，加盐煮沸，下原料续煮，装泡菜坛，拌上酒精和芝麻、黄豆粉，密封深埋。

保存时间长。腌菜可放 2 年，腌鸡鸭可放 3~5 年，腌肉可放 5~10 年，腌鱼可放 20~30 年，非有大庆大典不开坛。侗家盛宴，碗碗见酸，而十道大菜组成的侗寨酸鱼全席，世所罕见。

在侗家人的心目中，糯米饭最香，甜米酒最醇，腌酸菜最可口，叶子烟最提神，酒歌最好听，宴席上最欢腾。侗族人宴客要打“侗粑”，其工艺复杂而细致，品种繁多。例如，加苏子汁的叫红侗粑，加杨桐叶的叫黑侗粑，带馅的叫豆沙侗粑、枣泥侗粑等。宴客时泡茶要加柚子皮、冬瓜皮雕成的蜜饯花卉；席上要备畅销全国的“五味姜”，清香适口的“油茶”，清甜软糯的“黑珍珠饭”，水牛肉调制的“酸龙肉”，以及闻名遐迩的“醅草鱼”，为的是宾主一起欢聚共乐。

最有特色的要数客人进寨时特殊的迎宾仪式——“拦路酒”。侗家人在进入寨子的门楼边设置“路障”，挡住客人，饮酒对歌，你唱我答，其歌词诙谐逗趣，令人捧腹，唱好了喝好了，再撤除障碍物，恭迎客人进门。入座后又是换酒“交杯”，邻居或自动前来陪客，或将客人请到自己家中，或“凑份子”在鼓楼中共同宴请，不分彼此。酒席上还有“鸡头献客”“油茶待客”“酸菜苦酒待客”“吃合拢饭”“喝转转酒”等规矩，欢中有礼，文质彬彬。清人有诗云：“吹彻芦笙岁又终，鼓楼围坐话年丰。酸鱼糯饭常留客，染齿无劳借箸功。”这正是侗寨欢宴宾客生动情景的写照。

侗族人敬重厨师也是其饮食文化中一个奇特的内容，在许多宴席上客人与厨师都要对唱，互相致谢。如一首《谢厨歌》这样唱道：“厨师师傅常操心，睡半夜来起五更，坐了几多冷板凳，烧手烫脚费精神。扣肉堆成鲤鱼背，萝卜切成绣花针，内杂小炒加木耳，猪脚清炖拌香葱，蛋调面粉做酥肉，蜂糖小米做粉蒸。巧手办出十样锦，艺高算得第一名，吃在口里生百味，多谢厨师一片心。”

侗族的饮食禁忌主要是：不可坐在门槛上吃饭，忌讳看别人吃东西；正月初一不生火；祭祀期间不许外人入寨；丧期孝子忌荤吃素，但鱼虾不限。

（二）服饰

侗族最古老的盛装上衣是辛地衣，用于牯藏节或芦笙节，亦称芦笙衣。上衣为左衽长袖式，下为草条式帘裙，饰有白羽。盘蛇纹与游蛇纹图案绣在深色布面上，既华丽又神秘。其“连环锁丝绣”技艺精湛，历史悠久。

北侗最华丽的服饰是镇远县报京地区的姑娘服饰，头上系一银花环，发髻上插满放射状的银花，后脑吊一组银花。上衣右衽无领，长及膝上一两寸，衣领四周镶深色坎肩，衣袖镶深色花缎，胸前系一齐衣长的围腰，围腰配有色彩艳丽、绣工精美的刺绣纹样。戴银耳环，银项圈两三只，胸挂大银牌，戴银手镯，穿长裤，衣裤同色同料，裤脚镶有 5 寸宽的深色花边。脚穿绣花翘尖鞋。

南侗最典型的妇女夏装：从江贯洞地区的妇女夏装，头上绾髻，略偏于左侧，髻旁饰有鲜花或银花，戴耳环，环下吊有三四颗亮珠，上衣白色，为自织的侗布，胸前开襟，相距 3 寸，敞胸，衣内系一菱形围腰，青色，围腰上方衣领处，饰有对称的三角形挑花纹，图案多为蝴蝶的变形。围腰上端有两条线带，垂于背后，系在一个呈双圆形的银垂饰上，既是围腰的组成部分，又是背上的重要装饰，有的是呈多面球体的银背砣。衣袖细小，袖口有花边。上衣长及大腿中部，两旁开衩 5 寸，显得修长飘逸，下穿青色百褶裙，长及膝盖处。小腿上着青布绑腿，脚穿草鞋或布鞋。整套服饰优美、简洁。行走时，长衣袅娜，短裙摆动，不仅充分展示了女性的形体，更显现出侗族姑娘独特而动人的风韵，无不与服饰的选料、款式、色调、做工丝丝入扣，天趣自然，使人倾倒。

最典型的侗族男子服饰：黎平县黄岗村的青年服饰，头包花格帕，为蓝、青、白色自织侗布，包法呈左右向上交叉状，包头较大。上衣为紫色闪光的特制侗布，款式独特。上衣无领，开襟从领口正中横向右侧二寸处，又直下至腰部，再向左横至正中，再直下到下摆。衣扣分圆银珠和蚕形布扣两种，6 对，每对为双排扣。上衣短小贴身，衣袖紧贴手臂，腰系布带，显得紧扎壮实。穿长便裤，裤脚宽大，脚穿青布鞋或草鞋，戴银手镯，有的将精致的银烟盒吊于上衣摆右侧。衣裤上紧下松，大有粗犷阳刚的男性美。

银饰最多的盛装：从江县高增地区的妇女盛装，着装时用一矛形银簪将造型别致的发型固定。银簪的一端呈圆花形，长约6寸。头上饰满各式银花，有银头子、银弓等，像一顶银花帽似的戴在头上，完全盖住头发，最上端还插有一只长尾的银锦鸡，走动时头上的银花银锦鸡闪烁争辉，华美玲珑，引人注目。颈戴大小不等的银项圈4只，背配六面体银背布，胸前挂有两条银丝链和银珠串。紫色闪光的方围腰上，整齐排列圆形的银片，有70片之多，整块围腰几乎全由银片组成对称的图案，另系银腰篓，两手各戴银镯三四只，全身银饰最重的多达十余千克。

穿裙最短的服饰：黎平县水口地区的姑娘服饰，穿短裙，青色，裙短至大腿中部，围腰略长于短裙。膝下裹青布绑腿，外系浅蓝色布带，挽结于膝下小腿外侧，脚穿青布鞋。

最重的银手镯：锦屏县大同地区的姑娘，手戴银镯，重达1斤2两，镯上雕龙刻凤或花鸟草虫，均为当地匠人所制造。

（三）生产生活

1. 春节

一年中最隆重的节日。但各地的过节方式不一样。在北部侗乡的新晃、芷江、玉屏、锦屏一带侗族过春节与当地汉族差不多。南部地区凡建有萨坛的村寨，新年初一或初二，先要到萨坛祭祀祖母神。通道侗族除夕之夜守岁进，全家围在火塘边吃粥，叫年羹饭。等到鸡叫头遍，男人放12个大爆竹，以求一年顺当大吉。妇女们则去挑新年水，用以煮年茶。他们不兴拜年，初一、初二不串门，初三请客吃油茶，初四请吃饭。宣恩侗族一天过两次年，称过重年，从年三十到正月十五敲年锣，敲得越响亮越好。

2. 侗年

根据侗历来确定的新年。一般为农历十月底或十一月初。现大部分侗族均不过此年，仅有部分地方仍过侗年。这些地方每年过两种年，称侗年为小年，春节为大年。榕江七十二寨一带的侗寨于农历十一月初过侗年。十月将屋前屋后打扫干净，杀猪宰牛，舂糍粑，准备过年。从十一月初一到初五举行大规模的踩歌堂、跳芦笙和斗牛活动。有的地方把姓氏节也称为过侗年，各个姓氏节日期不一，但一般为农历的十一月。

3. 大雾梁歌节

也称大戊梁歌会。每年立夏前18天，湘黔桂三省（区）边境的侗族，还有苗族、瑶族等青年云集湖南省通道侗族自治县的大雾梁上，举行一年一度的歌会，参加人数少则数千，多则上万人。这个歌会是为纪念一对饮恨惨死的恋人而兴起的。

4. 花炮节

侗族一年一度的花炮节，各地举行的日期不同。拿三江侗族自治县来说，是正月初三，梅林是二月初二，富禄是三月初三，而林溪却是十月二十六。花炮分为头、二、三炮，花炮都系上一个象征幸福的铁圈，外用红绿线包扎。燃放时以火药铁炮为冲力，把铁圈冲上高空。当铁圈掉下来时，人们便以铁圈为目标，蜂拥争夺，谓之“抢花炮”。

俗传，谁抢得花炮，谁在这一年里就人财两旺，幸福安康。因此抢花炮时个个奋勇，人人争先，志在必得花炮，为本村争光。抢花炮的时间不限，谁能把花炮先交到指挥台，就算优胜。抢花炮比赛结束，便开始了各种游艺活动。芦笙队在芦笙场上赛芦笙；老人在树下斗画眉，拉家常；年轻姑娘和小伙子则趁此良机，对歌谈情。侗家山寨，到处洋溢欢乐的节日气氛。

5. 赶社

侗家有赶社的习惯。赶社不在寨里，而在野外，如放牧坪或田坝里作为社场。每年到社日这一天，男女老少从四面八方赶赴社场。小孩看热闹，大人买东西，交换农副产品。姑娘和后生们穿上新衣裳。姑娘戴各种银饰，系上绣花围腰和编带，手提刺绣荷包，包里装着酸鱼酸肉和糯米饭，三五成群，满面春风，在社场上请后生共进午餐后，后生则买糖果送给姑娘。初次相识的对歌结情，早有交往的则重叙旧情，约定下次相会的时间。晚上，后生还请姑娘到寨上做客吃社饭。饭后男女青年走进歌堂对歌。如今，赶社变成青年男女交往的节日，而社场就成为定情的场所。

6. 斗牛节

每年农历二月与八月的亥日。侗族喜欢斗牛，每个村寨都饲养有专供比赛用的“水牛王”。“牛王”的圈多建在鼓楼附近，干净通风，称为“牛宫”。牛王有专人割草担水拌料伺候，还要经常供给蜂蜜、猪油、米酒等食物。“牛王”体格硕大而健壮，浑身滚瓜流油，犄角粗壮尖利，像张开的钢叉。

节前青年人吹着芦笙到其他村寨去“送约”邀请对手。“送约”之后，便到“牛宫”前吹奏芦笙，敬祭3日，替牛“养心”。节期一到，群众集会于斗牛场周围，参赛“牛王”在芦笙伴奏下开始“踩场”：青年手举写有“牛王”的“马牌”前行，昂首挺胸，“牛”气十足。“马牌”后紧随举着木制“兵器”的卫队和鼓乐队。

“牛王”犄角上镶戴着锃亮的铁套，头披红缎，背驮“双龙抢宝”牛王塔，塔上插有4面令旗和两根长长的野鸡翎，像古代的将军一样。牛脖上挂有一串铜铃，悬在胸前，朗朗有声。“踩场”结束后，“牛王”退场。三声铁炮轰鸣，正式斗牛开始。牛倌把点燃的两把火分别抛到自己的“牛王”前边，同时放开手中缰绳，两牛冲向对方，群众敲锣呐喊助威。败方彩旗要允许胜方的姑娘们“抢走”。获胜的“牛王”披红挂彩，再度入场接受欢呼。若打得难解难分，就要用棕绳套住牛后腿拉开，握手言和。几天后，胜方姑娘去送还助彩旗，败方小伙子设宴款待，陪唱“大歌”，并赠礼品“赎旗”。哪个寨子的“牛王”能获胜，是全寨的荣耀，所以斗牛后有群众性歌舞饮宴庆祝。近年贵州省的侗族“牛王”还到一些大城市去表演角斗，使这种特殊的娱乐文化更加声名远扬。

7. 八月十五

侗族过八月十五中秋节，除吃月饼、赏月亮等习俗与汉族相同外，还有一些特殊内容。北部侗乡有以青年男女社交为主的“八月十五哥送饼”的活动。这天早饮后，后生们背上月饼，到预先约定的地方与姑娘们相会。见面后，按花园会友的传统程序坐定。后生取出月饼排成双数摆开，用歌声劝姑娘们吃月饼。姑娘们以歌答谢。

双方一边吃月饼，一边用歌和白话互诉衷情，直到夕阳西下才告别。分手时，小伙将剩下的月饼包好送给姑娘。新晃有“八月十五偷月亮菜”的习俗，相传中秋之夜偷食别人家的瓜果蔬菜会带来健康、幸福。月亮下“偷”来的菜只能在野外食用，不能带回家中。

8. 播种节

居住在湘、桂、黔交界边境的侗族人民，每年在农历三月初三这天都要举行传统的播种节盛会。由于人们的爱好不同，各个村寨的活动内容和方式也不相同。有的寨子在这天放花炮；有的踩芦笙，坐歌堂；有的走亲邀客。而最风趣的是“舞春牛”，接着农耕队还要表演各种农事活动。整个表演场地被当成一块田，扮演农民的几个人，有的背犁耙，有的荷锄头，还有的背竹篓。他们表演耕田、插秧、收割，动作逼真、优美，用歌舞表现了侗家田间耕作的欢乐气氛。

9. 姑娘节

在湘黔桂边境的少数民族要过农历四月初八的“姑娘节”。相传这个习俗来自侗族杨姓。每年这一天，出嫁了的姑娘必须要回到娘家来，与自己家的亲姊妹和姑嫂们欢度佳节。届时，姊妹们唱歌说笑，共同制作一种节日食品——乌饭糍粑。在她们回婆家去的时候，还要带着许多乌饭糍粑，分赠给亲友吃，好补偿“姑娘节”这一天小伙子们的寂寞。四月八吃乌饭（又叫黑饭）是一个很古老的风俗，据说是为了纪念侗家女英雄杨八美。乌饭是用一种带黑色浆汁的叶子渍水，把侗区特产的“糯禾米”染黑，蒸煮而成的。

10. 尝新节

“六月六，早禾熟。”侗族地区把这一天作为尝新节，有的地方择吉日尝新。尝新节这天，狗是上宾，新米饭煮出来，让狗尝过以后人才尝。因为传说远古时期，洪水滔天，绝了谷种，是一条白色的神犬漂洋过海，在西王母的晒谷坪里打了一个滚，满身沾上谷粒，在回来时身上的谷粒被水洗掉了，只有狗翘在水面上的尾巴尖带着几颗谷粒。人类靠这几粒谷种才发展到今天，为了不忘狗的功劳，因此新谷登场要请狗先尝。尝新节是侗族地区共同的节日，各地尝新节内容大同小异。

黎平县称“尝新节”为“天贶节”，俗称六月六。不少侗寨都在这天包粽粑，又称粽粑节。特别是肇兴、岑岜、龙额、水口、东郎、新平等乡的侗族过得特别隆重，仅次于过年。

11. 赶歌会

农历七月二十日是贵州省剑河县高坝地区侗族人民的盛大节日——赶歌会。这一天，姑娘、小伙子们打整得利利落落，约上伙伴，三三两两赶赴高坝歌场。在这之前，青年们一般会把农活提前干完，同时积极收集、改写或新编大量山歌或情歌，以便届时同歌中强手匹敌。

中午，赶歌会的中心——高坝寨头的绿草坡变成了人山歌海。曲调别致的盘歌、情歌、山歌声此起彼伏。男女青年们借歌会寻找自己的新友故交，道情表心，谈天论地，或者交替唱起令人陶醉的情歌，直到第二天黎明。有不少青年人是通过歌会成为幸福伴侣的。传说，高坝赶歌会是为了纪念一个忠于爱情的侗族女歌手而兴起的。

12. 过冬节

也就是“冬至”，这天所有侗族地区的人们都过侗年，相当于过春节。各地区活动热闹非凡，有赛芦笙、多耶、侗戏、对歌等丰富多彩的活动，在广西南宁没能回家过侗年的朋友，每年的“冬至”这天都会聚集在一起欢歌、交流。

13. “为也”

“为也”是侗语音译，为做客之意。但这种客人不是一般的客人，特指村寨之间互相访问的集体客人。当地汉话称为“吃乡食”。一般在春间或秋后进行，是侗乡规模最大的社交和娱乐活动。规模不等，少则 20 人，多则 100 余人，男女老少均可参加。活动要带上本寨的歌队、戏班、芦笙队、诵款人等。事先由客寨到主寨下帖，主寨认可接受帖子，双方约定日子。主寨各家各户做好接待准备，客寨组织好队伍，做好行前准备。贵州黎平、榕江、从江一带的“为也”队伍多以歌队或戏班为主。当客人来到主寨时，主寨的姑娘们用稻草人、布匹或板凳、织布机、水桶等物品拦住寨门，唱起了拦路歌。

双方对答后，放炮迎客，杀猪宰牛，盛情接待。“为也”期间，整个村寨成了文娱大舞台，开展对歌、唱戏、斗牛等活动。客人走时，每个姑娘拿出几条自织手帕挂在竹竿上作为赠送给客人的礼物，还要包上内有鱼肉的糯米饭送给客人，当作路上午餐。广西三江的“为也”队伍多带上芦笙队。芦笙队员身穿羽毛花衣，头插鸡尾。路过其他村寨时，奏《过路曲》，不进寨。快到主寨时，奏《进寨曲》。主寨芦笙队奏《迎客曲》出迎。进寨后，主客两队进鼓楼坪赛芦笙。赛完后，芦笙队和其他客人都集中在鼓楼坪上，待主寨寨老一声令下，主人们便争相拥入坪中“抢客”。他们抢去客人头上的鸡尾，客人便随之到家，宴饮作乐。次日再比赛芦笙。有的地方还要举行踩歌堂、对歌、比武等活动，欢度 3~5 日方散。别离前要举办一次全寨性大宴，在鼓楼或风雨桥上举行。席间主客各出一人，讲诵款词和赞颂歌。

14. “为嘿”

侗族村寨之间一种盛大的集体做客的结群交往活动，侗家称之为“为嘿”。有“嘿”关系的两个村寨为了加深友谊，双方商定：每年农历正月间定期“为嘿”，即今年甲寨的全体男女老少去乙寨集体做客（限定人数），明年乙寨的全体男女老少（对等的人数）又来甲寨集体做客。通过这种集体结交的活动，以加强他们之间传统的亲密关系，很像带有结盟性质的朋友。乙寨要到甲寨去“为嘿”，需事先去信，甲寨认为条件成熟，即可写回帖，同时做接客准备。客人到村口时，姑娘们用布匹等物拦住寨门唱“拦路歌”，双方对答后，放炮迎客。杀猪宰羊，盛情接待。这期间，开展对唱大歌、演戏、斗牛等活动。“为嘿”一般举行 3~5 天。当“为嘿”活动结束，客人要离去时，主寨上除举行“拦路”表示挽留和欢送客人外，姑娘们每人赠送对方毛巾数条，挂在竹竿上；用禾草包包起若干包糯米饭，饭内夹有腌鱼、腌肉，送给客人在途中当作午餐；主寨还送一头小牛和一只小羊，给客人带去留作“尾巴”，以示今后继续往来。客人离寨时，主寨又鸣放铁炮，敲锣打鼓，吹起芦笙，全寨男女老少在一片欢乐的气氛中，把客人欢送出寨外。

15. “为顶”

侗族村寨男女青年互相结伴走寨探访、交友联谊的一种集体性的社交活动，侗家称之为“为顶”，亦叫“吃相思”。活动时间为每年农历正月间，一般都在 7 天以上。活动的程序与“为嘿”基本相同。不同的是由乙寨的“罗汉头”或“姑娘头”组织本寨二三十个热心交往、喜欢走寨的男女青年，组成侗歌队或侗戏班去甲寨唱侗歌、演侗戏，进行各种文艺活动，借与甲寨老幼同乐之机，与甲寨男女青年进行交往。双方男女青年每晚在“歌堂”里“行歌坐夜”谈情对歌，增加彼此间的了解和交流感情。当交往活动结束时，客人要离去时，主寨上的青年男女们除了用“拦路”的形式表示挽留或送客外，还要赠送一些糖果、糕点、糯米粑粑等食物作为全寨男女青年友好的情意给客人带回。客人回到寨上即邀请本寨的全体青年男女来共享甲寨馈赠的所有食品，大家边食边歌，直到尽欢而散。有来无往非礼也。第二年，乙寨男女青年则邀请甲寨男女青年来做客。这样，两个寨子的男女青年通过轮流相邀，结伴走寨，互相探访，达到交友联谊的目的。

16. 林王节

“林王节”是纪念侗族农民起义军领袖林宽的节日，时间是每年农历六月的第一个辰日。过节的特别食品是巨大的粽粑。每个粽粑粗如海碗，长约两市尺，几十张粽叶才能包一个，三五人方可吃完。相传林宽常率义军转战南北，其母亲怕儿子吃不饱，总给他包大粽子。后人为纪念林宽沿袭了包大粽子的习俗。每到那一天，侗族群众用酒、肉、大粽粑祭奠林王。祭祀仪式上，大人小孩都要唱《林王古歌》，唱罢古歌，老人还要向后代讲述林王的故事，使英雄事迹代代相传。

17. “圣德山”歌会

侗族传统赶歌会的歌场很多，其中最为热闹和隆重的歌场有每年农历七月十五剑河、天柱、新晃、玉屏和镇远等地交界的“圣德山”歌会，前来聚会的侗族青年数以万计。歌会上的青年男女们通过对歌来寻找意中的情侣或再续情缘。

18. 二十坪歌节

二十坪歌节又称二十坪歌会，盛行于贵州天柱、锦屏等县的高坝、平岑、蓝田、渡马、圣德山、大林山、莲花坪等地。尤以锦屏、天柱、剑河交界处的高坝、平岑一带最为热闹。每年农历七月二十日，侗族男女青年成群结队奔向歌坪。赶会的群众多达万人。姑娘小伙三五成群，相互对歌，互诉衷情。各寨歌队也纷纷前来赛歌。相传该歌会是为纪念一位忠于爱情的歌手而形成的。

19. 三月三讨葱蒜节

农历三月初三这天是镇远报京侗族最隆重的社交节日，历时 4 天。节日期间，中老年人结队集体做客，跳芦笙舞。青年男女则以找对象为目的展开活动。头两天，姑娘们到田里打捞鱼虾，与青年小伙子们在野外就餐。初三这天，姑娘们身着盛装到园里采葱蒜，然后带到寨脚龙潭井边去洗，小伙子们结队在途中等候，待姑娘走过面前时，向她们讨篮子。姑娘对谁有意，就将自己的篮子送给谁。小伙子得到篮子，也就得到了那位姑娘的爱情，众人为之喝彩、高兴，赞不绝口。情郎得到了篮子后，与姑娘约定日期送还，并以布料、糖果盛于篮子内作答谢。初三中午，外地客人来报京芦笙场与人们共跳芦笙舞和踩鼓舞。初四的歌会，场面更加隆重。直到初五，人们才吹笙放炮欢送客人出寨。相传古时候，报京有个叫良英的姑娘爱上一个穷青年桥生，可父母硬要逼姑娘嫁到富人家，良英于三月初三这天下田捞虾，打葱蒜，与桥生相约于红豆树下，将鱼和葱蒜送给桥生，表示坚贞之情，不料被人发现，双双遭受毒打辱骂，两人悲愤至极，跳崖自尽。后人为了纪念这对情侣敢于反抗包办婚姻，于这一天举行以上活动，相沿成节。

20. 种棉节

都柳江流域的侗寨，多于四月初八前后开展种棉花的活动。这天新郎邀约上装束一新的伙伴，备好腌蛋和糯米饭，吹着芦笙去帮未到郎家生活的新娘种棉花。新娘则邀着同伴备好糯米饭菜肴，在芦笙曲中与小伙子们有说有笑地走向棉花地。小伙子整地打窝，姑娘们下种上粪，下完种，于棉花地中插上象征棉花丰收挂满蛋壳的树枝，然后共同欢聚午餐。有些村寨还煮好红糖糯米稀饭，挑鸭、牵狗到地边摆设酒宴。晚上新娘家宴请郎家伙伴一行，女伴们都来陪同，大家欢歌畅饮。这种借生产活动交谊的习俗，部分地区仍沿袭至今。

21. 采桑节

农历四月初八是剑河小广一带男女青年采桑择偶交友的日子。这天，姑娘后生穿着一新，成群结队上山采桑，桑树下，绵绵细语，悠悠歌声，各自在物色意中人。下午，姑娘们回家带上撮箕，提着鱼篓，邀后生们下田，撮细鱼崽，互相泼水逗乐。晚上，在姑娘家共品细鱼宴，姑娘的父母还备办好炖鸡、糯米酒。宴后，青年们成双成对来到寨边行歌赏月。

22. 娶亲节

剑河小广一带的侗族婚礼统一在农历十月第一个卯日集体举行，形成"十月头卯迎新娘"的"娶亲节"。"娶亲节"接亲当晚，新娘要"哭嫁"，其女友都来"伴嫁"，唱"陪嫁歌"。哭嫁表示感谢亲友，留恋父母养育之恩和兄弟姐妹别离之情。在新娘哭嫁时，过去"玩山对歌"相识相爱如今却无缘成双的男情友悄悄地给姑娘送来礼物。姑娘则暗托女友代之哭嫁，自己悄悄溜出去与之道别。

三、民族传统体育活动

（一）传统体育活动分类

侗族民族传统体育项目主要有竞技类、武术类、技艺类、体能类、棋艺类、游戏类。

表 1　侗族民族传统体育活动分类

项目类别	项目内容
竞技类	抢花炮、多高贝、骑高脚马、斗牛、毽球等
武术类	侗拳、梅花镖、板凳拳、月牙翼齿镋等
技艺类	哆毽、舞龙、舞狮、龙灯、多耶
体能类	草球、侗族摔跤、抬官人、划龙舟、掰手劲
棋艺类	三三棋（侗棋）
游戏类	斗鸡、打秋千、跳田等

（二）传统体育项目介绍

1. 抢花炮

抢花炮是在侗族非常流行的一项民族传统体育项目，已成为全国少数民族运动会正式比赛项目。抢花炮运动具有对抗性、娱乐性、民族性，在贵州侗族的各个村寨具有雄厚的群众基础，是人们喜闻乐见的娱乐项目，被称为“东方橄榄球”。

抢花炮，在农历三月三或秋收以后最为踊跃。侗乡流行这样的诗句：“侗乡三月风光好，天结良缘抢花炮。要得侗家姑娘爱，花炮场中称英豪。”在抢花炮的日子里，远近侗寨的男女老少穿上节日的盛装，天刚亮就争先恐后地拥向岩坪，有的是为了给本村寨的花炮选手呼喊助威，有的姑娘却是为了寻找如意郎君，但大多数侗胞还是去看热闹。凡是主持抢花炮的村寨，事先请编织手艺高的人用青细竹篾或藤条编织 3~5 个茶杯口大小的圆圈，外面缠以红布，再以红绿丝线扎牢。主持人宣布抢花炮开始时，将红炮圈放在铁炮的筒口上，然后点上火药放炮，红炮圈被射上高空，各村寨的选手争先抢夺，顿时全场欢声雷动。红炮圈有时落地，有时也可能落到水塘里或悬崖上、屋顶上、树枝上……不论落在哪里，大家总是争先恐后地跳到塘里，爬到悬崖、屋顶、树枝上去寻找，个个奋不顾身，人人勇往直前。

谁抢到红炮圈之后，还必须在人人争抢中“过关斩将”，将其送到庙里的裁判台上才算获胜，因此，抢一炮一般都要争夺两个小时左右。当选手把红炮圈送到庙里的裁判台上后，庙里顿时钟鼓齐鸣，并鸣炮三响，以表示“头炮”胜利结束。接着还要进行二炮、三炮的争抢。一般是抢三炮结束比赛，但有的地方抢到四炮、五炮后，钟鼓声齐鸣，鞭炮声不绝，最后放三炮宣告抢花炮活动结束。凡是抢得“头炮”者，来年的抢花炮活动便由该村寨主办。当年他们得到了一头染红的大肥猪和其他奖品，次年仍得准备这些奖品，这叫作“还色”。哪个村寨连续抢到花炮，说明该村寨连年五谷丰登，也是侗家姑娘向往的村寨。

广西的抢花炮，“花炮”是铁质圆环，直径约 5 厘米，外用红布或红绸缠绕，然后置于送炮器上。送炮器即铁炮，内装火药，燃放后即把花炮冲上天空，待花炮落下时参加者均可奋勇争夺。广西南宁、百色两地传统的送炮器的形状最为美观，外观为六角柱形，六边饰有图案、花纹，共分三层，底层为稍大的六角柱，柱角镶上桂花边；中层较细，镌有各类形态的大小人像；上层为喇叭状开口。按民间传统，只燃放三炮。抢得头炮者，则万事吉祥如意，这体现出人们对美好幸福生活的渴望。

2. 多高贝

（1）简要介绍

多高贝，汉语意为“打柴头”，是简单易学、不受场地限制、人人喜爱的民间传统体育项目。多高贝每年在农历九月进行，主要是为了庆贺丰收，祈祷来年风调雨顺、五谷丰登。

（2）比赛规则

多高贝一般以寨子为单位，以河流为界线，互相往对方投掷火把，看谁投得准、投得远。获胜的一方，越过河界，乘胜追击，直至对方放弃抵抗，双方很有礼貌地拥抱、致意。

3. 骑高脚马

（1）简要介绍

高脚马是侗族人们非常喜爱的一项民族传统体育项目，具有悠久的历史。在原始社会，人们为了采摘高树上的果子，在腿上绑上两根木棍，以增加身体的高度，这是高脚马出现的最早雏形。后来人们在下雨天为防止泥水打湿鞋袜，又将其作为雨天的一种代步工具。闲暇时，还将其变成了一种娱乐活动，这就是早期的高脚马活动。2003 年，在第七届全国少数民族传统体育运动会上，高脚竞速首次被列为竞赛项目。

人们根据这一活动可以用来比赛耐力和技艺、比赛速度的特点，将其加以发挥，逐步发展为一种民间体育运动——高脚竞速。因这一运动是削竹为马，类似于以竹代马，故此项运动又称竹马，是高脚马速度和力量的比赛。比赛时，两脚分别踏在两个竹马的脚镫上，前进或后退。比赛主要有竞速和对抗。竞速，是比谁跑得快，可在平地或田径场上进行。比赛的距离有 50 米、100 米、200 米、400 米和 4×100 米接力跑。对抗，或叫撞架，在规定的场地上，骑在竹马上，各自在规则允许的范围内运用各种攻防技巧，将对方撞倒下地或打下高脚马，自己仍骑在竹马上为胜利。高脚马的比赛，除了竞速和对抗外，还可以进行越野、障碍和竞艺比赛。越野赛跑，就是在郊外赛跑，需要跨过溪沟、通过沼泽或稻田、走过沙滩、穿过小林等，有上坡，也有下坡。障碍赛跑，就是在竞速的途中设几个障碍。竞艺，就是骑在竹马上，在规定的场地上，在不下马的条件下比谁骑的姿势多、姿势优美、难度大等。

（2）比赛规则

①比赛

高脚竞速运动是由运动员双手各持一杆，同时脚踩杆上的踏蹬，在田径场上进行的比赛，以在同等的距离内所用的时间多少决定名次。

②场地

在标准田径场上进行，场地线宽均为 5 厘米，跑道分道宽 2. 44~2. 50 米。

③器材

脚杆为竹或复合材料制成（简称“杆”），高脚杆高度不限，从杆底部向上 30~35 厘米处加制踏蹬，踏蹬高度的丈量从杆底部至踏蹬与杆支点的上沿距离为准。

4. 斗牛

斗牛活动能培养人们不怕艰难险阻，勇往直前的斗争精神。斗牛在侗族地区非常流行，成为最受侗族人民欢迎的民族传统体育运动。每个村寨都养着善于打架的“牛王”，“牛王”有专人伺候，在当地可是有着高人一等的地位。每年到农历的二月或八月，就会举行盛大的斗牛比赛，每个村寨都会派牛参加，奖金高达 10 多万元。

在斗牛前，会举行别开生面的入场式，一般在鞭炮声、锣鼓和芦笙的吹奏声中入场，还有手持旗帜、斧头的队伍绕场三圈。然后就是各队牵着“牛王”，等待比赛，只要铁炮一响，火把往空中一抛，表示斗牛正式开始，气氛热烈紧张，场面刺激血腥。

如果牛斗输了，则输的一方彩旗会被赢的一方夺去，这可是一种被人“羞辱”的感觉，需要通过特定的方式才能赎回。得胜的“牛王”则会披上大红布，绕场三圈，接受人们的掌声和赞赏。如果两头牛斗得难解难分，人们就用绳子拴住牛的脚，往后拉，结束它们的战争，平局收场。

5. 毽球

毽球起源于侗族，是由侗族的手毽演变而来，深受侗族及其他民族的喜爱。在 1995 年举办的第五届全国少数民族传统体育运动会上，毽球被列为正式比赛项目。

在贵州惠水就有毽球的训练基地，很多中小学把毽球引入课堂，使得毽球的传承与发展进入新的历史时期。

比赛时，双方各派 3 名选手出场，比赛采用三局两胜制，第三局采取每球得分制。其技法以踢、触为主，可用头、脚及身体去接球，但不能用手臂去触球，技术分为踢球技术（脚内侧踢球、脚外侧踢球、正脚背踢球），进攻技术（倒勾攻球、脚踏攻球、肩压攻球、头攻球），发球技术（脚内侧发球、正脚背发球、脚外侧发球）。竞赛分两个阶段进行：第一阶段采用分组循环赛；第二阶段由第一阶段决出的 8 个优胜队，采用淘汰赛及增加附加赛的方式，决出第 1 名至第 8 名。

6. 侗拳

侗拳是贵州侗族武术的一个拳种，在从江、榕江、黎平流传很久。黎平双江觅东村号称是“侗拳之乡”，全村不分男女老幼都学侗拳，而且每周村里的人都会免费去学校教授学生侗拳。在 2015 年鄂尔多斯举行的第十届全国民运会上，贵州的侗拳代表队获得了表演项目金奖，大大推动了侗族武术在全国的知名度。

侗拳套路有：八步八开拳、三板手拳、嗦步拳（侗语）以及玉头拳、棒坛拳、独坡拳、六步拳、牙屯堡拳等。风格特点是动作快速迅猛，劲力充实，多手法，少腿法，善用桥手功夫近身短击，劲力猛烈。身法灵活多变，时高时低，错落有致；腿法以隐秘踹击发暗腿为主；步法动时势频，定时沉稳，以“四门”和“田”字步为主。侗拳拳路短小紧凑，适合庭院和山地上演练，素有“拳打卧牛之地”之誉。

侗拳的练功方法多以站桩、走桩为主。站桩功：两脚分开屈膝下蹲成马步，头正、颈直、气守丹田，随后按“八步、八开”步法走桩功。抗打功：站桩成马步，意守丹田，两掌相叠，一掌心按下丹田，另一掌心紧压内掌掌背，两掌以逆时针和顺时针方向各圆形揉按丹田三十六圈，照此程序反复多次，至腹部感到灼热为度。此时可以掌击腹部，掌触击腹时，需沉实聚气于腹，久而久之，腹部抗打功即告练成，继而以此方法练习身体各部抗打功。掌指功：先以满筐糯米放于地面，用掌力反复力插米体，久而久之，掌力增强、掌皮粗厚，再换桐油浆制过的铁砂插练，至功成为度。

7. 月牙翼齿镋

很久以前，侗族人生活在原始大自然，生活条件艰苦，时而有野兽出没、毒蛇侵扰。为了战胜恶劣的自然条件，侗族人民充分发挥聪明才智，发明了月牙翼齿镋。

铁镋呈弯月形，大小不等，5~15 千克制均有，径长 1~3 尺，柄长 3 尺，用硬木制成，外形如一对粗壮、锋利的水牛角，镋尖有倒钩刺，镋脊镋心分别安有状如斧钺的刀片，一边一块，有的安有 2~3 块。

铁镋舞动作威猛，刚劲有力，表演时身械并用，虎虎生风，动作招式有“水中莲塘”“雄鹰叼鸟”“金箭离弦”“神猴捞月”等，其表演形式有独舞、双人舞和集体舞。

8. 板凳拳

板凳拳是侗族武术的一种，该拳是练习者单手或是双手拿板凳打出一些攻防套路，其招法由撞、压、顶、砸、扫、架、磕、劈、栽、撑、磨、拦、挑、翻、拐，以及凳花和各种步型组合而成，其结构严谨，内容丰富，实乃一种别具一格的武术器械，武林中广为称道，实用性非常强。

板凳拳共有 38 个攻防套路：(1) 起式（跨虎左虚步托天掌右挤步单腿）；(2) 左弓步前冲；(3) 右弓步献花；(4) 左弓步横推；(5) 右弓步抡劈；(6) 左弓步抡劈；(7) 右弓步横推；(8) 左弓步抡劈；(9) 右弓步抡劈；(10) 左侧抡劈左单手拄地；(11) 左盖步侧抡平压；(12) 过顶右弓步前冲；(13) 右转绞丝步猿猴戏杆；(14) 蹬左脚右插步后冲；(15) 马步后冲（右）；(16) 左虚步献花；(17) 右转右单手抡劈拄地；(18) 右盖步侧抡平压；(19) 过顶左弓步前冲；(20) 左转绞丝步猿猴戏杆；(21) 蹬右脚左插步后冲；(22) 马步后冲（左）；(23) 右虚步献花；(24) 左右渔人撒网；(25) 上右步退左步左转脸右扑步大抡劈；(26) 右独立右平冲；(27) 左歇步左平转扫；(28) 右歇步右平转扫；(29) 上右步并左步朝天一炷香左弓步平压；(30) 马步后冲（右）；(31) 右左渔人撒网；(32) 上左步退右步右转脸左扑步大抡劈；(33) 左独立左平冲；(34) 右歇步右平转扫；(35) 左歇步左平转扫；(36) 上左步并右步朝天一炷香右弓步平压；(37) 马步后冲（左）；(38) 旋风腿打虎式收式。

9. 哆毽

哆毽即拍毽子。哆毽是侗族非常流行的一项民族传统体育运动，不受场地限制，深受男女老少喜爱。相传在宋末年间，侗族人们用草扎成小球在空地上抛打，一直流传到现在，男女青年非常喜爱，成为男女青年传情的一项新年娱乐活动。

哆毽可分青草毽、稻草毽、芦苇毽、鸡毛毽四种。在市场一般买不到，只有到侗族村寨才可以看到或买到。毽毛由鸡毛或禾莞组成，握心是将干了的葫芦壳磨成铜钱大小的圆片，中间钻上小眼，然后把哆毽毛扎入握心的眼中，再系一串光亮带响的小珠子，一个毛茸茸的哆毽便做成了。哆毽只能用手打，以拍得最高最远，接得最稳，落地最少为优胜，分为单打和团体赛，形式多种多样，规则灵活多变。

10. 舞龙

舞龙在侗族已经有上千年历史，一般在春节都会有舞龙比赛或表演，其中最著名的是孽龙舞。孽龙舞属于独龙舞，它以独特的形式，表达人们祈求上苍保佑、风调雨顺、五谷丰登、幸福安康的美好愿望。舞龙体现了侗族人民的辛勤劳动以及聪明才智，体现了侗族悠久的历史文化，弘扬了侗族文化的生命力，展示了侗族人民在新时代下的美好幸福生活。贵州每年举行的少数民族传统体育运动会，舞龙成为表演项目，而且在部分高校开设了舞龙课。

11. 舞狮

侗族舞狮在贵州黔东南锦屏县非常流行，已经有60多年历史，是侗族文化的一朵奇葩，也是侗族文化的标志。

舞狮的造型为圆大的狮头，宽阔隆起的前额，黑亮有神的眼睛，前伸而突起的鼻子，张闭有度的阔嘴，微微颤动的双耳，五官起伏有致，加之头顶用彩绸扎成的彩球的映衬，更显得狮子威武雄壮，憨态可掬。狮脖上安一圈响铃，随着狮子摇头晃脑的动作而叮当作响，煞是惹人喜爱。舞者配合默契，能模仿真狮子的看、站、走、跑、跳、滚、睡、抖毛等动作，形态逼真。

舞狮的表演动作主要有：飞行旋角、雄狮敬礼、双狮抢宝、狮子拜案、抢登高楼、群狮嬉炮、腾空直立、旋背、舔毛、抖擞、采青等。其中以“抢登高楼”尤为精彩，8只狮子往高处抢登，至顶层狭路相逢后团身四拜再口吐对联致以祝福，整个过程可谓惊心动魄。

12. 侗族摔跤

侗族摔跤与其他兄弟民族摔跤不同，“摔跤节”是贵州省黎平县坑洞、四寨一带侗族人民的传统节日。每年两次：一次是农历二月十五，在坑洞举行；另一次是三月十五，在四寨举行。节日源于对一位打虎英雄祖先的纪念，传说已有千年的历史。比赛以侗寨为单位组成摔跤队和芦笙队。开始时，在芦笙乐曲中由寨老率队入场，绕场三圈后步入指定位置做好赛前准备。场上铁炮三声巨响，摔跤比赛正式开始。侗族摔跤别具一格，双方不能直接交手，各用一条布带缠在对方腋下，通过布带的拉力将对方摔倒。常见的摔跤方法有三种：一是拉摔，即通过布带拉扯对方，趁对方脚尚未站稳时迅速将其摔倒；二是绊脚摔，即在拉扯中用布带绊着对方的一只脚，使对方身体的重心失去平衡而摔倒；三是提摔，通过布带以快速的动作将对方提起至自己腰部一侧，让其双脚离地、不能控制身体而摔倒。比赛以三战两胜为一局，连摔二十至三十人不败者，即可立旗“挂榜”称雄。“挂榜”者将获得本届摔跤节的“摔跤英雄”称号。

13. 三三棋

三三棋称侗棋，其棋盘由3个大小不等的正方形按重心重合套在一起，有4条连接4个顶角和4条连接3个正方形对角边中点的线，最小的正方形完全空心，共24个棋眼。对战双方各执12枚棋子（可用小石代替），双方棋子的颜色和形状有别。侗族三三棋均以个人为单位参加比赛，比赛时双方轮流布子，谁先三子成一线，谁就可提掉对方任何一子，而谁的棋子无法走成三子一线或无路走则定为输家。

调查发现，除以上侗族传统体育项目得到广泛开展外，其他多数原生态项目目前处于濒临失传的状态。其主要原因有：一是外来文化的冲击，在文化的变迁、重构中造成了大量民族体育文化的失传和丢弃；二是民族传统体育文化在与现代体育文化的对接中，许多未能进行价值转型与提升，以致丧失了生存的空间；三是政府职能部门对传承侗族传统体育文化重视程度不够，学校体育课程对本民族的体育文化资源开发力度不强，为此，侗族传统体育文化的传承和发展受到严重的制约。

第三章　水族传统体育文化资源调查

一、民族概况

（一）民族起源

“江南”迁移说。三都水族自治县80%多的老人说祖先来自江西省白米街朱氏巷，这是主流说法。有些说祖先来自安徽，这种说法在水族民间流传甚广，主要来源于水族中几个大的姓氏的族谱和某些志书记载。三都水族自治县廷牌镇甲王村定华寨的蒙泽明，46岁，水族，平时也喜好研究水族的历史。他说水族蒙姓来自安徽凤阳，是朱元璋时代来贵州平蛮夷留下的。相传最初居住在独山城南，后迁至三都阳安乡。《潘氏本源》也记录潘氏始祖原来是“江南”省九江府人氏；《独山州志》和《独山县志》则都记载独山蒙氏原籍“江南”省镇江府，宋代来到如今的水族地区。此外，杨、石、王、吴、莫等水族姓氏也流传着来自江西、湖南、湖北或者广东、广西等省区的说法，并说由于征战才迁移过来。然而，一些人又认为这些所谓的族谱是封建社会水族知识分子为了避免民族歧视，为能够有资格参加科考，自编自撰的。孙易教授也认为，不是所有的族谱都是家族或者民族历史的“活化石”。这透露出来这样的信息：水族大家庭在其形成的过程中吸收了其他一些民族（包括汉族在内）的成分。曾晓渝在《水语里汉语借词层次分析方法例释》（2002年）中根据侗台语的台语支、侗水语支各语言本族词语以及中古汉语借词调类上的一致性，推测这两个语支的分化时间大概不会早于隋唐时期，即认为水语（水族）是产生于隋唐之后的一个后起民族。

水族自称为“任睢”，他称水家、水家人、僚、水苗等。最早史料记载为“水家”“水”者为唐、宋年间，《唐书·南蛮传》始记载：“开元中，置莪、劳、抚水等羁縻州。”在我国历史上，统治者曾在全国各地广设带有“抚”字的行政机构，美其名曰“安抚”“关爱”百姓。唐王朝在今广西的环江县与贵州荔波县接壤处也设立“抚水州”，那时此地就已是“水族先民连并居住之区域”。顾名思义，“‘抚水州’的建立是唐王朝为安抚以水家人为主体对象的行政建制”（《中国水族文化研究》，潘朝霖、韦宗林著）。后来，由于历史原因，水族称谓偏引旁用，说为獐、僚、水仲等。唐宋时期水族与壮、侗、苗、布依等诸民族交往融合，但其族称“任睢（水人）”一直没变。曾被汉人统称为“僚”。后于唐始称为“水”，明清时期称为“水族”。1957 年新中国政府正式恢复启用“水族”之称谓。

西南的原住民说。此说者认为，水族源于南方“僚”“俚僚”“濮”“夜郎”“骆越”“西瓯”“百越”“南蛮”“西南夷”“东谢蛮”等，是地地道道的南方原住民。

东谢蛮后裔说。邝福光先生根据史籍记载，结合水族语言、文字、习俗特征等方面信息推出论断，水族的远祖是秦始皇统一中国前后居住在这一地域的，到了唐宋时称为东谢蛮。刘日荣也赞同这种看法。

番龙氏后裔说。胡羽高先生于民国年间曾在其编撰的《三合县志略》中说，根据《宋史·南蛮传》记载，牂牁郡诸蛮进贡团的代表龙光进尊宋太宗令，演本国歌舞后自名其为“水曲”的记载，认为水族因曲名而得御赐族称，并说水族是宋代西南番龙氏的后裔。但孙易教授则认为：“史料中记载番龙氏演‘水曲’时用的是芦笙伴奏，芦笙并不是水族最擅长的乐器。”此说也遭到水族研究专家石国义先生的质疑，他认为，“芦笙既非本民族之乐，当不能以之名族。”

水上的族群说。另有学者从一些地名的字面上分析，又结合水族的一些风俗习惯，认为水族就是居住在今南方水上的群族。独山的万大章在其著作《史地丛考》中就这样说：“至黔省南部土人，于苗仲诸族而外，有所谓水家者，其族人与汉人甚近。而荔波、三合间有水龙、水潘、水祥、水韦、水婆、水葛、水尧、水艮、水甫、水错、水冬、水庆、水梅、水利、水岔等十六大寨，称十六水。”又结合《蛮夷传》“然窃犹谓水曲水家之名，应是其民水居种水田之故”，以及史传中所谓“‘夹龙江而居，亦种水田’是也”，推知水族乃因居住在水边种水田而得名。

现在学界的中原说。水族的历史渊源，如今国内持两种说法。一是以学院派贵州民族大学教授潘朝霖、韦宗林为主的学者认为，水族自称为“睢”是因河南睢水流域而得名之说；二是以贵州水书研究者韦章炳为主的“水族为共工大族团陆终支后裔”之说。对于第一种说法，中国社会科学院研究员梁敏也著文质疑，故汉字的“睢水、睢河”与水族人的自称“任睢”究竟有没有关联，此说亦须进一步考证。但水族于七八百年以前分期从江西、广西、湖南等地迁至今贵州境内的看法已成共识。按水书理论，分明可译为“水人”。不知学人们为什么要说从“睢”到“水”的转变是音的转称而不是意的翻版。水书先生现仍读水书中的山为“散”；读水为“睢”；读虎为“夫”；读天为“听”；等等。这些水文字的读音与汉音甚近，而与现今水语相去甚远（现水族分别称山、虎、天为“努”“芒”“闷”）。这一信息不仅表明水族在古代是中原华夏族，操的口音十分近似于今天的汉语，还表明水族自称“任睢”，其实就是“（治）水人”之意。

来自西北两次大规模基因学研究证明，水族先民有西北地域民族的血缘。《记者观察》2004 年第 11 期所刊周芙蓉《活化石“水书”传承水族历史》说：1997 年贵阳医学院遗传专家对贵州水族和汉族、苗族、布依族等几个主要世居民族作了人群线粒体 DNA 多态性研究，将三代皆同一民族家庭的 150 份标本进行了 2600 余次实验，结果表明：水家先民有西北地域民族的血缘。2004 年 9 月新华网《DNA 研究表明水族先民来自北方》报道：中国科学院昆明动物研究所细胞与分子进化开放实验室和贵州黔南民族医学高等专科学校共同完成的 DNA 研究显示，在遗传组成上，生活在我国南方的水族人群较其他南方民族群体与西北人群的序列更有相同性，表明水族是一个来自北方的古老民族群体。

（二）分布

水族共有人口 406902 人（2000 年中国第五次人口普查统计），主要分布在云贵高原苗岭山脉以南的都柳江和龙江上游分水岭一带地区。水族，主要聚居于贵州省南部及东南部地区的三都水族自治县、独山县、荔波县、都匀市、榕江县、雷山县、从江县、丹寨县、福泉市等，仅这 9 个县市就有水族人口 369723 人，占全国水族总人口的 90.86%，其中以贵州三都水族自治县最为集中。

（三）地理环境

水族的居住地位于云贵高原东南部的苗岭山脉以南，都柳江和龙江上游。森林密布，山水如画，适于农林业的发展，是贵州高原的鱼米花果之乡。平均海拔1061.9米，气候温和，年平均气温16.9℃，年降雨量1000毫米以上；土壤肥沃，山岭连绵，溪流交错，其间夹着若干起伏的丘陵和平坝，在总面积中耕地占9.4%，林地占55.6%，草山占29.7%，水面占1.3%，有“九山半水半分田”之称。90%的土壤属砂黑土，有着丰富的矿产资源，主要有硫铁矿、铅锌矿、钼矿等矿种，翁降、翁奇两村硫铁矿储量达500多万吨，含硫量25%~40%。

（四）宗教信仰

在水族人民的精神文化生活中，原始宗教占有极其重要的地位。由于水族是一个以农业为主的民族，生活环境相对偏僻和闭塞，原始宗教的影响非常明显。水族的原始宗教主要表现为自然崇拜、图腾崇拜和鬼魂崇拜三种形式。

1. 自然崇拜

在原始宗教信仰中其自然崇拜的一个重要表现是相信“万物有灵”，即把大自然想象成有生命、有知觉、有意识的人格化实体。具体表现为“石岩崇拜”“古树崇拜”“雷崇拜”等，并在求子嗣、保佑子女平安、祈求风调雨顺、五谷丰登时用米酒、肉、糯米饭等祭祀品进行祭祀。这种朴素的自然崇拜造就了水族人民感激自然、融入自然、保护自然的意识，这种对自然崇拜的生活态度也影响着他们的文化和艺术。

2. 图腾崇拜

原始宗教的另一个重要表现是图腾崇拜。它包含宗教、法律、文学艺术和社会组织制度等多方面的意味。这些因素后来各自发展成为自成一体的文化现象，如图腾仪式、图腾圣物、图腾圣地等，这些都是宗教信仰不可缺少的要素。图腾崇拜的主要特征是相信“本氏族同某种动植物之间有超自然的力量，这种动植物就被视作图腾”，“氏族中的人相信自己同本氏族的图腾有血统关系”，从而对它产生一种爱戴、崇敬或畏惧的感情。水族所崇拜的图腾主要有“鱼图腾”和“龙图腾”。鱼在水族人民的生活中有着特殊的意义，有的甚至将鱼视为祖先的化身，在水族盛大节日活动中，鱼是必不可少的供物，鱼作为水族的图腾物还被广泛用于各种民族工艺品上。龙被称为麟虫之长，是能司天地间雨水、掌人世间祸福的无所不能、无处不在的“动物”，自古以来被中国人民膜拜，各族人民把它视为神灵，虔诚崇拜、祭祀。

3. 鬼魂崇拜

鬼魂崇拜是水族原始宗教信仰的核心。在水族先民的原始宗教崇拜中，鬼魂被强调到了一个异乎寻常的位置，直到今天在水族的迷信意识中，还可数出300多个有名目的鬼魂，加上存在过而已失去其名称的鬼魂，则多达七八百个。水族人相信灵魂脱离人体后就变成了鬼魂，鬼魂是无处不在的。水族是一个典型的多鬼崇拜民族，对鬼特别崇拜，并根据其对人的态度，分为善鬼、恶鬼、凶鬼。鬼魂观念和血缘亲情观念使人们相信，祖先的灵魂是会保佑子孙后代的，所以祖先常常受到普遍的崇敬，死后被当作善鬼善神来供奉。事实上，祖先崇拜就是鬼魂崇拜的延伸和发展。在水族中的一个独特现象是出色的银匠，其另一个身份就是巫师，兼职巫师的银匠享有很高的地位。水族银匠的工艺习俗非常奇特，当顾主来加工银饰时，要带来酒、肉、鸡等祭品摆在炉前祭奠，以祈求“银魂”不要走散。并且，开炉前需顾主亲自拉风箱，与银匠关起门来在屋内操作，不许别人看。如此种种的禁忌不但体现出水族人的自然崇拜，同时也体现出他们的民族心理和价值理念。

二、文化特征

（一）饮食

水族大多分布在都柳江和龙江的上游地带，那里溪流交错，气候暖和，素有“鱼米花果之乡”的美称。祖祖辈辈生活在这里的水族人民，他们最喜欢吃糯米饭、酸菜、辣椒、腌鱼、腌肉及喝烧酒、甜酒等。在众多的美味中，最具特色的是鱼酸这道菜，它称得上是酸中精品，开启坛口，异香扑鼻，诱人食欲。水族村寨大多居住在茂林修竹的河谷槽区，气候炎热，以种植水稻为主。因此水族饮食文化无不与稻作文化相关。富源水族喜食糯食，肉类喜食鱼、鸭、鹅，调料以酸辣为主，故水家人称“三天不吃酸，走路打倒窜”，水家菜系具有开胃、祛湿温补作用，入口无油腻感。水族人主要以大米为主食，另外还有小麦、大麦、玉米、高粱、小米、红薯、豆类等。蔬菜主要有青菜、白菜、萝卜、韭菜、香菇、蕨菜、木耳等。水族人喜欢吃酸食，喝酒，酸汤是水族人夏天家中的必备食品。水族妇女还善于做各种腌制食物，主要有腌鱼、腌肉、腌菜。水族妇女炮制的“鱼包韭菜”是端节酒席上必备的佳肴。

水族农民不善种菜，因而蔬菜品种比较单调。水族比较重视养殖业和渔业，各种畜禽及水产品为水族人民的生活提供了必需的肉类食物。水族喜爱喝酒，家家都会烤制米酒。逢年节、庆典或亲朋来访，都离不开以酒待客。最喜欢的是传统佳酿“九阡酒”。

例一：鱼包韭菜

聚居在以黔南布依族苗族自治州的三都水族自治县为中心及其邻近地区的水族人民，在长期的历史发展过程中，逐步形成了喜食糯米食品、喜食鱼、喜吃酸辣、喜喝酒的饮食特点。其中鱼是水族人民祭祀祖先、过端、待客的席上不可缺少的必备佳肴。而用独特方法烹制的“鱼包韭菜”则是水族的第一名菜，具有浓郁的民族特色和奇特的文化内涵。

远古时代，居住在贵州黔南州三都水族自治县的水族地区，洪水、疾病、贫困、饥饿的阴云笼罩着水乡大地。水族同胞们面对这突袭的灾难，无所畏惧，想尽各种办法与疾病展开了顽强的斗争，采集了9种当地蔬菜和鱼虾合制成一种包治百病的良药妙方，治好了许多在病魔中挣扎的人民。他们重建家园，水乡很快又恢复了原有的活力。可遗憾的是，随着岁月的流逝，药方失传了，为表达对先辈的敬慕和怀念，水乡同胞用韭菜代替九菜，沿袭成今天的鱼包韭菜，并在隆重节日里款待客人，表示祝愿大家永远健康，在丧事中作为祭品，表示对先辈们的怀念。

1. 烹制方法

烹制“鱼包韭菜”需选用鲜活的1~2斤重的鲤鱼或草鱼，去鳞、去鳃后，沿背部剖开，但腹部相连，除去内杂后清洗干净，洒上醇香的九阡酒，拌上葱、大蒜、生姜、糟辣，加上少量食盐，然后再将洗净的宽叶韭菜、广菜充填在鱼腹内，将两半鱼合拢，用糯米稻草扎牢，放入大锅内清炖或大甑子中清蒸，几个小时后取出即成。

“鱼包韭菜”味道酸辣鲜美，鱼肉细腻柔嫩，鱼骨酥脆清香，烂而不糜，香而不浊，即使在大热天搁置三五日也不会变味。

2. 历史传说

关于“鱼包韭菜”，水族群众有这样一个优美动人的传说。水族的祖先原来是居住在江河湖海边上，一日三餐有鱼虾，后来由于洪水成灾和战乱，疾病像阴云一样笼罩着水乡大地，他们被迫向黔桂边界迁徙。临走前，先祖们采集了9种草药和鱼一起制成了一种能治各种疾病的良药并作为路上的食品。后来他们定居在云贵高原南坡的都柳江和龙江上游，随着岁月的流逝，水族人民用9种草药和鱼制成能治各种疾病的药方失传了。水族人民为了表达对祖先的怀念，就用韭菜代替失传的9种草药，制成了佳肴“鱼包韭菜”来祭祖、待客，并一直相传至今。

端节是水族人民最隆重而盛大的年节。每年水历十二月（阴历的八月）至次年的二月上旬（阴历的十月上旬）水乡各地秋收过后，每逢亥日各地区水族同胞分批“过端”。在戌日的晚上和亥日的早上，每家每户都要举行庄严、隆重的祭祖活动。“过端”祭祖时“鱼包韭菜”是必备的供品，所以水族人民有“无鱼不成年”的习俗。但在“过端”祭祖时是要忌荤的，但忌荤不忌鱼虾。水族人民这种“忌荤不忌鱼”的习俗在其他民族中是很少见的。

“鱼包韭菜”包含着水族人民创造的丰富的物质文明和精神文明的内容，又有着独特的烹制工艺、特殊的风味和食疗功能，因此，说“鱼包韭菜”是水族的第一名菜是当之无愧的。

例二：九阡酒

九阡酒是一流的纯糯米香酒，水族用独特传统工艺酿造而成，是100%的纯糯米原料、100%的天然泉水酿造、100%的无添加剂、100%的水族传统工艺。九阡酒与茅台酒一样只能在九阡当地特有的土壤、空气和水质下进行酿制，这样酿造出来的九阡酒，饮之醇香味美，沁人心脾，实为酒中珍品。水族民俗每年端午采药，六月六制曲，九月九烤酒。九阡酒以独特的水族工艺酿造，采用当地特产红糯、纯天然泉水酿造。

1957年三都水族自治县副县长蒙世花赴京，用九阡酒代表少数民族向毛主席敬酒，毛主席品尝后连声称赞好香、好甜、好酒。九阡酒酿造技艺有文字记载的历史1800多年，是贵州省非物质文化遗产。九阡酒厂建于1952年，全称为：贵州省三都水族自治县九阡酒有限责任公司，属民营企业。“九阡”商标是中国商务部认定的中华老字号品牌。九阡酒的酿造对周围环境，尤其是土壤、水质、空气环境要求极高。只能在位于世界自然遗产地的“月亮山原生态保护区”的九阡镇，严格用月亮山泉水（月亮山生态区的水质为Ⅱ级可直接饮用水质）、纯糯米，经过蒸饭、拌曲、发酵来进行生产，不允许添加其他任何非生产过程中带来的物质，否则口感将大打折扣。

1. 酿造工艺

水族民俗每年五月五（端午）采药，六月六制曲，九月九烤酒。从端午到六月六，村村寨寨妇女全部出动，由懂药的老妇带领，上月亮山原始森林采集多种野生草药，最后集中起来，熬成药水，加入米团、面团、麦麸、糠壳等，捏成颗粒，制成酒曲。酒曲制好后，接下来的用料、工艺也特别讲究，必须用当地特产红糯、摘糯配以月亮山中的优质泉水为原料，在九阡镇独特的气候环境中进行酿造，出酒后以土陶坛密封窖藏，酿造出全国独一无二、享有千年盛誉的高品质原生态健康酒——九阡酒。九阡酒的酿造工艺独立成一套标准，既不属于糯米酒，也不属于黄酒，而是“其他发酵酒”。九阡酒厂参与了起草和制定《贵州地方标准：其他发酵酒》。

九阡酒的酿造工艺是省级非物质文化遗产，即使在达到 1.5 万吨年产的情况下，也必须按照传统的工艺手法才能生产出合格产品。工艺要求概况如下：必须使用纯糯米为原料（水族摘糯），必须使用天然山泉水（九阡镇的水质必须为Ⅱ级以上水质），必须充分窖藏，必须保证产品不添加非生产过程中产生的其他物质。

2. 历史传说

水族酿酒历史悠久，有 2000 多年历史，有文字记载的有 1800 多年。特别是三都九阡地区的九阡酒，更以味美甘醇远近驰名。

在水族群众中流传着一个古老动人的故事。据传，很久很久以前，有九位贫穷的老婆婆来到水族聚居的地方乞讨。好客的水族群众热情地照料她们，拿出糯米饭、糯米粑供她们食用。她们感受到水族群众的热情好客，就把酿酒技术传授给水族人民，化作九位仙女飘然而去。人们为了纪念这九位仙女，就把按照仙女传授的技术酿成的酒称为九仙酒，后来把水族聚居的地方叫作九仙镇，汉译为“九阡酒”和“九阡镇”。当地习俗，在女儿出生时将九阡酒窖藏，到女儿出嫁时才取出待客，这种酒俗称水妹红九阡酒。窖藏多年的水妹红九阡酒，开坛时香气四溢，颜色金黄带红，用筷子轻挑，千丝万缕，原来已浓缩为蜂蜜状，饮之醇香味美，沁人心脾，实为酒中珍品。

3. 酒文化

水族的好酒与善酿好酒相得益彰，形成了一种独特的酒文化氛围。平时除解乏消遣自斟自饮外，凡有亲朋来家，必以酒相待，主人家不仅殷勤劝酒，还邀请乡邻、亲友来作陪，酒酣耳热之际，主人还与客人喝交杯酒以示亲热。水族“交杯酒”又叫转转酒，喝酒时，主人、客人与作陪的人围成一个圆圈站起来，每人都用右手把自己的酒碗或酒杯送给下家，同时用左手接住上家送来的酒碗或酒杯，大家就同时喊一声“秀”，便将自己的酒一下子灌进了下家嘴里，而自己同样被上家灌了酒。“秀”是水语“干杯”的意思，一声“秀”，每人都喝一碗或一杯酒。醇香的糯米酒是水族人民闲暇生活的享受，也是礼尚往来、增进感情的介体。

（二）服饰

水族人民在长期的历史发展中，创造了丰厚的物质财富和精神文化，水族服饰，就是水族具有传承性的物质文化和精神文化的一个重要组成部分。水族服饰的发展过程，也在一定程度上体现和反映了水族历史的发展过程。水族古歌《开天地，造人烟》中这样唱道：“古父老，没啥遮掩，人挤人，岩坎避露；住岩洞，度日藏身，钻泥穴，当作房。”“没衣服，拴块兽皮，串木叶，也当衣裳；蕉叶，遮挡身上，扯把草，就当睡床。”水族先民原始生活状态中的以兽皮树叶制作衣裳，是所有民族原始时期服饰形成的一定阶段。一定社会的文化现象，总是与该社会发展阶段的生产力和物质生产水平密切相关。在贵州，水族经济主要是以农田水稻种植为主要特征的农业经济，其中也包括了林业、渔业以及对牛、马、猪、羊等家畜的饲养，并辅之而产生了家庭的棉纺织染业。水族地区的生产和消费、交换都依赖于这个基础，在此基础上形成了水族文化及民俗的基本类型和特征。据考证，早在唐代，水族地区就出现了利用当地产的葛麻、茅花等编织制作的各种葛布、斑布、宁布、茅花被、筒裙、大口袴、布袍等服饰物品。《唐书·南蛮志》载“丈夫衣服，有衫袄大口裤，以绵绸及布为之”，即指此地区人民已形成的上着衫袄，下穿大口裤，并织以锦绣装饰的服饰款式。随着社会生产力的不断发展和工艺技术的不断进步，水族服饰也随之不断发展和丰富。水族古歌《造棉花》体现了较为成熟的农耕经济下的从种棉到轧、纺、染、织、裁、缝的一整套服饰工艺程序：“春雨洒，棉苗青青，女匀苗，男的松根……”；“秋天到，棉桃开花，一朵朵，像是天星”；“请鲁班，造轧花机，请牙巫，轧花传艺；轧花女，坐在机上，右手捶，左手推花；机子前，籽如雨下，机子后，花似雪飞”；“请鲁班，造好纺车，问牙巫，要根蜡线；纺纱女，牵动纱针，嗡嗡响，纱线均匀”；“织布女，端坐机上，手穿梭，响声唧唧；妈妈问，你织啥布？为什么，这样细密？姑娘说，织花椒布，细密好，男人满意”；“割兰叶，制成蓝靛，把靛青，加酒拌匀；寨坝上，个个染缸，布染好，晾挂竿上；红日下，蓝布飘摆，绿树间，青布荡荡”；“妇女们，捶布连连，一锤锤，响彻深夜；布捶好，光滑如月，捶的布，比风柔软；剪刀走，衣料裁成，一根线，穿好了针；缝白衣，穿在里头，缝蓝衣，套在外层；做花鞋，姑娘争要；做头巾，男独心；后生们，访亲过节，穿新衣，包新头巾；姑娘们，访友出嫁，穿花鞋，围新蓝裙”。一幅生动优美的水家植棉纺纱、染织裁缝的民俗生活画卷跃然眼前，展示了水族服装的基本形制，这种形制一直贯穿到现代水族服饰的式样和风格中。

由于水族农耕生活中的聚寨而居，千百年来，一直未脱离“男耕女织”的中国传统农村经济方式。他们自种棉花，自种蓝靛，自纺、自织、自染、自缝、自绣一整套工艺流程成了水族妇女生活技能的必修功课。她们织出的土布纱支细密，耐洗耐用，而且织出花椒纹、斜纹、回纹、芭折纹、鱼骨纹、花格布等，图案美观精致，成为水族地区家庭手工业的主要产品之一，历来深受人们的欢迎，在水族农村经济中有着重要的地位。水族社会中妇女服饰制作工艺的好坏往往与该妇女生产技能的高下密切相关，并往往被视为其品格性情好坏的重要标志，在这种要求下，水族妇女多以谦慕含蓄、感情内向、勤劳俭朴为道德规范，在衣着上多喜靛蓝、青紫等冷色而忌大红、大黄等暖色调。

服饰是民族个性和文化表现的重要标志，服饰作为一种现象，不仅反映了该民族生产力发展和社会文明状况，也在一定程度上体现着该民族历史和政治的关系。水族男子在明代是留满长发，结于顶，穿和尚领无袖长衫。清代受强制改装和汉民族服饰的影响，皆剃发留辫或将辫盘结于顶，除以青白布头帕包头外，多与汉族相似。水族学者潘一志先生考证，清代强制改装，男人必须服从，否则便认为是造反，而女装，改不改还可以自由，这可认为是水族男装已无多少民族特色的根本原因。辛亥革命后，男子又多剃去发辫，穿有领对襟便服，但仍用青、白布头帕包头，节日或走亲访友时也穿布扣长衫，其与汉族男装无异。因而，自清代强制改装后，只有妇女服饰得到了一定保留并传承了丰富的民族特色，但这种保留仍随着社会的发展变化而发生变化。清代水族妇女服饰多将发绾于顶，用青布包头帕，身穿无领式短领银扣对襟长上衣，下多着百褶裙，有的还用青布裹腿，并系上长围腰。后来，长上衣长裤下装逐渐推广，并在边脚饰以花边，脚穿翘尖鞋。中青年妇女则多把长发梳成把盘绕头上，外包青、白布长头巾。盛装时插上各种银饰，脚上多穿翘尖鞋、穴花鞋、元宝鞋等绣花鞋。近现代后，大量现代工业产品进入水族地区，机织布、化工染料、机织花边及各种化纤织物、针织衣物、成衣等给水族传统家庭纺织印染带来巨大冲击，使水族服饰从质料到样式也逐步地发展变化。现代生活中，一般来讲，水族成年男子平时多穿灵便的对襟便服，节日或其他欢庆盛典中穿长衫。老年人热天多用短帕包头或戴马尾帽；冷天常用长巾包头或戴锅驼帽。男青年现在喜用涤良或涤卡做衬衣和外衣。中年人的头饰由新中国成立前的剃发包头变为理发不包头，有的人戴遮阳帽。

水族妇女的服饰，现在大体有五种：一是蓝色长衫，靛青色长裤，胸佩绣花围腰，围腰上端至颈部挂银项链，围腰中部两侧系提花飘带拖于身后；脚穿尖钩穴花鞋或元宝盖绣花鞋；左额发间斜插长梳。已婚女子除与未婚女子有上述相同之处外，坎肩、衣襟、袖口、裤脚等处都绣斜面青布大绲边，外缘还镶两根绲条。绲边和绲条都隆出衣面，绲条外缘还镶上栏杆花边。自从先进的针纺工业品进入水族地区后，妇女们改用机织花边，因而出现了古装与时装互相融合的古今结合体。她们虽穿大口裤子，用底色淡雅的丝兰牙口和水浪花边，但不拴围腰而改系长方形的青色围巾，脚穿较为考究的尖钩扎金穴花鞋。二是衣脚狭小，热天包白色头帕，头巾扎于颈后，发结盘于顶，外包花格方巾。三是衣裤均喜纱支纤细、染工深透的青紫色回纹布料。未婚女子戴不绣花的素净围腰，但转腰上的银链和飘带却极讲究。已婚女子不挂围腰，而喜长方形的青紫色腰巾。四是都匀的水族妇女，除长帕包头外，还用一块白毛巾横扎。衣裤均镶花边，衣长近膝，衣袖及裤脚均较宽大，围腰不配银链而系腰带，并让围腰上的绣花胸牌翻下来作为装饰。五是三都自治县的牛场、普安等地与苗族杂居的水族妇女，除以长帕包头、保留水族传统特点外，大襟衣服已缩短至臀部，衣饰与苗族妇女基本无异。

水族新娘佩戴的银花与银钗较为讲究。一般是在新娘即将出阁时，由一位中年妇女为之梳妆打扮，先将新娘的长发绾于头顶，随即在发结上插上各种银花和银钗，身上则穿古式对襟、银扣、宽袖紫色短衣，下着紫色百褶围裙和长裤，配以数个造型不同的银项圈，胸佩双龙戏珠的银压领，手戴三至四双银手镯，腰挂一串珍珠玛瑙的蝴蝶针线筒，脚穿尖钩扎金穴花鞋。在节日喜庆中，除了新嫁娘外，姑娘们都只是戴银项圈、压领和针线筒等装饰品。

（三）生产生活

水族经济是典型的山地稻作农耕类型，早在150年前，水田在水族聚居区就占耕地面积的80%以上。在农业生产中，水族农民仍保持着一些特殊的习俗。从今天绿色农业的角度来看，有些做法是值得借鉴与推广的。

积肥与施肥。水族农民虽然也使用农药和化肥，但其成本高和有污染是明显的弊端。为了增加和多使用农家肥，水族农民仍普遍采取牛踩肥的办法来积肥。他们在耕牛休闲的时候，将其圈养，把牛吃剩下的青草垫在圈内，适时加入垫圈土，让牛把粪尿和草土踩混在一起，沤成肥料。

耙田工具。耙田是为了耙碎田中的泥块，耙平水田，使稻子有疏松的生长土壤，且能均匀受水。特殊的是，水族农民用“船耙”和“石耙”耙田。“船耙”是长1米左右的木质船形耙，“船底”是平的，底部外面朝下装有木齿或竹齿。若用人拉耙，“船”内装土或石块来镇压；若用牛拉耙，人则站在“船”内驾驭。石耙就是一块长方形石条，条石两头钻孔穿绳牵引，条石底面有粗的刻纹。石耙的主要作用不是耙田，而是磨平。

灌溉。水族地区灌溉得自然之利。在高于水田的山谷修塘堰或河坝蓄水，然后开渠引水灌溉，或直接引山泉溪流到田头灌溉。田高水低处，也使用筒车、翻车（龙骨车）等古老的提水装置。

水族地区广泛流行“活路头”生产习俗。“活路头”是当地汉语方言土语，普通话就是“干农活的领头人”。水族村寨里的重要农活，如犁田、耕田、育秧、插秧、收割等，全寨各家都要等“活路头”开始干了，才能开始干。农时到来，“活路头”择吉日，举行简单的仪式，象征性地犁一垄地，插几蔸秧，或割几把稻子，其他人再开始在自己承包的田地里干这项农活。这种习俗起码有两个含义，其一是对农业生产的重视；其二“活路头”是种庄稼的老把式，他们根据气候掌握农时的经验有一定的科学性，跟着他们干可获好收成。

水族在农业生产中有明确的性别分工。“女不犁田，男不插秧”是传统，谁若违反，会遭到非议。过去，曾有缺劳动力的家庭，妇女女扮男装在夜里犁田。男人犁田、耕地、整修田坡，这些活儿较费力，且在泥里水里拼搏，对妇女来说确实困难。这并不是说妇女不辛苦，插秧、割秧、挑禾等，不说别的，对腰来说，一天下来，几乎都有“快要累断了”的感觉。

经过世世代代的辛勤劳作，水族人民把自己生活的山山岭岭打扮得像凤凰一样。波光粼粼的梯田，硕果累累的园林，层层叠叠的干栏木楼，堆绿砌翠的树木，欢快流淌的泉溪，就像凤凰光彩美丽的羽毛。山乡美景，田园风光，泥土气息，自然的美、淳朴的情，与城市的繁华共同交响，演奏出伟大祖国的时代乐章。

水族居住区处于亚热带，多雨潮湿，加之树林茂密，豺狼、虎豹、野猪经常出没其间。水族居住“干栏”住宅，正可避免地面潮湿和野兽的侵害。水族木楼，一般分上下两层。下层是整个上层房屋的承重部件，因此先修好基脚，根据木屋间架结构的性能，屋基只要求按地形用块石安稳柱脚即可，一般不需修整屋基平面。下层柱粗（直径一般在30厘米以上），柱身榫眼用穿枋纵横连接，每排抵柱上端扣架粗大的原木作为横梁，梁与梁之间铺着垫木，俗称“楼枕”，枕上铺着宽厚的楼板（多为松树或枫树解成的板子），形成平整的楼面。上层屋架，一般每排为五柱四爪（十一檩水步），也有五柱六爪（十五檩水步）。木楼为穿斗式结构，在柱与柱之间用穿枋组成网络。特别是上层屋架柱脚扣枋为鱼尾式的斗角衔接，是水族木工在干栏建筑中最出色的创造。柱脚扣枋的这种鱼尾式“斗角”结构，牢牢固定每根柱子的方位。顶上再用檩子卡住各排柱头和爪头，各部衔接处都是齿榫卯紧，使建筑物整体性强，十分稳固。下层的抵柱和横梁与上层排架必须对应，俗称“柱顶柱”，这使木材抗压的性能得到了充分的发挥。

三、民族传统体育活动

（一）传统体育活动分类

据《中华民族传统体育志》（1990年）记载，我国已搜集到55个少数民族传统体育项目676项。但是对于这些浩如烟海、璀璨多姿的少数民族传统体育项目，到目前为止还没有一个统一的分类方法。从相关的研究来看，目前我国对于少数民族传统体育项目的分类，主要有以下几种方法。

1. 按少数民族传统体育的性质和作用分类。分为娱乐类、竞技类和健身养身三大类。

2. 按现代体育运动项目的形式和特点分类。分为跑跳投类、球类、水上项目、射击、骑术、武艺、舞蹈和游戏类共八大类。

3. 按各少数民族所开展的项目分类。把55个少数民族开展的体育项目逐一列出，分为55类。

4. 按地域分类。把少数民族传统体育项目分为东北地区、内蒙古地区、西北地区、西南地区、中东南地区五大类。

5. 按人类学观点分类。把少数民族传统体育项目分为民族起源、种族繁衍、生产活动、反映种族再生或复兴、带有军事性质的身体活动五大类。

6. 按体育项群分类。把少数民族传统体育项目分为嬉戏娱乐、竞技能力、配合节庆习俗三大民族体育项群。

7. 按少数民族传统体育发育形态分类。分为化石型、原始型、发育期型、较成熟型和成熟型五大类。

8. 按少数民族传统体育的功能分类。分为健身功能、娱乐功能、教育功能、竞技功能和文化功能五大类。

以上分类方法各有分类依据和标准，难分伯仲，本书将参考以体育项群为依据的方法，将水族少数民族传统体育项目分为嬉戏娱乐、竞技能力和配合节庆习俗三大类。

表1　水族传统体育项目分类

分类	项目
武术类	（1）拳术：水家拳、水家猴拳、八步追风拳、水家太极拳、板凳拳 （2）器械：水家刀、水家棍、双锏
竞技类	（1）体能类：扭扁担（丙梅干）、扳腰（都别）、打斗（挤麻）、掰手劲（邑罢） （2）竞技类：赛马（麻都哥）、抢花灯 （3）技艺类：踩高跷（挤麻甲）、狮子登高、翻桌子、舞龙、耍狮
儿童游戏类	跳子门（丢子门）、点帕子（多麻板）、扯萝卜（定玛八）、打格螺（挽梧）、老鹰抓小鸡（乌要改）、丢石子（多麻类）、羊吃麦子（法借敖抹）、卷晒席（领田）、摇摆（孔格铃麻）、猫捉老鼠（苗行反难）、捡子（麻倒）、打地老鼠（梅暖反难）、耍纲花（怀弄）、骑颈马（挤麻哥）等

续表

分类	项目
歌舞类	铜鼓舞（丢压）、斗角舞（贵都刀）、芦笙舞（补印）等
棋类	瓦棋（棋广）、拱棋（棋答）、三三棋（棋三）、挑抬棋（棋胆）、封（官）棋（棋甭）等

（二）传统体育活动特点

1. 农耕民族性

水族是典型的农耕民族，其主要的聚居区域山水秀丽、景色宜人，都柳江、龙江、漳江等河流贯穿水族地区，支流干渠织成密如蛛网的灌溉系统，为农业生产提供了良好条件。水稻种植是水族农业的主要内容，传统的生产方式是牛耕生产。千百年来水族人民创造了独具风格的灿烂文化，而自耕自种、自给自足的生产方式也使该民族形成了一种很容易在低层次的生产状态和生活水平上满足的惰性心理，竞争意识相对淡薄。其民族传统体育也具有典型的农耕文化特色，以休闲娱乐的项目居多，就连农耕民族少有的赛马活动的竞争意味也不浓，更着重于表演骑术和显示勇敢精神，同时还是青年男女挑选意中人的活动。而且活动多与农耕生产方式、生产工具，农耕民族的生活方式、风俗习惯相关。例如，扳腰（摔跤）、扭扁担、顶扁担，这些水族喜爱的游戏，多半是劳动生产的休息间隙在田间地头进行。下棋时随手在地上画一个棋盘，捡几颗石子、苞谷、黄豆、草棍之类当棋子，便可厮杀一番。当前，这一特征仍然保持着，现代水族传统体育活动大多仍与农耕文化有关，只是在全球化的浪潮中文化主体的参与意识有所变化，竞争意识逐渐增强。例如，“端节”赛马就增加了许多现代体育的元素。

2. 传承统一性

水族分布地域不广，基本上集中在贵州南部与广西相邻的地区，长期聚居于面积不大的区域，对于思想意识、风情习俗等文化活动的传承、沿袭与交流都很有利。因此水族传统体育文化的传承具有相对的统一性，都表现出比较统一的模式。例如，“端节”的民间赛马活动，就是按世代承袭的传统方式进行，即使在现代化进程中发生了变化，其变化也相对一致，目前各村寨的比赛场地和比赛方法仍然是基本一致的。水族棋类在水族地区非常流行，各地棋的具体名称稍有差异，但下棋的方法基本相同。

3. 参与全民性

节日与民俗活动是水族传统体育不可缺少的载体，目前在水族地区开展的传统体育项目大多与节日和民俗活动联系在一起，传统体育是活动中必不可少的重要内容，两者相互依存，共生共长。在民族节日和民俗活动中开展的传统体育活动一直存在于水族的社会生活之中，从未间断过。在节日活动中，传统体育不仅使节日活动的内容更加充实，而且使得节日从内容到形式都更加健康、更加丰富。同时，在节日活动中的传统体育活动伴随民族节日的开展而更具生命力，将世代传承下去。因此，参与活动的人群广泛，具有全民性。例如，水族“端节”赛马就是全民参与。该日早上祭祖后，男女老少便穿上新衣，欢天喜地拥上端坡。所有水族的青少年只要有一匹马就可参赛。比赛时骑手不分年龄大小、马匹不分优劣，3~5 人一组就可比赛。一般妇女不直接参加比赛，但都喜爱观看，为自己的亲人加油。比赛时，端坡上人山人海，欢声笑语，人欢马嘶，辛苦了一年的人们在端坡赛马中得到尽情的宣泄，加强了水族人际间的交往，强化了民族认同感，增强了民族凝聚力，也延续了水族传统文化。

4. 宗教信仰性

许多少数民族的风俗习惯来源于宗教信仰，甚至带有浓厚的迷信色彩。有些体育项目甚至直接源于宗教仪式或迷信活动，并逐渐演变为游戏、竞技活动，最终发展为传统体育活动。水族崇拜多神，以为万事万物皆有神灵，他们生于斯、长于斯的山峦、坡地，自然也有神灵掌管。因此，传统体育活动中有许多宗教的仪式。例如，在水族的“端节”赛马活动中，每次赛马之前，要举行开道的仪式，通常习俗是在马道口（起点处）设一桌酒菜供祭祖先，并插一“竹标”于马道中，由族人中德高望重的长者主祭开道后，赛马活动才能开始。祭祀坡神，就是感谢山坡为牛马的繁殖提供了条件，祈求坡草更加繁茂、六畜更加兴旺。而端坡跑马，则是显示马匹的矫健，也是对神灵的感谢。现代水乡的“端节”赛马活动在赛前仍然要进行祭祖仪式，但人们参与赛马活动的动机更多是夺取锦标和增添节日的热闹气氛，而不完全是为了感谢神灵，也反映了这项活动进一步的世俗化。

5. 民族融合性

体育是一种最容易沟通人的思想、促进民族认同的社会文化形式，它可以超越社会意识形态、文化传统、语言障碍和宗教信仰的差异。在水族地区，汉、布依、苗、侗、瑶等民族和水族长期交错杂居，友好相处，各民族的传统体育都在该地广泛开展。斗牛、打手毽、跳扁担、划龙船、耍狮、舞龙这些并不是水族世代传承的体育活动也深受水族人民的喜爱。水族地区的耍狮活动是民族传统体育文化交流的典型代表。水族耍狮，其“狮子”的制作亦远不如汉族考究，水族地区从来没有狮子这种动物，因而民间艺术“制造”狮子时，只能依照虎、猪等形象，借助自己的想象了。狮头的制作稍讲究些，尽可能有点狮虎的威风；而狮身则简单，用一块花布蒙上即可。其造型颇为抽象，反正舞起来大家理解这是“狮子”就行了。耍狮的方法也是仿效汉族，这些似是而非的“狮子”给盛典及节日增添了许多欢乐和喜庆的气氛。而水族传统体育活动也同样受到其他各民族群众的欢迎，在端节、卯节，他们也身着节日盛装前往端坡、卯坡，观看水族赛马和对歌。在全球化的今天，各民族的交往更为频繁，使水族传统体育文化更加丰富。例如，现今水族“端节”赛马各民族参与的人数、地域范围有扩大之势。

6. 文化调适性

在全球化的今天，水族传统体育文化作为历史的积淀仍在水族社会中顽强地保留着。出于文化主体对全球化的回应，原生态的水族传统体育发生了一些变化。通过对水族端节赛马活动的调查，我们发现这项古老而又奇特的传统体育活动在水族山寨的生存状态发生了一系列的变化，其显著特征是：全民性依旧，娱乐性减弱，竞技性增强，组织化提高。这是水族应对现代社会变迁的文化调适，但在文化的调适过程中，水乡人并不想抛弃它生存的文化土壤而完全现代化，仍要继承他们自己的传统文化。其调适过程遵循了立足所处族际环境、趋近于强势文化的原则，从而完成“辐合”调适的使命，反映了水族文化良好的生存适应能力和自我保护能力，体现了传统体育文化在水族社会生活中的重要意义。

（三）传统体育项目介绍

通过对有关文献资料的查阅、收集、归纳和整理，借助冯胜刚教授对贵州各少数民族进行的三十余年田野调查的成果以及本书课题组深入三都水族地区多次调查的结果，笔者初步汇总出丰富多彩的水族传统体育项目数十项。主要有赛马（麻都哥）、打格螺（挽梧）、跳子门（丢子门）、点帕子（多麻板)、扯萝卜（定玛八)、老鹰抓小鸡（乌要改)、丢石子（多麻类)、羊吃麦子（法借敖抹)、卷晒席（领田)、摇摆（孔格铃麻)、猫捉老鼠（苗行反难)、骑颈马（挤麻哥)、打斗（挤麻)、掰手劲（岜罢)、扭扁担（丙梅干)、扳腰（都别)、踩高跷（挤麻甲)、捡子（麻倒)、打地老鼠（梅暖反难)、狮子登高、翻桌子、抢花灯、打鞋、舞龙、耍狮、铜鼓舞（丢压)、斗角舞（贵都刀)、芦笙舞（补印)、环刀舞（冥灵)、打手糖、杂耍、游泳、骑草马、骑竹竿马、斗牛、拔河、挤油、拱棋（棋答)、三三棋（棋三)、踢棋、官王棋、瓦棋（棋广)、走草绳（以草绳代钢丝）以及拳种和套路较丰富的水家刀、水家棍和水家拳。

1. 打手毽

打手毽流传于三都水族自治县三合镇牛场村、姑挂村一带。打手毽活动是水族男女青少年乐于参加的一种传统体育方式。由于其器材制作简单，对场地也无严格要求，活动时间可长可短，因而方便易行。水族男女孩童大多数将打手毽活动作为纯粹的娱乐游戏活动，在闲暇时随意开展，因此打手毽活动在孩童中更为常见。水族男女青年，除了如孩童开展的打手毽一样作为消遣娱乐活动外，还会在某些特殊的时间和场合，作为相互了解、以示爱意的平台。因此，在水族青年男女之间开展的打手毽活动，虽然不如在孩童中开展得广泛和经常，却具有更为宽泛的文化意义。

水族打手毽活动中所用的器材，大多是用稻草或布匹裹上一枚中间有空的铜钱，插上一根毛管或其他管状物，以便在管内插上数羽雄鸡毛。将包有铜钱的一端扎成球状，并用彩色绒线等扎成花朵状，以增加其美感。毽子用公鸡尾毛和野鸡毛捆扎成束，插入作为底托的铜钱方孔中，再用布裹紧缝牢制作而成。铜钱的主要作用是增加手毽头部的重量，使其在飞行过程中总是有铜钱的一端向前，以便于击打和控制飞行方向。水族手毽包有铜钱的头大多柔软，因而可以直接用手掌拍打，而不像在其他民族中流行的用小竹节做头而只能用木板拍打或用脚踢。在随时随地都可以开展的水族孩童的打手毽活动中，两人相对而站，你来我往地将手毽拍打向对方，尽力使其不落地即可。如果是多人一起玩耍，大家可相对站成两排，或是围成一圆圈，拍打多个手毽。在友好交往、表示爱意、谈情说爱的水族青年男女之间开展的打手毽活动中，一般是男女双方相对而立，且距离不会太远，以便于交谈。活动中姑娘先向小伙子抛出手毽，小伙子将手毽拍向姑娘，连续多次接拍以提高趣味性，并以此显示男人爱护女人，以及显示自己的责任心和可信赖性。这种在水族青年男女之间开展的打手毽活动的另一种文化特征是，双方在活动中往往边打边唱歌或边细语交流。

2. 铜鼓舞

水族铜鼓舞水语称为“丢压”铜鼓，在贵州各少数民族中是一种几乎被当作“神器”使用的重要打击乐器。在水族文化中，铜鼓具有十分重要的文化功能和价值。历史上，铜鼓长期被视为权势和财富的象征，在水族生活中具有不可违背的召唤力和指挥力，只有在举行重要的民族文化活动或召集民众进行重要的集体活动时才能使用。至今在水族的民族节日、重要的民俗活动和族人的集会中，都还要以各种方式敲击和演奏铜鼓。

水族铜鼓舞具有极为悠久的演进、发展和存在的历史，其早期的文化形态主要是水族古代的祭祀活动。在其漫长的发展历史中，宗教祭祀的作用慢慢减弱，而促进人的身心健康与快乐的体育活动的色彩却越来越鲜明。水族铜鼓舞，除了以铜鼓打击出的鼓点指挥参与者的身体活动外，一般没有其他音乐伴奏。铜鼓声起，节奏显示，参与者便可随着节奏舞之蹈之，并随着鼓点的变化而改变身体活动的动作，最后随着急密的鼓点向参与者传送即将结束活动的信息，并在一种声音中活动结束。水族铜鼓舞分为男子铜鼓舞和女子铜鼓舞。男子铜鼓舞为集体群舞，其表演形式仍旧保持着原始的广场圆舞形式，动作有大字蹲、大字偏等，舞姿刚劲雄健、粗犷英武；女子铜鼓舞也是集体群舞，一般在堂屋或端坡进行，舞者围住铜鼓，沿逆时针方向移动。

贵州师范大学冯胜刚教授通过长期的田野调查，发现至今水族铜鼓舞的动作有如下特征：一是这些动作大多来自水族日常的生活，如栽秧、收割或其他农事活动，战场搏杀、庆贺胜利的保家活动等，具有极为浓烈的生活气息。二是这些动作经过抽象化处理后，大多演化成了动作幅度较大，力度强弱变化明显的全身性动作。人们在铜鼓鼓点的指挥下，或是变换着轻灵与雄健的步法，平移着活动位置；或旋转跳跃，大起大落地展现着自己身体活动的能力与勇敢精神。全身上下在活动中协调配合而一动则无有不动，正是这一特征，在一场时间不长的活动中，水族铜鼓舞对身心都积极投入者来说，具有较大的运动量和强度，因而有了较好的体育锻炼价值。三是在铜鼓舞活动中，既有参与者经过一流训练，按自己承担的角色进行着身体活动；也有在铜鼓的指挥下，参与者随着鼓点，根据自己的心情、愿望、体力等随意选择动作。在第一种活动中，艺术性水平、观赏性水平较高，而在后一种活动中，由于个人活动自由度较大，所以具有广泛的适应性，也在一定程度上更具有趣味性。四是水族铜鼓舞主要参与者多为中青年，但实际上是一种水族群众几乎任何人都可能参与的身体活动方式，这一特征决定了其并非精英文化，而主要是大众亲身参与的通俗文化。这就决定了铜鼓舞作为传统体育活动方式存在时，它的受益面是宽广的。

水族铜鼓舞，早期多在民族祭祀时进行。随着历史演进和水族文化生活的调适与变迁，逐渐演化成为一项在水族节日和各种民俗活动及本民族各种重要集会中都举行的重要活动。在今天的水族生活中，仍然具有极为重要的文化地位，是水族群众乐于参与的一项重要的传统体育方式。

3. *芦笙舞*

芦笙不仅在苗族中广泛地流行和使用，也是水族群众喜爱的重要民族乐器之一。水族芦笙舞就是在芦笙伴奏下，水族群众乐于参与和观赏的一种重要的身体活动方式。水族芦笙舞出现最多的场合是丧葬，每当有长者逝去，族人为其办理后事期间，往往都会组织芦笙舞活动。由于场景等方面的原因，这种场合下开展的水族芦笙舞活动，表演者大多换上特别的古装，舞姿较常见的苗族芦笙舞也更为缓慢，神情也更为庄重和肃穆，动作幅度和强度相对较小。这种场合开展的水族芦笙舞活动，大多由人数较为稳定的3男6女表演，3名男子在前边吹芦笙边跳着各种具有引导性质的动作，6名女子在后随着芦笙音乐节拍，手舞足蹈，翩翩起舞。这种场合下的表演，也会因为表演队伍的不同，表演的动作有所不同。就是同一表演队伍，因为芦笙曲调的不同，表演的动作也有所不同，由此可见，即使是这种场合下的水族芦笙舞动作的幅度和力度及节奏都较为平和，但其内容却相对丰富，如果多曲跳下来，也必然会形成较大的身体刺激，而引发较为良好的体育锻炼效果。

4. *斗角舞*

斗角舞主要流行于三都水族自治县的都江、扬拱、拉揽等乡镇，在都江地区村村存在。水牛，在漫长的历史中，一直是水族人民耕田种地的主要动力来源，是水族人民生活中的重要财富，也是水族人民最易寄予情感的动物朋友。在与水牛数千年甚至是更长时间的相处中，水族人民十分熟悉水牛之间时常发生的相斗现象。水族斗角舞就是受水牛相斗的情景和过程的启发，模仿水牛相斗的场面和过程，而创造出来的一种具有水族古老传统文化特征的身体活动方式。开展水族斗角舞活动，至少要 5 支芦笙和 5 支共鸣的芒筒伴奏，并以节奏指挥全场舞者活动，两名男子各手持一个用竹编制、用纸或布蒙罩、勾画有牛头形状的“牛头”，双脚大幅度分开，脚尖向外呈“外八字”，膝部弯曲呈半蹲状，随着芦笙和芒筒奏出的音乐节拍，模仿水牛用角相斗状，而边斗边舞。在斗角者之后，跟有 5 位头插雉尾羽毛、腰沿边拴着白鸡毛、着水族文化特征衣裙的水族姑娘伴舞。伴舞者在芦笙和芒筒音乐伴奏下完成的动作，既有作为背景而不必与斗牛者相配合的独立动作，也有根据斗牛者的动作而完成的配合性动作。总之，所有舞者的动作与斗牛都有关联，都有表现主题的义务和作用。即便如此，这些动作毕竟高度抽象化了而且是人的活动动作，所以其主要特征仍然是人在一定程度模仿水牛相斗的意念指导下发生的具有舞蹈性质的身体活动动作。在这种身体活动中，所有舞者尤其是手执牛头的两位男舞者，身体活动的幅度较大，部分动作颇有力度，持续时间也较长。这就决定了在水族斗角舞活动中，一曲终了时，参与活动者会受到明显的身体刺激，得到一定的体育锻炼，对机体具有良好的刺激作用。同时，在这种模仿动物动作的身体活动中，在芦笙和芒筒音乐的伴奏下，不论是对参与活动的舞者，还是对观众来说，都具有显著的趣味性，所以，这种身体活动方式还是水族群众寻求快乐的方式，这些重要的文化特征，决定了参与活动的人和观赏活动的人都会在相关活动中确立追求身心健康与快乐的价值目标。

5. 环刀舞

环刀舞水语称为“冥灵”，是水族使用环刀的一种身体活动，在三都水族自治县都江镇摆鸟村一带的水族中较为流行。环刀舞，是以环刀的使用方法和技术为原型，经过整理加工，使其动作向更为抽象和舞蹈化方向发展，并配以音乐、鼓点，重新编排而成。其动作经抽象化处理后，不仅依然保持了全身性运动的基本风格，保留了动作的攻防含义，还使动作更舒展大方，在更具有观赏性、趣味性的同时，有了较好的健身价值。因为其原型是水族传统武术内容之一，在水族群众中已有长久的存在历史。

6. 水族棋艺

据《水族民俗探幽》所录以及借助顾晓艳教授课题组调查统计，水棋的种类及玩法大约有以下几种。

瓦棋（见图 1）：两人对战，各摆两子，你走一步，我跟一步，你追我赶，直至把对方逼得无路可走即为胜利。

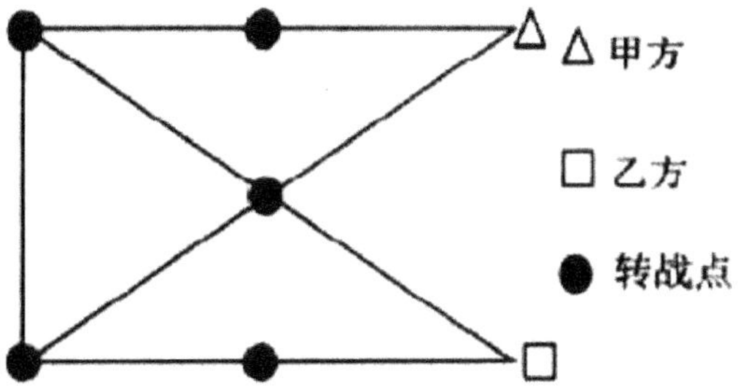

图1　瓦棋

三三棋（见图2）：甲乙两方对战，甲方先上一颗棋子，乙方也跟着上一颗棋子，谁先摆成三角形就可杀掉对方一颗棋子，哪方棋子损失大，无法摆成三角形即为输。

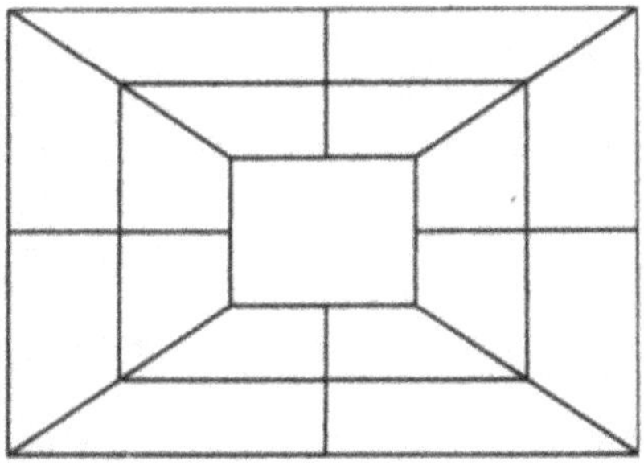

图2　三三棋

挑抬棋（见图3）：这种棋比较复杂，最能锻炼智力。挑抬棋为二人对弈，双方分占左右，各摆5颗棋子。依棋盘格子中的直线或斜线走棋。在直线上，一次可跨越数格。如能将棋走进对方两棋之间的空当，形成挑担状，则可将对方被担的两颗棋挑掉；若能以自己两颗棋夹住敌方一棋，则可将敌棋抬走。这样，直到把敌方棋子吃得只剩1颗，并将其逼上顶点即胜。

7. 水族弦鼓舞

主要流传在三都水族自治县水龙乡祥寨村和都江镇五坳坡一带。弦鼓又称角鼓，水语称“困报”，是水族一种颇具特色的民间舞蹈。其风格粗犷、雄浑、刚健有力，舞者心随意舞、情绪激昂、动作变化多端，具有明显的即兴发挥和自娱性，男女老少均可参加，具有普遍性和群众性。

8. 端坡赛马

水族人喜欢将赛马场选定在村寨野外的山坡上，因此水族人称端节赛马

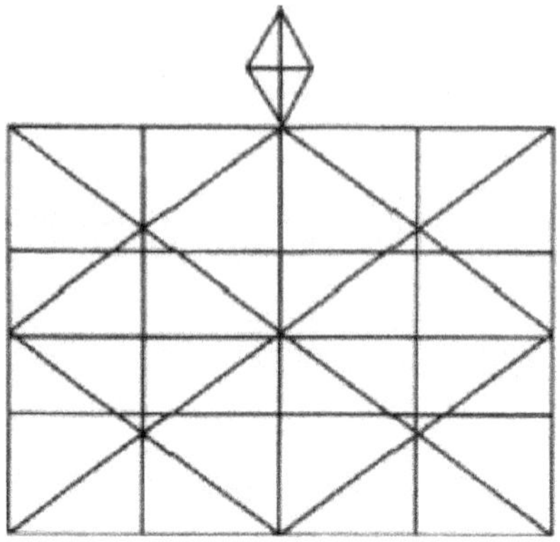

图3 挑抬棋

场为“端坡”，也称“马坡”。“马坡”一般由水族各村寨的寨老共同商议确定。设立马坡的寨子，一般选好一个有利于观看赛马的小山坡，在小山坡下面挖开一条宽5~10米，长约50米的平直马道，然后再挖一段爬坡道。各个赛马场的马坡赛道坡度和长短是不一样的，一般坡度为35°~45°，长度为100~200米。爬坡道宽度十分狭窄，通常只有3米左右。整个赛马场地形成了以直道、上坡、弯道、下坡为一体的赛道。水族赛马的基本规则是要求每位赛马选手从起点快速跑完直道，到达爬坡赛道的顶端，接着跑完一个转弯坡道，然后从小山坡的另一侧下坡回到马坡的起点处。

水族端节赛马前，先要举行赛马开道祭祀仪式。首先请寨老念祝福和欢迎四乡八寨族姓参赛的贺词，然后由寨老亲自主持“马坡”祭祀（水语叫“与梭”仪式）。人们通常会在马坡起点正中央设一张大方桌，摆上一碗米，三条干鱼，一挂熟猪肉，三杯糯米酒，三副碗筷。

祭祀寨老用一双筷子在三杯酒中各蘸一下，分别点于桌面上，然后摘下鱼尾和一点猪肉撒放在桌面上，以示对水族先祖的敬意。接着，寨老口中念念有词，意思是祈求神灵保佑村寨人畜兴旺、五谷丰登。最后，他会邀请同旁两位寨老分别将三杯酒一口喝干（水语叫“秀”）。如此一来，祭祀仪式就宣告结束了，接着祭祀寨老纵身跃上自己的快马，拔掉插在马道中的竹标，绕马坡跑一圈。参赛水族骑手也纷纷上马绕着马坡溜跑，这是赛前的热身活动。

“挤马”是水族端节赛马的古朴独特之处，这并非真正意义上的赛马。按水族端节赛马规则，先将所有的骑手和赛马进行分组，然后按照预赛、次赛、复赛、决赛四轮进行赛马，实行逐级淘汰制。根据参赛马匹的多少，一般每一轮取小组的前两名晋级，水族赛马不计时间，不以赛马速度快慢定胜负，赛马选手最先跑完全程者即为冠军。水族跑马比赛的古朴独特之处在于：第一，根据规定，赛马选手在每一轮中都必须沿马坡赛道完成两圈或三圈的循环路程。因此，水族赛马是比速度、比力量、比耐力、比赛马综合素质的竞赛，独具一格。第二，由于水族端节赛马季节气候温和，加上水族赛马个子矮小精悍、体重轻，因此，赛马骑手基本上是轻装上阵，而且为了减轻赛马负重，水族骑手在训练和比赛时都不配马鞍和脚套。这一习俗又是水族赛马比意志、比能力、比骑术、比顽强拼搏精神的体现。第三，赛马道非常狭窄，有些地方通常只能容纳一两匹马同时通过，骑手在通过这些狭窄马道时，一方面要确保自己不被挤下马；另一方面也要想办法采用合理的冲撞方式把别的骑手挤下马，以期尽快通过，最先到达终点，“挤马”也因此而得名。

第四章　彝族传统体育文化资源调查

一、民族概况

（一）民族起源

彝族自称“罗罗”，意为“虎族”，同时因为对火的无限敬爱，也被称为“火族”。这两种称谓主要是因为该民族居住在寒冷的山区，火带给人温暖，带来光明和希望；虎象征着勇猛，代表着征服困难的勇气。彝族作为中华民族的重要成员之一，历史悠久，地域辽阔，人口较多。早在远古时代，彝族先民就繁衍生息在我国的西南地区。

关于彝族的起源，在很长时间内都是学术界争论的焦点所在，学术界对此争论不休，有北来说、南来说、东来说、外来说和原住民说多种。但在近几十年的不断研究探索中，综合各领域的成果结论，学术界已基本判定，是我国西北地区的古羌人到达金沙江南北两岸及滇中地区后，南下进入今滇东和黔西地区，融合了当地以濮人为主的原住民部落逐步发展融合而来。

在夏商之际，彝（古之夷）系统的民族已生活在长江中上游流域，并日渐成为该流域文明的主要民族之一。其后在与其他族系的交往、融合的过程之中逐渐形成古蜀国、古滇国、古夜郎国和楚国等长江中上游“四大文明古国”的最主要长江文明族群体系。魏晋南北朝时期，居于云南东部的古彝族先民以建宁（今云南曲靖）、晋宁（今昆明一带）二郡为中心，势力扩展到云、川、贵三省。之后在长江中上游金沙江、大渡河（岷江）流域建立了以昆明和成都两地附近为中心的两个文明中心。由于分布较广，古彝族先民形成了很多支系，但基于共同的地域、文化和习俗，总体上又通用“罗罗”这个族名。秦汉以后，彝族文明发展步伐放缓，公元 13 世纪的宋末元初，作为现代意义上的民族共同体，彝族才基本形成。

（二）分布

彝族分布在我国西南部地区，包括贵州、云南、广西、四川 4 省区，其中以云南最多。20 世纪中叶，彝族人口达 300 多万。2000 年，第五次全国人口普查统计表明，彝族约有 776.23 万人。2010 年，第六次全国人口普查统计表明，彝族总数已达 840 余万人。第六次全国人口普查中提到，云南省彝族约有 502.8 万人，主要聚居在金沙江、元江和哀牢山、无量山之间的地区。广西壮族自治区彝族约有 0.75 万人，主要聚居在隆林、那坡。四川彝族约有 264.4 万人，主要聚居在大小凉山。

据 2010 年第六次全国人口普查统计，贵州彝族有 83 万人。彝族是贵州的少数民族中人口最多的民族。贵州的彝族主要集中在黔西北的毕节地区和六盘水市，具体分布为毕节、黔西、大方、金沙、织金、纳雍、赫章、威宁、六枝特区、盘县、水城、钟山、普定、关岭、兴仁、兴义、晴隆、普安、福泉、瓮安、雷山、赤水、仁怀、石阡。其中威宁彝族回族苗族自治县作为贵州省面积最大的民族自治县，位于毕节地区，并在 9 个县设立了 58 个彝族民族乡，主要分布地是黔西、赫章、大方、六枝、盘县与水城。

（三）地理环境

彝族多居住在云贵高原和青藏高原东南边横断山脉峡谷区以及四川盆地西南边缘，海拔在 2000 米左右的山区或半山区，北部昭通、镇雄和大小凉山彝族山区，海拔在 3000 米以上，而滇南元江、西双版纳等彝族居住的山区，海拔在 1000 米左右。总的来说，我国彝族人民主要居住在山地或者半山地地区，聚居在乌蒙山、大小凉山、大雪山等山脉和元江、澜沧江、金沙江等河流沿岸。其居住寨址多选择在农牧兼宜的山间盆地、斜坡台地或缓坡山梁之上。

乌蒙山地区是西南云贵高原主要山脉之一，是彝族人民最重要的聚居地。乌蒙山位于贵州高原西北部和滇东高原北部，喀斯特地貌明显，山区多有盆地、湖泊。由云南延伸至贵州，东北至毕节、大方一带的山脉和东南达于水城、六枝的山脉。西支在威宁草海以西，以西凉山为主脉，向北延伸至云南昭通市境，海拔 2600 米以上。东北一支过草海东侧，经威宁恒底，跨云南镇雄，穿越毕节、大方，抵金沙白泥窝大山，海拔一般为1800~2400米。东南支则插入水城、六枝，呈西北—东南走向，是北盘江与三岔河的分水岭，海拔一般为1300~2600米。位于东南支山脉西北端的韭菜坪地处六盘水和赫章县交界处，海拔2900米，是乌蒙山的最高峰，也是贵州全省海拔最高的山峰。

另外是大小凉山地区，该地区彝族所在地以海拔超过1500米的亚高山和高山地为主，其次是高原地形。该地区水资源丰富，众多河流多为金沙江和大渡河的支流。大小凉山区域四季区分不明显，属于典型的亚热带季风气候，主要以干季和湿季来区分。但彝族主要是聚居在高度在2000米海拔以上的高寒山区和二半山区，气候偏寒冷，昼夜温差以及年温差都较大。

（四）宗教信仰

在源远流长的历史岁月中，在中华民族长期的多元一体的政治格局下，彝族人民受到中原儒释道三教的影响，其宗教也呈现多元信仰的特点。道教在云南巍山的传播发展，便是西南彝区道教信仰的典型。彝族的道教信仰、大黑天神信仰，以及19世纪基督教渗透到了黔西北彝族地区的威宁县更是充分体现了多元宗教对彝族社会的影响。

彝族宗教属于原始宗教的范畴，也具备原始宗教的基本要素，即对无法解释的自然现象的神灵信奉，有广为流传的神话传说，有完整体系的宗教巫术祭祀仪式等活动。

彝族的宗教信仰方式、宗教仪式纷繁，宗教象征多样，但归结起来依然可以分为图腾崇拜、自然崇拜以及最为推崇的祖先崇拜。彝族人民祭山神祭树神祭火神，盛传的神话故事有竹王神话、九隆神话、六祖神话等。虎是彝族的原生图腾，随着原始氏族人口分支繁衍，产生许多衍生图腾或其他多种崇拜。不同地方的彝族还分别以葫芦、牛、鹰、草、狼、猴、雷等作为图腾崇拜的对象。竹图腾是众多彝族共有的图腾崇拜，不同地域的彝族有的直接以竹子本身作对象加以崇拜，也有将竹作为图腾崇拜的遗迹保留并衍生的相关仪式和禁忌活动。彝族原始宗教活动和人们平常活动中还都处处表现出“敬火”“敬火神”习俗。

彝族人民有强烈的追踪溯源观念，寻求根源是他们普遍的思维方式，这种思维在宗教信仰上就体现为祖先崇拜。彝族宗教有朴素的“三魂”和“三灵”观念，“三魂”分为快魂、善魂和恶魂。“三灵”即“游灵”“家灵”“族灵”。“三灵”观念衍生出祖灵牌位的制作，灵牌在家中供奉三代后，要举行大祭，将灵牌送到山林中的祖公洞里。祖灵崇拜是彝族宗教中最有特色的宗教文化现象，《指路经》一书作为彝族人民最重要的宗教典籍，充分体现了彝族宗教对祭祀祖灵的重视。彝族宗教对亡灵的超度，分别有作祭、作斋的仪格。作祭，是毕摩引导往生者由生路走向死路。作斋，是毕摩引导往生者由死路回归祖先居住地，升天成仙与祖灵为伍。贵州彝文古籍《彝族创世志》谱牒志之《斋祭与战争》经书所述彝族祖灵信仰的要素，客观记录了六祖时代的战争祭祖的历史。彝语“耐姆”，也就是同宗族的祭祖大典，是彝族祖先崇拜的最高表现，仪式需要祭祀中不同神职的大毕摩 6 人共同主持，仪式一般共 7 到 9 天不等，最长的可达到 49 天，这期间要进行 40 多场的仪式，除去 6 位大毕摩，还有 30 多位小毕摩参与，规模的大小与宗族的势力相关。

二、文化特征

（一）饮食

由于特殊的地理位置，彝族人民的饮食也与所处的自然环境息息相关。高寒山区一般只能种植玉米、荞麦、土豆等，所以荞粑、洋芋、玉米饭是他们的日常主食。荤菜则多以猪肉和羊肉为主，尤其擅长烹饪肉制品。汤品类以肉汤和酸菜汤为主。彝族人一般口味偏重，喜好用木姜子、花椒、辣椒来加以调味等，以煮、烤、拌、烧、蒸、炖为主要的烹饪方法。彝族人一般一日只食用两餐，这种古老的饮食习惯一直沿用至今，即早上 9 点左右为第一餐，天黑为第二餐，下午劳作时一般以简单的洋芋、荞粑等果腹。

彝族人遇到宾客来访，会按亲疏、远近、尊卑程度的不同，以宰杀烹饪牛、羊、猪、鸡等不同牲畜家禽相待，称“打羊”“打猪”等。遇到尊贵的客人时，还会同时杀猪宰羊，以表敬意。这些肉类通常被烹饪成连锅汤，或者是彝族最具特色的“坨坨肉”。

“坨坨肉”彝语称“乌色色脚”，顾名思义就是将肉切成拳头大小，呈一坨一坨的大小形状，充分体现了彝族人民粗犷豪迈、热情好客的一面。“坨坨肉”肥肉肥而不腻，瘦肉细嫩香脆，口味鲜美独特。各类肉质都可以制作成

“坨坨肉”，但以猪肉的制成品最为有名，一般意义上的“坨坨肉”指的便是猪肉所制而成。从前“坨坨肉”都是放置在簸箕之上，现在多放置于瓷器瓷盘瓷盆之中，食用时，只要用盐拌之即可。

彝族的男女老少皆爱饮酒，因此酒在彝族人的饮食中地位不可撼动。他们有着丰富的酿酒经验和饮酒文化，像“转转酒”、“坛坛酒”、饮酒歌、祝酒曲等都是他们酒文化的重要标志。这其中以有着传统工艺、饮法奇特的“秆秆酒”最为有特色。“秆秆酒”以独特的饮用方式吸引了众多关注。它不像其他酒类，以杯、碗、坛为器具饮之，一般以黄竹为饮用工具，用烧红的铁丝将黄竹内烙通，以“萨玛”为刻度。众人对饮时，每人手持一支秆秆，同置于一坛酒中，其握秆动作、咂饮程序、对饮量等都有一定规矩。

（二）服饰

彝族的服饰特别讲究色彩的搭配。他们运用“草木染”工艺提取黑、红、黄、青、白等颜色。这其中黔西北彝族服饰中多以黑、青、蓝、绿为基本底色，挑花刺绣多用红色，黑色、黄色、绿色经常作为互补色出现。一般来说，以黑为尊、以黄为美。

彝族传统服饰除了在性别、年龄上的区别以外，不同的地区彝族服装不论是在服装还是配饰上都存在一定的区别。根据各地彝族服饰的特点，可将彝族服饰分为凉山型、红河型、乌蒙山型、滇东南型、滇西型、楚雄型六大类型。总体来说，男女均穿右襟或对襟上衣，男子服饰颜色单一，以黑白灰为主，配饰较少；女子服饰颜色艳丽、配饰种类较多。男着裤，女着百褶裙或裤。黔西北地区的彝族居民早年间以青黑色小短衣、浅色阔脚扭裆裤、绣花裤配腰带为主要的着装方式。现今，男子穿右襟长衫，窄裤配以白色腰带，外着以方格子状口袋作为下摆的白布褡褡。在黔西北，头缠青帕，方形绣帕盖顶，穿右衽绣花长衫或者短衫，边口领口织有彩色花纹，着绣花长裤，束白色腰带，系镶边围腰，穿布袜套鹰头形“鹞子鞋”，戴耳环、手镯、戒指是这一地区彝族妇女最普遍的装束。凉山彝族的女子下装则均着百褶裙，黑彝女子百褶裙越长越是尊贵富裕的象征，而白彝女子则要求裙不过膝。

“披毡”形似斗篷，是颇具彝族特色的服饰配件，因其具备避雨、防寒保暖的高度实用性，不论是日常生活，还是劳作期间，都是彝族人的必备品。

贵州和云南北部的彝族地区，一年四季都喜穿羊毛披毡、羊皮领褂。到了云南东川一带，彝族人则以野生勾苞大丁草属的叶子背面的白色绒状物纺织“火草布”制成的火草领褂为豪。还有一些地区的彝族人，以鹿皮为原材料制作成坎肩、斗篷、肚兜等。荷包是彝族女子服饰中重要的配饰之一。这主要是由于彝族女子的衣服多没有口袋，出行所带的一些小物品无法随身携带，小荷包除了装饰之外，有着更多的实用价值。彝族女子的荷包多为三角形，绣以各式图案，并配以长长的飘带。

发饰是彝族服饰中最重要的特色之一。彝族男子发型都是统一的，彝语称“助尔”，汉语称“天菩萨”。自幼年起就留前额到头顶间的头发盘成发髻，其他都剃光。当男子成年后会用黑色的棉布头巾包头，在头部左前方用头巾的一端裹成长长的锥形，彝语称“兹体”，汉语称“英雄髻”。早年黔西北彝族男子多以青黑色布缠头结圆髻。大多数地区的彝族女子都是以辫发示人，并佩以帽、巾、帕和其他材质的美丽饰品，这些头饰较多以银、绢花、绒线等为原材料。未婚的小凉山彝族少女头戴五彩线“头盖”，结婚后则换成黑色的“荷叶帽”“罗锅帽”。未婚的黔西北彝族少女头戴绣花的“燕子帽”，结婚后则换成方形花头巾。凉山的儿童，一般都是佩戴虎头帽或鸡冠帽。但是，鸡冠帽在泸西县东山一带却是由女子佩戴，未婚时帽子犹如低头觅食的母鸡，结婚后帽子则像气宇轩昂的昂首挺胸的大公鸡。

彝族服饰中的图案也是千姿百态，但归纳起来都是以动物、植物、自然景物、几何图形和一些抽象的图腾形态为原型。纹样主要是指图案的选择：1. 以天象为图的有日、月、星图，天河、彩虹、云、经纬图等。2. 以大自然为图的有山、河图等。3. 以动物为图的有鸡冠、鸡肠、牛眼、羊角、猪牙、獐牙图等。4. 以植物和什物为图的有叶、花、火镰、发辫、几何图等。例如服饰中的老虎图案，包括“虎头帽”“虎头鞋”，除了体现对虎图腾的敬意之外，还蕴含着祈求安乐生活、消灾辟邪的美好愿望。女子衣物上的葫芦图案则是祈求多子多福。毕摩的法衣上则更多地刺有巫术文化的抽象图案。

（三）生产活动

历史上，彝族作为游牧民族，多以打猎为生。明清之后，政府组织了大规模屯垦，才逐步由畜牧业转向农业经济，但经济基础依旧为畜牧业。直到近现代为止，谷物的种植业才成为主要的经济来源支撑。

彝族人主要的生产活动包括种植、纺织、畜牧、渔业等，表现出复杂的多样性。由于受所住地区的地理环境的制约，住在山区或者半山区的彝族人民，主要以荞麦等其他麦子类、土豆和玉米种植为主。居住在低山、溪谷、盆地的彝族人以种植稻子类粮食作物为主，同时也种植一些其他圆根类和豆类农作物。居住在牧草茂盛的草场、陡坡附近的彝族人以畜牧养殖为主，包括牛、羊、猪、马等，但多以饲养羊为主。除此之外，彝族人民也饲养家禽，包括鸡、鸭、鹅等。他们很少会为了食用而专门去饲养鱼，但在一些水源充足、条件适宜的河流两岸区域，彝族人民也在稻田中养鱼。养蜂是他们非常喜好的养殖种类，各区域都具有较大规模的蜜蜂养殖场，这主要是由于蜂蜜具有较高的食用价值，蜂蜡在纺织业也有着一定的实用价值。

除了基本的农业和畜牧业之外，传统的手工业技能也是彝族人民生产生活中不可缺少的一部分。据民间传说，彝族漆器工艺的起源至今约有 1700 年。漆器工艺有着悠久的历史，但这项工艺技术在传承过程之中，却始终是以家族式传承为主，流传普及度不高，生产力低下，生产总量达不到作为商品的流通率。因此，漆器一般都是留为自家使用。同样，纺织技能、烹饪技能也是彝族人民自幼跟随母亲或者其他年长女性从家庭生活之中习得的，除了满足自身的生活需要，出类拔萃的佼佼者今后也可以用一技之长贴补家用，增加家庭收入。

三、民族传统体育活动

（一）传统体育活动分类

《中华民族传统体育志》一书中收集了 43 项彝族传统体育项目，再加上对其他文献的整理以及实地的调查，学者韩勇、敬辅一共整理出 74 个项目，并以体育功能为属性，具体将这些项目一一分类整理。详见表 1、表 2。

表 1　彝族传统体育项目一览表

彝族传统体育项目
摔跤、赛马、抛石、射击、跳斗笠、斗牛、斗羊、射箭、射弩、磨秋、荡秋千、武术(耍刀、刀术、舞剑)、扯手、爬油杆、跳火绳、蹲斗、对脚跳、披毡舞、达体舞、织麻舞、火咧、过溜索、舞铃铛、掰手劲、陀螺、跳牛、皮风子、拔萝卜、老鹰捉小鸡、捉迷藏、撞拳头、抓子儿、狐狸抢蛋、转身赛、赛跑、跳高、跳远、游泳、翻手、翻腰、倒立行、甩石赛、顶"羊"、指头弹石子、牙劲赛、扳指头、脚蹬脚扳棍、耍镖枪、四肢力赛、滚雪球、擦掌背、抱石赛、抓举赛、爬竹赛、负重赛、独脚跳跑赛、蔽目捉人赛、倒跑赛、手臂负重、小腿负重赛、爬山、爬岩、攻守舞、力搏、手掌托杆赛、蹲走赛、翻杠、斗鸡赛、拔河、扳公牛、玩竹气枪、肩膀负重赛、跳沟、荡藤跳

表 2　彝族传统体育项目功能的分类表

功能	彝族传统体育项目
健身功能	摔跤、抛石、射击、跳斗笠、射箭、射弩、磨秋、武术、扯手、爬油杆、跳火绳、蹲斗、对脚跳、披毡舞、达体舞、织麻舞、掰手劲、皮风子、拔萝卜、狐狸抢蛋、转身赛、赛跑、跳高、跳远、游泳、翻手、翻腰、倒立行、甩石赛、四肢力赛、爬山、爬岩、翻杠、斗鸡赛、拔河
娱乐功能	摔跤、赛马、射击、斗牛、斗羊、射箭、射弩、磨秋、扯手、披毡舞、达体舞、织麻舞、攻守舞、跳火绳、掰手劲、斗鸡赛、拔河、扳公牛、狐狸抢蛋、老鹰捉小鸡、滚雪球
教育功能	摔跤、射箭、射弩、武术、披毡舞、达体舞、织麻舞、攻守舞、拔河
竞技功能	摔跤、赛马、射击、斗牛、斗羊、射箭、射弩、磨秋、武术、爬油杆、达体舞、掰手劲、陀螺、拔萝卜、狐狸抢蛋、赛跑、跳高、跳远、牙劲赛、扳指头、抓举赛、爬竹赛、负重赛、独脚跳跑赛、肩膀负重赛、手臂负重、小腿负重赛、力搏、手掌托杆赛、蹲走赛、翻杠、斗鸡赛、拔河、扳公牛
文化功能	摔跤、赛马、斗牛、斗羊、射箭、射弩、磨秋、武术、爬油杆、跳火绳、蹲斗、对脚跳、披毡舞、达体舞、织麻舞、火咧、过溜索、舞铃铛、陀螺、皮风子、拔萝卜、老鹰捉小鸡、狐狸抢蛋、攻守舞

（二）传统体育活动特点

除了其他民族传统体育活动皆有的地域性、民俗性、竞技性与娱乐性等一般特点，具体到本民族来说，又有着自己的特色。

第一是地域性。居住在山区或半山区的彝族人民，主要以盆地、溪谷、草场等作为聚居地。像摔跤、射弩、赛马、斗牛、投掷等体育项目是在彝族人长期的生产、生活中产生的，表现出特定的地域性特点。例如彝族武术，就是在这种特定的环境下产生的。远古时期，由于居住在2000~3000米中海拔的领域内，人们要经常对付野兽和他人的进攻，为了维持生存，人们也要攻击野兽和他人，无论自卫还是进攻，都需要一定的格斗技巧。这些技巧在长期的生存斗争中积累起来，就成了武术的萌芽。第二是民俗性。彝族的很多传统体育项目都是在本民族节庆日中开展的，在传统的民族习俗、宗教祭祀中有着独特的意义。彝族年、火把节等民族传统节日都能看到传统民族体育的身影。“老虎笙”是在传统的老虎节祭祀活动中所跳的集体舞蹈，“跳火绳”则是火把节上必不可少的重要活动之一，表达了彝族人民对美好生活、对光明希望的无限追求。其他如“跳月”“响铃舞”等含有体育因素的舞蹈也出自彝族先民的祭祀活动中。第三是竞技性。彝族摔跤就是一个典型的竞技性较强的运动，彝族摔绊、挑、缠腿、过胸摔等动作均是对技能与体能的考验。第四是娱乐性。随着现代生活方式的不断渗入，彝族的很多民族体育项目都表现出较强的娱乐观赏性。很多的项目参与性较强，动作较为简单，再加上有音乐和舞蹈动作的渗入，让人产生愉悦的心理满足感。

除了上述特点，彝族的传统体育项目给人最直观的不同于其他民族项目的感受就是，除了少数类似“跳脚舞”等的项目，多数项目攻击竞技性强，运动风格粗犷刚劲，体现出彝族人民的骁勇善战、勇敢无畏。彝族传统体育具有的勇猛、顽强、强悍、武勇、善斗、崇火等文化异质性，是彝族文化圈内独特自然环境因素与社会人文环境因素复合的结果，这些特点都与其历史背景、地理环境息息相关，中等海拔对彝族向往美好生活、与艰苦环境做斗争的传统体育文化有着明显的影响。艰苦的自然地理环境铸就了彝族人民自强不息的民族文化，民族文化在传统体育项目的发展和传承中又起着非常重要的选择和促进作用。

（三）传统体育项目介绍

历史上曾长期和彝族杂居在一起生活的民族有很多，包括汉族、壮族、白族、傣族、哈尼族、纳西族、藏族、傈僳族等。长期的杂居、交流，使得彝族的文化层次处于多元复合状态，彝族体育亦是如此。相当一部分彝族体育内容就是在吸收其他民族体育内容的基础上不断补充、完善而发展起来的。时至今日，彝族的很多传统体育项目如要狮、要龙、龙舟、磨秋、秋千、跳高脚马、芦笙舞等项目，在其他民族中也都流传已久，且规则出入不大，几近雷同。因此，很难断定这些项目到底是哪个民族的特色，哪个民族的传统，这是民族交融的结果。下面将介绍几项在贵州地区最具特色的彝族传统体育项目。

1. 彝族摔跤

摔跤在其他族群的传统体育中也属常见，但是作为国家非物质文化遗产的彝族摔跤在本族人心目中的地位却是不可动摇的，数十个支系无一例外，这主要是由游牧民族的生活特性、性格特点所决定的。彝族摔跤是彝族广大民众创造、享用、传承的生活文化，彝族的“标志性文化”。

彝族摔跤，彝语叫“格”（分为“免”“西尔支”“拉达瓦”“几捕呷”“西呷它”“拒仙庆”），是一项传统体育竞技活动，被誉为“彝族体育之花”，具有悠久的历史。有人说，彝族摔跤的历史是随着彝族形成便出现的。彝族的很多历史文献中记载，历史上或者神话中的勇士、英雄、智者人物都是摔跤高手，彝族的男子们都以成为摔跤高手感到自豪。不论是在传统的节日庆典上，还是婚丧嫁娶中，摔跤比赛都不可落下。

彝族摔跤一般都没有固定的训练和比赛场地，只要一块合适的空地，庭院、田地、草坝等都可以进行竞技。一般在民间开展时，没有严格组织要求，比赛不分体重、不限时间，兴致到时，双方约起来就开始了，只找一名有声望的长者作为裁判即可。

但随着该项运动的不断发展，为了便于推广，在官方组织的比赛中，已有了严格的比赛规则。彝族摔跤按体重有着严格的等级划分，分为 52 公斤级、57 公斤级、62 公斤级、74 公斤级和 90 公斤级。运动员在鼓乐声中列队进入场地，绕场一周，然后先由两人交手。运动员双手从两侧抓住对方腰带，通过抱腰、抱单腿、过背、穿腿、夹臂翻等动作，将对方摔倒双肩着地为胜。彝族摔跤不仅讲究技巧，更要求比赛者气质勇猛过人。彝族摔跤比赛一般采用三赛两胜制。失败者退下，换另外的运动员上场，直至无人与其较量。

2. 磨担秋

磨担秋，又称“打磨秋”，作为彝族人的一项传统体育活动，已经被列为全国少数民族传统体育运动会的表演项目。逢年过节，整个寨子村落都会举行磨担秋。就贵州地区而言，磨担秋主要广泛流传在大方县。

磨担秋的制作比较简单，彝族人民在8、9月份就上山砍好秋杆阴干，取一根长3.5米、直径约15厘米的硬木固定竖于场地上，顶端削细作柱；另选一根长约6米、直径与秋柱相当的木杆，中间凿凹，横置于立柱顶上，即搭成磨担秋。最后选取一块空旷的场地，支上2.5米高红木制成的秋桩，加上秋杆就可以进行磨担秋。磨担秋的玩法很简单，秋杆两端骑坐对等人数，骑坐者用脚蹬地略跑几步后，即迅速骑上木杆，有点像小朋友的跷跷板，两端依次上升下沉，秋杆也像磨盘一般旋转起来，故称磨担秋。

磨担秋分为男子间的对抗、女子间的对抗、男女混合间的对抗。一般各队的参加人数在8到10人，最低也不会少于4人。在民间自行组织的比赛中，一般分为耐力性的比赛和技巧性的比赛两类。耐力性的比赛考验的是双方队员的耐力素质，看谁能坚持到最后。技巧性的比赛则是看双方队员利用秋杆和旋转的惯性做各种各样的难度动作，比如飞燕凌空、白鹤亮翅、蝴蝶采花等，对比两方的动作难度、动作美观度、动作的完成度。两类比赛都不需要裁判，也没有具体的规则，参赛双方对比赛的胜负并不看重，对比赛的结果一般均无异议，参赛两队主要是在比赛过程中增进友谊，感受磨担秋带给大家的快乐。

如今，为了更好地推广这项运动，提高它的竞技性，更好地符合规范性比赛的要求，竞赛方法分成计时赛和套圈赛两种。计时赛的方法为团体比赛，每队出两名运动员，以在规定的时间内某队转的圈数来确定名次，圈数多者名次列前。套圈赛的竞赛办法是，运动员必须穿民族服装，每人手持8个圈，比赛时运动员甲先上高杆一端，运动员乙用身体压住低杆端，双脚在地上起点线前做好准备。发令哨响，计时员开始计时，运动员即开始蹬地使秋杆作逆时针方向旋转，随着秋杆的上下摆动，在上面空中的运动员分别单个投圈套杆，甲、乙运动员交替蹬地加速秋杆的旋转，蹬地的运动员不得投圈。若运动员在比赛中掉下秋杆，可上秋杆继续比赛，当运动员旋转到20圈时视为到达终点，计时停表，以两轮的成绩累计计算名次成绩，投中1个圈减去2秒时间，根据比赛所用时间减去投中圈数的时间评定名次，时间少者名次列前；若时间相等则按比赛中从杆上掉下的次数少者，投中圈数多者，比赛的所用时间少者名次列前。

3. 铃铛舞

彝族铃铛舞，彝语“悬合呗”，意为灵体告别舞，从前是彝族人民在祭祀场中演跳的一种传统体育舞蹈。该项文体活动广泛流行于贵州六盘水彝族聚居区，在赫章保留着完整形态，尤其以赫章珠市乡最为典型。

铃铛舞的产生和战争军事关系密切。彝族先民在迁徙过程中，经历了无数次的战争。先民们在战乱中伤亡过大，部队首领为了激发士气，有节奏地摇动马铃，激发战士们的战斗力，鼓舞士气。之后，幸存下来的战士们用铃铛舞进行祭祀悼念表演。铃铛在彝族的传说中是沟通天地阴阳两界的神圣祭器，舞蹈的铃声能够惊动先祖，移送死者的灵魂上天。彝族铃铛舞主要反映远征及护送阵亡将士、翻山越岭、攀岩渡河、相互保护、同甘共苦、响鼓促战、长号告捷等披荆斩棘的艰辛征途，表现的是战斗的场面，舞者以红、白、黑、黄为装饰色而象征四方将领，手持铃铛以示骑马，同时也用铃声来控制舞步。而今，铃铛舞由官场祭祀到民间丧祭，场所虽然改变了，但是它的形式和内容始终没有改变。随后，这种战状舞演变为祭祀告别的舞蹈，这就是今天的铃铛舞。随着时代的不断进步，原先只能是男性参加在祭祀活动中跳的铃铛舞，发展到今天，女子也可以参与，而且不论是民俗节庆日还是休闲娱乐时，不论场景，都可以跳起来。

铃铛舞对场地没有过多的要求，只要有平整的空地就可以开展。铃铛舞没有乐曲伴奏，动作的整齐统一度，是靠铃声节奏来规范的。铃铛的材质为铜，直径 2 厘米左右，长度约 25 厘米的铜管用红色、黄色缎带缠绕并在两端留出 30 厘米左右，铜管两端穿了 3 到 7 个不等的小铃铛。铃铛舞都是多人进行表演，队形变化多样，以动作创编的新颖度、队员间配合的默契度以及部分难度造型和动作，如“叠罗汉”“背翻摇铃”“弓卧斗”等的完成度来吸引眼球。

第五章　布依族传统体育文化资源调查

一、民族概况

布依族是中华 56 个民族中具有悠久历史文化的民族之一。人民以其勤劳、勇敢、智慧、团结，热情好客，文明卫生，能歌善舞的民族特征而闻名于世。

他们对中国西南地区和贵州的开拓与发展、繁荣与昌盛作出了卓越的贡献。布依族族称中的“布”，在布依族语言里的意义是“人”“人们”“民体”。如老人称“布劳”，青年人称“布卓”，狡猾人称“布丢”，老实人称“布锁”，汉人称“布啊”，苗族称“布尤”。“越”“依”是古越人的后裔对自己的称谓。这些称谓只取其音，不究其意。

布依族是贵州省的原住民族，旧石器时代水城人、穿洞人、猫猫洞人以及飞虎山新石器时代古人类的后裔，是建立牂牁国、夜郎国的主体民族之一，经过夜郎时代与濮人和越人融合而突出地继承濮人和越人的文化特征。

（一）民族起源

布依族的族源，据现有的汉文史籍记载和民族资料的综述，最早可以追溯到古代的越人。古越人在殷商时期，已大量活动在我国长江以南的广大地区，在历史上由于居住地域以及文化等方面的差异，形成称谓不同的许多支系。就具体的地域而言，古越人的居住状况是：在今浙江一带的称“东越”；在福建一带的称为“闽越”；在四川、湖北以南一带的称为“夔越”；在广东一部分和靠近广西中部的称为“南越”；在云南的称为“滇越”；在广西中北部和贵州的称为“骆越”。

布依族来源于“骆越”的一支。“骆越”名称的由来，即是因垦食“雒田”和其活动地区多“骆田”而得名。“骆田”的意思是其田随潮水上下，民耕食其田。“骆田”通“骆越”之意，就是“垦食骆田的越人”。布依语称山间形成的谷地为“洛”，“骆”“洛”音同。古代人们把垦食骆田的越人称为“骆越”，即包括布依族先民在内。

布依族的族称与族源有密切的关系，在族内的自称比较统一，因地区土语的差别，语音有些不同，但实际仍是一个称谓。例如有的地方自称“布崖”“布夷”“布依”“布雅依”等，实际就是“布依”一词，也就是“濮越”二字的谐音。

但是，汉文史籍对布依族的称谓春秋战国、夜郎时归入“夷濮”“夷僚”，汉代归入“夷”的范畴，三国魏晋南北朝时又属于“僚”的一部分。唐时称“蛮”“僚”，如“牂牁蛮”“僚”等。宋元时代称“蛮”“番”，明清一直沿袭。其次从清代到民国年间，布依族除被称为“仲家”外，还被称为“夷家”“夷族”“水家”“土人”“土边”等。这些称谓，完全是历代封建统治者对布依族的歧视辱称。

新中国成立之后，政府认真贯彻执行党的民族政策。1951 年 7 月在贵州省召开的首届各族各界人民代表会议上，布依族代表人士指出以上的称谓是对布依族的歧视和侮辱，有些则是多余的，不够妥当的，容易引起误解，不利于民族团结，提出要求用本民族的译音为族称的提案。贵州省人民政府经过研究决定，将这一提案交由贵州省民族事务委员会具体研究办理，省民委随即电请各有关地区民委和县人民政府深入调查，广泛征求群众意见，搜集有关史料。几十个县自下而上地召开了座谈会，将材料报送省民委研究。

1953 年 8 月 24 日，省人民政府民族事务委员会在贵阳召开“贵州仲家（布依族）更正民族名称代表会议”。经过充分商讨，大家一致认为：凡是用本民族语言称呼自己民族为 Buxqyaix（布依）的都属于同一个民族，Buxqyaix 是本民族固有的民族名称。鉴于全国通用的文字是汉文，Buxqyaix 也需要用汉文名称，应按音译法选用读音与 Buxqyaix 相近的汉字，作为族称，体现了“名从主人”的原则。

1953 年 8 月 31 日，省民委将会议总结报告报请中央人民政府民族事务委员会审核指示。同年 10 月 10 日，中央民族事务委员会以民一（53）字第 77 号文件函复同意。又于 7 月 13 日以民一（53）字第 78 号文件通报全国各大行政区和各省、市人民政府民族事务委员会及各自治区人民政府。通报说：

“贵州省人民政府民族事务委员会报来贵州省仲家（布依）族更正民族名称代表会议总结报告一件，我们认为这样作法很好，兹将原报告抄送你们一份，作为参考或仿行。”这项通报也抄至当时的中央人民政府政务院秘书厅、政法委员会、内务部、新华通讯社、中央民族学院等。新华通讯社将这一总结报告送《新华日报》等发表。从此，布依族这一民族族称，赋予了民族平等团结的新意和真、善、美的民族感情，在国内外正式通用。

（二）分布

布依族，中国少数民族之一。根据2000年第五次全国人口普查统计，布依族人口数为2971460，散居于云南、四川、广西等省（区）。主要聚居在黔南和黔西南两个布依族苗族自治州的镇宁、关岭、紫云等自治县（市）。在黔东南苗族侗族自治州、铜仁地区、遵义市、毕节地区、六盘水市及云南的罗平、四川的宁南、会理等地也有分布。

（三）地理环境

地域对一个民族的形成有极大的关系。这里讲的地域沿革，主要是讲今布依族聚居区内的古夜郎国的变迁，因这个民族是在夜郎国内形成，与夜郎国的地域和繁衍生息在这块土地上的原住民有根本性的渊源关系。

贵州古属“鬼方”。对“鬼方”的记载，最早见于甲骨文，《库方二氏所藏甲骨卜辞》载：“贞王勿乎妇好往伐土方。”《易·既济》云：“（殷）高宗伐鬼方，三年克之。”《惠棟九经古义》汲郡古文云：“武丁三十二年伐鬼方，次于荆。三十四年，王师克鬼方，氐羌来宾。”从这里看出，周之鬼方在荆地，即今湖北外的西南。春秋时期荆州西南泛称荆蛮，即古之牂牁，今之贵州。至公元前221年秦统一六国，贵州归秦所辖。《清一统志》载：“贵州，商为鬼方地。”《汉书·志三》云：“秦地，于天官‘东井’‘舆鬼’之分野也。其界自‘弘农’古关以西，南有巴蜀、广汉、犍为、武都，又西南有牂牁、越巂、益州皆属矣。”可见贵州古属鬼方。

牂牁是春秋前的古国，国名最早见于《管子·小匡》篇齐桓公言：“余乘车之会六，兵车之会三，九合诸侯，一匡天下，南至吴、越、巴、牂牁、雕题、黑齿、荆夷之国，莫违寡人之命。”《管子》所书是在公元前656年，齐桓公率诸侯军队击败蔡国，逼退楚军后，于公元前651年在葵丘（今河南兰考、民权境内）结盟称霸时所说的话，所言之国都是当时的南夷国号。古时黔中以西的贵州北部思南、沿河以东上接岑巩、四川，北连湖南一带，有若干独立割据的小国邑，不属于周王朝。牂牁国以一方诸侯身份参加葵丘的盟会。这就是齐桓公所说的“一匡天下”，牂牁国也始见于史。显然，牂牁国在公元前就独立存在。

据考证，牂牁国因牂牁江而得名，牂牁江实为今盘江。北盘江至册亨与南盘江合流，今称盘江，古称逊（遁）水。盘江下接红水河，经黔江、潯江、西江、番禺入海。《汉书·地理志》载：“郁水首受夜郎豚水，东至四会入海。过郡四，行四千三十里。”《汉书》所说四郡即牂牁、郁林、苍梧、南海。四会为南海县属。广郁，汉置，即今广西贵县，古代混江、西江均称郁水，所以《水经注》称：“郁水，即夜郎豚水也。”可见，盘江到红水河入海处，广义可称之为牂牁江。《史记索引》：“浩云，地理志夜郎又有豚水，东至南海四会入海，此牂牁江也。”

其时，牂牁国的国境，大致从今乌江以南，盘江以北，到云南曲靖以东，从江以西的地区，包括乌江以南的半个贵州和牂牁江的全流域，其中心或国都都应是在夜郎邑，即《汉书》上说的遁水。《华阳国志·南中志》云：“有竹王者，兴于遁水。”《后汉书·南蛮西南夷列传》亦记载竹王自称夜郎侯的传说：“夜郎者，初，有女子浣于遁水，有三节大竹流入足间，闻其中有号声，剖竹视之，得一男儿，归而养之。及长，有才武，自立为夜郎侯，以竹为姓。”这个传说固然不可信，然而，夜郎竹王确有其人，而其邑在遁水。

春秋末，夜郎族人壮大兴起，用武力占领牂牁国北部的领土，自称为夜郎侯，接着又降服了毋敛国（今都匀、独山、荔波一带）、漏卧国（今云南罗平一带）、鳖国（今遵义、桐梓一带）、宛温国（今兴义、兴仁一带）和鳛国（今赤水、仁怀一带）以及僰国（今四川宜宾一带），形成夜郎国。据《后汉书·南蛮西南夷列传》记载：“西南夷，在蜀郡徼外，有夜郎国，东接交趾（今两广地），西有滇国（今云南陆良、曲靖一带），北有邛都国（今四川西昌东南），各立君长。”其势力范围，有今贵州的四分之三，云南的四分之一，广西北部和四川的少许地方，构成了战国时期的大夜郎国。《史记·西南夷列传》云：“夜郎者，临牂牁江。江广百余步，足以行船。”又说：“西南夷君长以什数，夜郎最大。”《贵州通志·前事志》转引《大定府志》亦云：“夜郎，盖东有今遵义，中自大定，西连曲靖，而西包川东昭通，南跨安顺、兴义，而止乎泗城，故曰夜郎最大。”《清一统志》也说：“贵州战国时为楚中地，兼为夜郎诸国地。”王燕玉同志认为：“《清一统志》所说情况虽合，主次却颠倒，应说：‘贵州在战国时为夜郎国地’，兼为楚黔中地，就正确了。”《五尺道括地志》谓：“在郎州，则自今遵义南出之道也。然是时夜郎侯自治，今兴义泗城间红水河上。”故《史记》云：“夜郎者，临牂牁江，江广百余步，足以行船。”“今红水河江在册亨地可以行船，远通番禺，是其证矣。”

夜郎称国后，就是贬迁原牂牁君及其民族至且兰（今黔南一带和安顺部分地方），受夜郎制辖。自此，牂牁国灭，变为且兰小郡邑。《贞定遗集》载：“春秋以后，此国（指牂牁，笔者）遂微，而西瓯、夜郎、滇争相雄长，故《史》《汉》言西南诸君以什数者，皆不及牂牁，盖已降为夜郎旁小邑中，唯江水于旧国之名，独无改称耳。”

夜郎兴起的时间和称国前的所属问题，据《贵州通志·前事志》卷一说，“夜郎之为国，不知何姓，其先亦不知何始。或曰周武王伐纣，卢人从之，卢即唐之泸，夜郎直其南，殆卢夷之属国也。至周末，夜郎始著。”周末约在公元前256—前221年。《贵州通志》把夜郎与卢联系起来，是为了更进一步证实其称国前之国属问题。“卢”是指古“戒府”以南的卢地。戒府即今四川宜宾地区，春秋前皆称卢。泸水（今金沙江）也以此而得名。《清一统志》引《水经注》：“泸水在朱提界。武侯渡泸，在其地。”朱提县汉属，在宜宾南。“卢夷”是指当地夜郎濮人。在战国时亦列入“南夷”之内。显然，夜郎在周武王伐纣时（公元前11世纪）原属牂牁的附属小邑，到周末才见诸史册，这与夜郎的兴起和称国的历史时间相符。

夜郎建国后，前后经历了春秋战国和秦汉时期，其沿革屡见于史载。文献第一次记载夜郎国名，是公元前280年，秦昭襄王二十七年，使司马错攻楚，夺取贵州东北部的巫郡和黔中郡。公元前279年，楚顷襄王派庄蹻率兵夺回黔中郡，进而又绕道沅水，率军攻取西南，灭且兰，夜郎迎降。庄蹻一直西进至滇（今昆明）。后秦又夺回黔中郡，庄蹻断了归路，便留滇称王。夜郎在其控制之下，变成半独立状态。秦统一六国后（公元前221年），南取百越之地，分割夜郎部分地为象郡。《华阳国志》叙：“秦并蜀，通五尺道，置吏主之。”秦灭，主南海尉事赵佗，聚兵自守，杀秦所任官，进占桂林、象郡，自立为南越王。夜郎也据境自立。恢复国号，独立于汉外，但与南越有往来。《史记·西南夷列传》云："南越以财物役属夜郎，西至同师，然亦不能臣使也。""夜郎侯始倚南越，南越已灭……夜郎遂入朝。"汉帝封他为王。公元前110年，牂牁郡建立，领17县。《华阳国志·南中志》说："（汉）武帝转拜唐蒙为都尉，开牂牁，以重币喻告诸种侯王，侯王服从，因斩竹王，置牂牁郡，以吴霸为太守……后夷濮阻城，咸怨诉竹王非血气所生，求立后嗣。(吴）霸表封其三子列侯……"竹王多同的死因，史无记载，疑汉平南越，破且兰，平定南夷，诛反叛，割原夜郎十七县建立牂牁郡，削弱夜郎领地与引起矛盾有关。

公元前27年，汉河平二年，夜郎王兴与南部南盘江流域的钩町王禹、漏卧侯俞连年举兵相攻，汉"乃遣太中大夫蜀郡张匡持节和解，兴等不从命，刻木象汉吏，立道旁射之"。"大将军（王）凤于是推荐金城司马陈立为牂牁太守……及至牂牁，谕告夜郎王兴，兴不从命，立请诛之，未报。及从吏数十人出行县，至兴国且同亭，召兴。兴将数千人往至亭，从邑君数十人入见立。立数责，因断头。""兴妻父翁指与子邪务收余兵，迫胁旁二十二邑反。"陈立率军围攻，使奇兵绝其水道，纵反间以诱其众，夷众迫于死亡威胁，"共斩翁指，持首出降"。夜郎国至此灭亡，后不再见于史籍。

夜郎侯邑是夜郎的国都所在，《汉书·地理志》载："豚水东至广郁。都尉治，应劭曰：故夜郎侯邑。"《宋书》说："宋夜郎郡治夜郎县，即古之夜郎国，去宁州（今云南曲靖）千里。"周元春在引《安顺府志》中说："合而考之，夜郎，即元之桑州郎堡，今桑郎甲渡邑亭无疑。实在今贞丰州东南，罗斛（今罗甸）西南界。"又前面说到的汉河平二年，牂牁太守陈立"出行县，至且同亭，召兴"一事，综上所考，夜郎邑的地理位置应在今贞丰、册亨、望谟、罗甸之间。今望谟、罗甸交界处有"纳夜""桑郎"的地名，夜郎国名与地名绝非巧合。夜郎一名，笔者认为是"纳夜"和"桑郎"两地名的合称，这就是夜郎名称的由来。桑郎寨临桑郎河，流经春村入盘江（红水河），约20千米，古时可通船。桑郎寨现有"蛮王城""蛮王墓"遗址。纳夜南20多里处是渡邑，紧挨盘江（红水河），这又与"夜郎者，临群江"相合。附近还有打郎、弄郎、格郎等以"郎"为名的村寨，这些寨名也许与夜郎名有关。

笔者认为汉前夜郎邑的地理位置，应在今罗甸、望谟、册亨、贞丰之间无疑。即今布依族聚居地区，夜郎的政治中心在同亭，即夜郎县（王莽时改称同亭）在今册亨、贞丰、望谟、罗甸一带。

（四）宗教信仰

布依族没有统一的宗教信仰，但从灵魂不灭的崇拜观念中，似乎又反映其“统一”的层面，这在独特的祭祀文化中可看到其痕迹。布依族是一个较容易接纳外来文化的民族，从汉代和南北朝时期就与汉文化的儒释道文化接触，18世纪末接触了基督宗教。不同文化在南北盘江两岸这片土地上形成了大融合、大交流的局面。各教在布依族聚居区具有和睦相处、相互尊重、相互并存的特点，在生产和生活中产生着一定影响。

1. 原始的自然崇拜

在布依族聚居的大部分地区，一直保持着自古流传下来的原生态祭祀——摩，祭祀仪式由于各地地理环境的差别而略有不同，但各地都有自己的祭司——摩公，基本上每个村寨都有一两个专职人员。摩公自己培养徒弟，并掌握着所有的祭祀活动，传授摩经、古歌等。摩经作为布依族民间的祭祀文化载体，内容包括了对天上日月、山川河流、人兽起源、祖先迁徙、祷词等一系列记录；其文字只有摩公本人能看懂，也由摩公解释。无论是祭天、祭祖、祭寨神、祭亡者等都由摩公主持，他们自然而然地成为受人尊敬的对象。

布依族对天上的神明极为崇敬，摩经“造万物”古歌叙述了万物如何被创造而来。在祭天时，仪式非常严肃宏大，有时在宽阔的旷野设坛祭祀，有时在高山之巅摆席祭礼。但是，无论在哪里祭祀，都要杀猪宰牛，全寨人出动，由摩公念经，少则1天，多则5天。布依族人认为天代表一切，主宰一切，威力无穷。除此之外，“雷神”以及蛇、牛、鱼、大树等动植物都有崇拜的意义，在自然崇拜中逐渐演化为节日祭祀文化。

此外，对祖先的崇拜表达着布依族尤为重视的一种追思行为。布依族世代确信灵魂不灭，和其他民族一样有着很强的亲族观念，认为已故亲人的灵魂与自己有着极大的关联。因此，在祭祖时，都要请摩公主持，不同的意向取用不同的摩经内容，以此追忆祖先的恩德。这一传统观念对族群和睦团结、行为规范、道德准则都有一定的影响。

2. 异质文化的融入

汉代儒文化和南北朝时期佛、道教的传入，对布依族的原生态宗教影响很大，摩经的内容多了一些新的文字，不少经文都将儒、释、道的说辞纳入其中。布依族学者周国茂先生搜集的摩经资料《祭祀经》中就有如“乾坤数尽情难尽，江河流干泪不干，念佛念经为根本，观望父母上仙山”等包含明显仙佛概念的汉文。另外，摩经还有“董永卖身”“二十四孝”“娑婆世界”等典故。凡此种种，可见摩经经文添加了佛、道教的思想，也说明了摩公善于捕捉外来的文化。

儒释道的传入，使得摩经的内容更加丰富起来，原生态的宗教逐渐复杂多元，自身深厚的文化与外来文化的碰撞，便孕育出新的祭祀活动。如“古谢”（做客或做鬼客），要举行隆重的超度仪式，往往要进行 5 到 7 天，由“开天辟地”以及“人类起源”“祖先迁徙”“择地而居”的叙述开始，一直到生命的归宿结束，目的是告诫子孙不要忘记历史，要有奋发向上的精神。祭祀时要挂上长 3 米、宽 2 米的“升天图”，跳大型舞蹈“回旋舞”，舞时孝男孝女和亲友们双手执竹筒，按着铜鼓的节奏互击有声，翩翩起舞，最后砍牛供祭。这一活动有数千甚至上万人参加。这种慎终追远的祭祀活动起到了凝聚族群意识，促进人们互助，遵循人伦纲常的稳定和睦作用。

3. 基督信仰的传入

和世界上许多不同部落、不同体制的族群一样，布依族也有不少人接受了基督信仰，基督宗教在这个相对狭小的土地上扎下根来。在 1797 年前后，西方文化就与这个古老的文化发生碰撞。当西方文化遭到了历经数千年沉淀的汉文化强烈抵制之时，即 18 世纪末内陆的禁教政策，逃迁到这里的内陆信徒就将基督宗教文化传到这里，使这里的土壤孕育了西方基督宗教的种子，不少布依族人悄然信仰天主教。加上在 1840 年以后，传教士靠着特权大肆进入布依族聚居区，掀起了大规模的布依族“回归运动”，使布依族的信教人数大增，仅镇宁一县就有 3 万之众，其他如安龙、望谟、兴义、长顺、普定等地布依族聚居区也有不少布依族村寨纷纷信教。虽然这里从未有过自己的神职人员，但信教群众却很多。时至今日，这一信仰依然在民间与传统宗教并存着，虽然它依旧没有得到外界的关注，但这里的信教群众却与同族的群众和睦相处，彼此尊重。

二、文化特征

（一）饮食

布依族经济文化属于犁耕农业类型，男耕女织。其所产“黑珍珠”糯米和安顺蜡染、荔波花布、平塘斗笠、牙舟陶器均负盛名。

布依人闲时每日两餐，忙时三餐。以大米、玉米为主食，小麦、高粱、薯芋和豆类为辅。多以木罐、鼎罐炊饭，有焖饭、二合饭（大米掺玉米）、苞谷粑、米线、饵块、豌豆粉、米凉糕等花色品种。其中，糯米制的汤圆、花饭和芝麻油团粑最为知名，多用于祭祖或宴客。他们的肉品主要来自家畜和家禽，还爱捕食松鼠、竹鼠和竹虫。烹调方法多为烧、煮、爆、炸、腌、冻，一般不吃生食。名菜有“青苔冻肉”“腌浸肝”“糯米穿肠”“爆炒螺蛳肉”“烩楠竹笋”“酸味芭蕉树心”“香椿蝌蚪儿”“炸竹虫”“软炸沙巴虫”“猪血杂”“血米鸡粥”“活血”“腊肉”“腌鸡”“盐酸菜”等。布依人酷嗜狗肉，有“肥羊抵不上瘦狗”之说。他们挑狗的标准是“头黄二黑三花斑，白狗肉味最平淡”。烤炖狗肉、狗灌肠、花江狗肉都驰誉一方。该族还善于调制糟辣、面辣和泡菜，以香鲜酸辣为美。其饮料有土酒、甜酒、黑糯米酒、花溪刺梨酒等，用量较大。

刷把头：兴义刷把头起始于清同治年间，因其形状如民间所用竹刷把而得名。

刷把头做工十分精细，全是手工劳作；配料选料也很讲究。以面粉、竹笋、瘦肉、鸡蛋为主要材料。制作过程是选取优质竹笋切碎，放入开水锅中氽两三次，再用清水冲五六次，滤干后用猪油烹出香味。而皮是用精制面粉、鸡蛋、盐、清水调匀，搓成小丸子，再擀成薄片如纸。一斤面粉配三个鸡蛋。包的过程很有趣，用一双削细削尖了的筷子将剁碎的拌着作料的瘦肉挑一些放于面皮上，肉上再放加工好的竹笋，然后用手捏拢，成品的外形底大颈细，顶端参差。猛火蒸五六分钟，熟后的“刷把头”比大拇指略大，淡黄油亮，勾起人的食欲。用鸡汤、油浸胡椒面、酱油、葱花、味精等兑成蘸水，味美无比。

人类最初没有专门的体育活动。先民们的体育是寓于生产劳动、战争和游戏等活动中的。随着社会的发展，先民们将这些活动的一些过程或因素反复演练，便逐步从生产劳动及战争中独立出来，形成了较专门的体育活动。

由于历史上布依族没有产生过自己通用的民族文字，没有留下可供稽考的文献资料，汉文献又语焉不详，给我们对布依族体育产生和发展情况的研究带来了相当大的难度。据有关专家初步研究，布依族传统体育的起源，最早的已有2000多年了，最近的也有一百来年，大部分均有800~1000年的历史。部分项目的起源时间现尚不能确定，但根据民间口述和活动的原始组织方式及手段进行推理来看，至少有300年的时间了。

（二）服饰

妇女的服饰各地不一，有的穿蓝黑色百褶长裙，有的喜欢在衣服上绣花，有的喜欢用白毛巾包头，戴银质手镯、耳环、项圈等饰物。惠水、长顺一带女子穿大襟短衣和长裤，系绣花围兜，头裹家织格子布包帕。花溪一带少女衣裤上饰有“栏干”（花边），系围腰，戴头帕，辮子盘压头帕上。镇宁扁担山一带的妇女的上装为大襟短衣，下装为百褶大筒裙，上衣的领口、盘肩、衣袖都镶有“栏干”，裙料大都是用白底蓝花的蜡染布，她们习惯一次套穿几条裙子，系一条黑色镶花边的围腰带。婚前头盘发辮，戴结花头巾；婚后则改戴“假壳”，用青布和笋壳做成。在罗甸、望谟等地的布依族妇女都穿大襟宽袖的短上衣和长裤。晴隆、花溪等地的妇女穿长到膝部的大襟短上衣和长裤，衣襟、领口、裤脚镶有花边，系绣有花卉图案的围腰，她们头上大多缠有青色花格头巾，有的脚上还穿细尖尖而朝上翘的绣花鞋，也有的穿细耳草鞋。都匀、独山、安龙等部分地区布依族妇女的服装和汉族妇女基本相同。布依族妇女喜戴银手镯或骨手镯、戒指、银簪、项圈等饰品。布依族服饰面料多为自织自染的土布，有白土布，也有色织布。色织布多为格子、条纹、梅花、辣子花、花椒、鱼刺等图案，达200多种。服饰色彩多为青蓝色底上配以多色花纹，有红、黄、蓝、白色等，既庄重大方，又新颖别致，反映了人们纯朴善良、温和热情的性格。

布依族服饰的制作集蜡染、扎染、挑花、织锦、刺绣等多种工艺技术于一身，反映了他们独有的审美特征。除了同南方诸民族一样使用蓝靛染布以外，布依族还采用了古老的扎染技术，把织好的白布折叠成各种图案，用麻线扎好进行浸染、漂洗，最后成为蓝底白花的各种图案。布依族姑娘从小就有制作蜡染的灵气，她们所穿的衣服大都是自己亲手缝制的，合身得体，古朴典雅。姑娘们穿上自制的蜡染裙，由于冰纹和花纹排列得和谐完整、层次分明，走起路来富有变化，节奏感和韵律感强。这些工艺与图案的综合运用，再与人体线条统一起来，动静结合，给人以强烈的美的享受。布依族服饰也反映了其传统文化心态及生活习俗和宗教信仰。每逢节日，布依族人民就把自己精心制作的服饰展示出来，作为美的竞赛。男女青年在表示爱慕时，姑娘们常用自织的布匹和衣服、手帕、鞋等作为信物。在布依族的婚姻中存有“不落夫家”之俗，姑娘必须通过“戴假壳”仪式才标志正式婚姻开始。“假壳”是一种帽子，形似簸箕，以竹笋壳为架，用青布结扎而成，戴时再加一块花帕子。布依族未婚姑娘都梳辫，婚后一段时间仍住娘家。在婚后当年的八九月到次年的四月期间的某一天，由新郎家的两位妇女趁新娘不备，将其搂住，强解发辫，换上“假壳”，之后方可到夫家生活。

（三）生产生活

劳动方式决定着人们的物质生活方式。正如马克思所说：“人们生产他们所必需的生活资料，同时也就间接地生产着他们的物质生活本身。”布依族在稻作农耕中所遵循的劳动方式，通过稻作的全过程，形成一种习惯性与传承性，同时决定了布依族谋求物质生活资料的职业取向。人世间“三百六十行”，唯有稻作最神圣。在布依族广大农村，直到中华人民共和国成立前，乡村中的诸多能工巧匠，一般只是作为一种副业。直至今天，专门从事工商及其他行业的人员，除了交通较发达、五业较兴旺的城镇，依然为数甚少。因此，主要经济来源和职业走向，是把劳动力投向农业种植业。尽管从事副业的经济收入远高于种植业，人们也决不因此而耽误自家的主业。如果说我国人口中的41.48%为农业人口，贵州农业人口占全省总人口的85%，那么在布依族聚居地区，从事稻作农耕的人口至少占当地人口的大部分。20世纪80年代，黔南州的罗甸县，农业人口占97.5%，黔南州的望谟县占96.3%。位于铁路干线的独山县，农业人口亦占90.5%。安顺地区的紫云县，农业人口占96.3%。

这种产业的单一性，与生产工具为主的劳动资料有着直接关系。布依族自给自足的自然经济和男耕女织的自然分工，完全建立在简陋而笨重的劳动手段基础之上。布依族所使用的劳动生产工具，其主要部分是千百年历史沿袭下来的手工工具。这些工具主要是：挖地农具（条锄、板锄）、耕地农具（水犁、山地犁）、耙田农具（水耙、旱耙）、收割农具（镰刀、摘刀）、脱粒农具（挞斗）、运载工具（扁担、马车）、加工工具（风车、舂碾、水碾）、砍刀工具（斧头、柴刀）、灌溉工具（桶、瓢、水车）等。在漫长的历史进程中基本没有什么变化。人们全凭这些代代相传的生产工具，同自然打交道，周而复始地创造着自己的物质生活资料，这种劳动手段与生产工具是完全适应的。它们都是老祖宗留下来的，这无异于神灵的赐予。人们在每逢过大年时，还要在各种农具上贴上红纸条，表示对祖宗传下来的劳动工具的珍惜与崇敬，祈盼新年吉利，来年为人们带来好收成。看来，只要社会生产力还停留于传统的手工体力型水平，小生产的格局未能打破，这种传统的生产工具还将继续发挥其独特作用。但它只适应于向自然的直接索取和平面垦殖，难以实现劳动对象的价位转换和增殖。这种全凭人力与畜力作为动力的劳动工具，笨重、效率低下，又势必制约了人们的劳动能力投向其他更广阔的生产领域。人们对自然进行简单而重复性的利用和改造，阻碍了产业的进化和社会分工的发展，使农村劳动力牢牢地吸附在单一的行业和职业上。在这里，所谓的竞争和挑战，显得甚为微弱。人们只求风调雨顺，种田吃饭，纺织穿衣，自给自足，安安稳稳，与世无争，形成了一种比较牢固的心理定式。布依族的劳动生产方式经历了漫长的历史过程，构成了布依族文化的组成部分。布依族的稻作农耕文化随着布依族生产方式的变化而变化，同时又强有力地制约和影响了其农耕经济的发展。

三、民族传统体育活动

（一）传统体育活动分类

布依族的传统体育，按内容可分为“生产类”、“生活类”、“军事类”、“祭礼类”以及“娱乐类”几种。

生产类。这类体育项目与人们的生产活动具有密切关系。它从生产劳动中产生，并反映生产劳动的内容。这类体育项目有“游水追鸭”“划竹排”“划舢板船”“划龙舟”“登山”“射箭”“射弩”等。

生活类。这类体育项目反映人们的社会生活。“甩花包”是其中较有特色的一项。“甩花包”又名“甩糠包”，是青年男女社交中的一项重要活动，多在春节期间举行。届时男女各分站两边，人数多少不等，相距数丈，互相抛掷。对方若掷向谁而未接住，这个人即将礼物系在花包上掷给对方。礼物不定，女方多送鞋垫、手巾等，男方则送手镯之类。“花包”或“糠包”用几色彩布缝制，呈菱形，内装米、豆或米糠。每只角用五彩丝线做成耍须。用布条缝制成长约 2 尺的带子，抛掷时手拿带子，往前或往后绕几圈即抛出，接时也须接住带子。此外，抢鸭子、抢彩球等项目也属此类。

军事类。这类体育项目较多，具有搏斗性质。除射箭、射弩外，摔跤(又称板腰)、打石仗、武术等均明显属此类。摔跤是两个男子勇与力的较量，以将对手摔倒在地为胜。武术则是智与勇的较量。打石仗主要流行于镇宁、普定、六枝、关岭、安顺、三都等地。参加这种活动的人“战斗时”均全身心投入，但“战斗”双方却全无敌对性质。它可能是由军事演习演变而来的。三都周覃地区的这项活动是在周、覃两大姓之间开展。按古规，只能 15～50 岁的男子有权参加。双方人数相等，每个人是否参加全凭其意愿。打石仗有三条规则，必须严格遵守：一、在“战斗”中，双方中任何人被击伤都不得发怒闹事；二、不准使用火药枪、马刀、铁块等利器；三、不准虐待“俘虏”。战场摆在横穿周覃大坝的格博河两岸。农历四月初八早餐后，两大姓的队伍各占据河的一边。他们抬来大筐碎瓦块、大堆小石头，当双方领队挥手致意后，9 名号手吹响牛角。随之，双方“战士”向自己的目标，疾速地投掷瓦块、石片。“战士”们可利用掩体作掩护，也可冲到河坎边短距离发射。有单独行动，也有集群式冲锋。阵地上呼喊、冲杀声不绝于耳。阵地后不远处，有双方老人、小孩和妇女观战，他们不时发出助威的呐喊声和欢笑声。

祭礼类。这是指那些在祭礼仪式上或作为祭礼仪式一部分进行表演的体育项目。例如贵阳市乌当区新场镇可龙布依族每年农历正月初九到十五在玩红灯节日活动中的“演武场”上表演的演武活动，就属此类。初九日，寨中庙里竖起一面四方形红色大旗，红灯节开始。晚饭后，“灯头”高举红灯带领人们来到庙中参神拜佛和祭祀祖先。庙中灯烛闪闪，气氛肃穆，玩灯者穿红袍红裤，佩红腰带，在“灯头”领导下唱“点兵歌”，和着锣鼓节奏涌向演武场。在演武场上，“灯头”指挥“开场杀法”，布依语称“歪栋那结”，意即集体操练，共有 24 路操演套路。之后，是单项演习，有“歪栋重”（单枪练习)、“歪栋敌长重”（双人长枪)、“歪栋文泥敌将”（单人练大刀)、“送文适将”（双人大刀）、“歪栋扫纳敌犯”（教练铜锤大斧）、“歪栋敌将”（铁连杆木）等。单项操练有打击乐伴奏指挥，其中单人火刀、双人锤和斧、单人铁边杆还有唱词相伴和。舞单人大刀者需饰野鸡尾。此外，铜鼓刷把舞、粑槽舞等均属此类。

娱乐类。此类体育项目在布依族传统体育中也占有很大比重。凡属青少年的体育活动，大致属此类。成人体育中，属此类者也不少。打革螺（陀螺）、打童棍、打抛（线球）、踢毽、打秋千、水上漂石、跳独脚等，都是具有娱乐内容和性质的体育活动。

布依族体育从形式上分，还可以分为竞技型、表演型、竞技表演型三种。竞技型的体育活动比赛的特点很明显，比如摔跤、掰手腕、赛马、赛龙船、赛舢板、打抛、踢毽、武术、登山等。参与者都抱着一决胜负的决心和愿望。表演型则重在表演，参与者并不想在比赛中争输赢，只求表演得好一些。比如甩花包、贵阳乌当布依族在红灯节中的演武活动以及舞龙、舞狮等，都是表演型的体育项目。竞技型的体育活动都是由对垒的双方来展开，但有“两军对垒”的活动不一定都是竞技型的。例如，“打石头仗”，虽然双方“仗”打得猛烈，也发生受伤事故，但双方过后并不记仇。这种活动由于受某种信仰的支配，基本上成了一种仪式的活动。这类活动可称作竞技表演型。除“打石仗”外，这类活动还有“抢鸭子”“抢彩球”等。

（二）传统体育活动特点

1. 丰富性

布依族的体育项目有数十种之多，这些活动有的是常年开展，有的是在特定时间和场合开展。不仅内容丰富，形式也多姿多彩。

2. 民俗性

在喜庆日子（如结婚、新居落成等）开展的体育活动如甩花包。当来自四面八方的青年男女为庆贺主家相聚在一起时，常开展甩花包活动，互相认识，交流感情。在节日里开展体育活动的情况更为普遍。打抛、踢毽、打磨秋等常常是节日活动的主要内容。有些活动只在特定的节日里开展，如玩龙灯、舞狮主要在春节期间，划龙船在端午，斗牛在四月八，打水枪在六月六，等等。有的节日要开展好几项体育活动。例如，荔波城关一带在端午节就有爬山、梭草马、划龙船、划舢板、抢鸭子、抢彩球等活动。这些活动都是按一定顺序开展的。清晨，城内及附近村寨的布依、汉族青年带上粽子，争先恐后爬上距城约 1 千米，高约 300 米的玉屏山，玩要嬉戏、吃粽子。之后，便开展爬山和梭草马比赛。大家用稻草或茅草扎成草马，扎好后，每人骑在一匹草马上，一字儿排在山顶上，领头人大喊一声“梭”，大家便一齐策“马”梭下。梭下后又爬上山再梭，谁先爬上山顶和先梭到山脚次数最多，谁就是胜者。中午，在樟江河中举行划龙船比赛。参赛的龙船多时 20 余条，少时也有 10 余条，船头均扎上彩色的龙头龙尾。每条船载 16 人，两边各坐 7 人，每人持一片摇橹，由 1 人在船尾掌舵，1 人站在船头击鼓指挥。与此同时，还有独山舢板比赛。划船比赛结束，又举行抢鸭子和抢彩球比赛。参加抢鸭子项目的有三四百人，一般分为三批，每批约百人。分几批投放河中的鸭子，可达百只。当裁判员一声哨响，宣布比赛开始，几条装鸭的木船立即划到河中心，将鸭子全投放河中。顿时，几十张舢板船如离弦之箭，飞速划向河中心去抢鸭子，没有舢板的人则游到河中去抢。谁抢到鸭子，不论多少，全归其有。抢彩球比赛，参赛者也有二三百人。彩球用各色绸缎扎成，抛于河中让人们抢，谁抢得多，谁就是优胜者。现在，因参赛人数越来越多，而用绸缎做的彩球浮在水上的时间短促，易沉河底，故改用猪尿脬染上各种颜色，打足气，代替彩球。春节期间的体育项目也很多，如甩花包、踢毽、打抛、打磨秋等，这里不再赘述。

3. 地域性

布依族传统体育活动除部分通行于全民族或本民族大部分地区外，很多项目都只流行于部分地区。比如，踢毽、打抛、摔跤、打革螺等通行于整个布依族地区，甩花包、打秋千、打水枪等流行于布依族大部分地区，而打石仗、划龙舟、赛马等则只流行于局部地区。

4. 游乐性

很多传统体育活动集体育与游戏为一体。从体育的角度看，它是体育；从游戏的角度看，它也是游戏。比如打抛、打童棍、跳独脚、跳拱背等都属此类。甩花包虽不是游戏，但其游乐性也是十分明显的。

（三）传统体育项目介绍

1. 拢舞

布依族地域性民间舞蹈。流行于黔南荔波一带，是丧葬仪式中驱散悲哀气氛的一种舞蹈。分三段进行：第一段，全体人员站成几路，每路面对面站成两排，彼此先用竹竿咚咚冲着楼板撞两下，接着交叉撞击发出嘀嗒之声，如此循环往复，连成“咚咚嘀嗒！咚咚嘀嗒！”多重节奏，称为“拢飘”；第二段称“晃勒赛”，音节与上段相同，舞姿独具风采，以一眼明手快的人为中心，数人或数十人围着他边打边转，势如推磨，中心人以手中竹竿挡住周围竹竿，精力集中，动作敏捷；第三段称为“占尤”，舞姿与第一段大致相同，但音节多变，节奏感强，铿锵有力。随着三段节奏，又以木鼓、铜鼓、腰鼓、镲、唢呐和之，合成一曲铿锵有力、轻松快活的乐韵，直至鸡叫三遍，拢舞才在热烈的气氛中结束。

2. 花裙舞

布依族民间女子集体舞蹈。流行于贵州惠水、镇宁、关岭、普定、长顺等地，因表演时穿百褶（或长或短）花裙而得名，每逢农历六月初六民族节日表演。表演时舞者围成一圈沿逆时针方向行走，双膝按音乐节拍颤动，而后右手拎起裙角，面向圆心走三步，第四步转身向圈外走三步，再转身面向圈内，反复进行。

3. 织布舞

布依族民间舞蹈。流行于贵州惠水、镇宁、关岭、贞丰、罗甸布依族聚居区。布依族女子有传统的织布技能，善于在简单织布机上用“反面织，正面看”之法编织色彩斑斓的织锦（斑布）。舞蹈真实地表现布依族姑娘从开荒、种棉、收棉、采制、抽纱纺线到织布的劳动过程，表现她们终年不畏寒暑、辛勤劳动的形象。乐曲和歌词多用民间《种棉歌》。表演时，男舞者二人相对蹲地，分别握两根木棍一端，一开一合撞击木棍，一女舞者跳跃其间。二男站立时，呈水平分别握两根木棍一端，一起一落，交替进行。同时，女舞者双脚踏立其上，两腿随木棍此上彼下屈伸，并弯腰用手在木棍中左右穿梭，做种棉、收棉、纺纱、织布等动作，边舞边唱，动作轻盈、活泼，富有生活气息。

4. 铜鼓刷把舞

布依族民间舞蹈。流行于贵州荔波、罗甸、镇宁等地。表演时以击铜鼓作指挥和伴奏，演员手持竹制刷把翩翩起舞，故称“铜鼓刷把舞”，“六月六”等节日期间演出。表演时，青年男女一二十人聚集在一起，每人手持刷把，踏着铜鼓的节奏，轻快地表演出不同形式的舞姿。有的地方叫“粑槽舞”，道具略有不同，多在晒谷场表演，人数不限，但必须男女各半。舞者各持一根约1.5米长的竹竿，咚咚触地，交叉拍打碰竿，边走边跳。此舞原是一种祭祖形式，据传从前有一位布依老人家贫而乐善好施、德高望重。其死后，众人舂米粑送其升天，遂连年风调雨顺、五谷丰登，从此布依族人每年年节皆跳此舞，以纪念他。

5. 布依族龙舞

关岭、镇宁、贞丰、安龙等县的布依族人民每逢喜庆佳节均要舞龙，无论老年、青年、小孩都很喜欢。过去的舞龙队，全由男的组成，现在安龙、贞丰等地的布依族女青年，冲破旧的传统礼教，组成女舞龙队，与男舞龙队竞相媲美，深受人们的赞赏。

布依族舞龙，千姿百态，形式多样，变化万千，别具风采。有盘龙、转龙、跳龙、卧龙、飞龙、翻身钻肚、二龙抢宝、滚动绣球、飞越火海等。舞动起来，满场飞舞，翻腾翔跃，栩栩如生。其中，最精彩的表演要算滚绣球。那跃跃欲试的龙头、龙身，盘绕于置放绣球的高台之下，随着金光闪烁的绣球的移动，龙头为掠到绣球，跟随表演各种姿态，经过盘、转、飞、卧、跃等姿势的精彩表演后，随着打击乐节奏的加快，龙头高昂，威风凛凛地爬上高台，惊喜地抓住绣球，几个翻身盘旋，用龙足悠悠地把球滚下台板，动作惊险，令人高度紧张。

布依族舞龙的乐器有锣鼓、唢呐、长号、铜鼓等。各种乐器的吹奏，都用音乐语言形象地描绘了龙的各种动作姿势。如长号吹出龙呼啸、怒吼及喷吐粗气之声，令人惊心动魄；唢呐吹出龙的憩息、盘旋的优雅韵调，使人有舒畅悠扬之感；铜鼓打出龙腾翔跃、威武向前的气势，给人一种鼓舞奋进之感；其他乐器击起来则表现龙的踏步、翻身滚动、搅水……真是多姿多彩，美不胜收！

布依族喜欢舞龙，对龙有着深厚的感情，是有原因的。传说，龙在神秘的天宫造水，给凡间降下雨水，让人们播种五谷，来年丰收，带来福音；龙又涌来河流奇潭，使布依族居住地区依山傍水，山清水秀，环境优美。因此，布依族人民非常崇拜龙，把龙看作是吉祥幸福的象征，故在节日喜庆之日要舞龙。随着生产的发展，人们物质文化生活的提高，布依族山乡的人民发扬龙的气质，把舞龙与脱贫致富、诚实劳动、为社会办好事等物质文明和精神文明建设联系起来。每在新春佳节到来之前，集资、选人、扎龙、练艺、组织舞龙队，并备好美酒佳肴，买好爆竹，迎接舞龙队进寨表演，迎接四面八方的亲友来观赏舞龙。舞龙队每进一个寨子都作精彩表演。先作报到、施礼表演，而后挨家挨户进门盘舞三转，或举行“招财进宝”“富贵发财”“四季平安”“和睦团结”“龙舞进家”“天龙登位”“龙开财门”“龙报喜”等表演，象征着全家来年万事大吉、财源茂盛、五谷丰登、四季平安。全寨龙腾翔跃，鞭炮齐鸣，灯火辉煌，烟花四起，一派欢腾景象，使布依族山村沉浸在节日的欢乐之中，别有一番情趣。

6. 丢花包

布依族地区的男女青年，历来有“人人会唱山歌，个个会丢花包”的传统习俗。每逢节日都要聚集在一起丢花包，以包传情。正如青年们所唱：“六月里来布依年，问你人心闲不闲，若是得闲赶快走，花包场中找花园。”

相传古代有一对布依族青年，男的叫光邑沙，女的叫阿姆。他们都不满意父母包办自己的婚姻。一次，他们在“酒场”中相会，一见钟情。于是，背着父母和客人，到院坝里去谈心。为了掩人耳目，阿姆用自己的手绢包上石子，扔给光邑沙，光邑沙又扔回给她，两人像做游戏一样，你丢过去，我丢过来，边丢边谈。终于情投意合，结成良缘。这一谈情说爱的方式流传下来，花手绢演变成花包。就这样，丢花包成为布依族男女青年一项习俗，它既是社交活动，又是文体活动。

花包是用多种彩色花布缝制而成的小包，形如四方小枕头，四角系有约20厘米的五色要须。也有的花包以两寸见方的一块大红缎子绣花为面，一块比这稍大的自织花布为底，另两个对角从中凸出，上边都打有小带子和花边，正中有一根小布带为摆绳。每个花包重半斤到1斤，多装棉籽、豆子、谷子、谷糠，象征青年男女相互之间的感情就像种子一样发芽、生长、开花、结果。

丢花包一般是在春节期间或“六月六”“七月半”等节日进行。丢时，以男女组成两方，每方五六人或10多人不等，男女双方相距约20米，可以同时甩几个花包出去。一方投掷，而接花包的一方以接着花包为胜，未接着的为负，无人去接则为平局。男女双方也可自选意中人来对丢，以此传递爱情。他们也按照规矩，谁接不着，谁就算输，借此机会赠给对方礼物。姑娘多以手绢、银质围腰链赠给男方，小伙子们则多以蜡染帕等穿戴物品赠给女方。还有的地方规定有顺丢和倒丢两种丢法：顺丢，是右手拿着花包，从上向前方绕三转后丢出去；倒丢，是右手拿着花包，从上向后绕三转，倒转身向前方丢出去。丢花包时，脚不离地；接花包时，也不能抬脚，否则是对对方的不尊敬。接花包还要在自己的三步范围内单手接住，这才算技艺高超。特别是集体丢花包，丢到热闹时，有几十个花包在空中飞舞，令人眼花缭乱，目不暇接。

花包穿针引线，把青年人的心紧紧地连接在一起。同时，它也是一种很好的体育活动。《多情的花包》一歌，把丢花包既是传情又是体育活动的场面形象地描绘了出来："花布包隐藏着多少奥妙/丢包场上欢声雀跃/姑娘把它甩过去/像一颗闪亮的星星/小伙子把它丢回来/是一个多情的信号/啊，不是星星的信号/那是他们心中的奥妙/甩过去的是一片深情/接过来的是真诚希望/彩色斑斓的花包/一次次给人带来欢笑。"

7. 布依族地戏

镇宁、花溪、兴义、安顺市西秀区等地的布依族，每年的"六月六"、春节，常可见到这样的场面：露天平地上，演员头顶"脸子"（面具），面罩青纱，背插小旗，手执刀枪，穿着简单的袍服，在铿锵的锣鼓伴奏中边唱边跳。这就是由布依族自编自演的地戏。

地戏，一是驱邪逐疫，二是娱乐。据说节日跳神，能使一年户户平安，六畜兴旺，五谷丰登。布依族地戏源于原始傩舞。明朝以后，古老的傩舞在布依族地区的屯、堡、旗、关、哨延续流传，经过民族文化的交融，得到创新和发展，逐渐演变为地戏，即"布依族地戏"。

地戏的剧目只有武戏。如《封神》《三国》《隋唐》《杨家将》《征东》《征西》等，它带有浓厚的仪式色彩。什么时候跳、什么时候"脸子封箱"都有一套仪式和严格的时间规定。它不同于一般高台戏，而是在露天并专找较低的平地演出，让观众站在四周中较高的地方观看，所以地戏"脸子"通常是顶在额头上的。一堂"脸子"一般有几十面，多的超过百面。这种戏不需要化装，每个"脸子"都模仿戏中人的脸谱来雕刻，因此，脸子代替了化装。旧社会雕刻一堂"脸子"需要几十担谷子；现在也得集资好几百元甚至几千元才能雕成。这就决定了几辈人总演一出或几出戏。地戏风格古朴、感情粗犷，有着浓厚的原始宗教意识。它又是一种戏剧和彩绘、木雕艺术相结合的综合性艺术。人们在欣赏唱和跳的同时，也品评"脸子"。

布依族地戏也有用布依话演唱的，用本族人民的历史题材编成剧目演唱。如安龙县用布依族人民反抗封建统治的历史题材编成《六月六》剧目演唱，很受布依族人民喜爱。花溪、黔南州、黔西南州、六盘水市、镇宁等地均有此戏种，并在国际上享有较高名气。20 世纪 80 年代安顺市西秀区布依族地戏应邀赴欧演出；2006 年 10 月，花溪布依族地戏队赴日本参加中日傩文化交流展演，布依族地戏登上了国际傩文化舞台。

8. 撒麻舞

布依族民间舞蹈。流行于贵州省六枝特区和镇宁、关岭两个布依族苗族自治县一带的布依族地区。布依族姑娘在春节、“六月六”、“七月半”等传统节日进行表演。舞队由 7 人以上组成，姑娘们身着鲜艳的节日盛装，踏着芒锣、皮鼓点和唢呐节奏翩翩起舞。舞蹈分 4 段进行，第 1 段“点麻”，第 2 段“割麻”，第 3 段“纺麻”，第 4 段“织麻”。4 段曲子相同，舞时，演员的脚步声，配以芒锣、皮鼓点、唢呐声，汇成一曲雄浑的山韵。舞蹈上肢动作较多，下肢动作很少，因播麻种、割麻秆、纺麻纱、织麻布等劳动程序，都是用手操作较多，下肢在必要时才有适当动作。撒麻舞是布依族劳动生活的提炼和升华，动作潇洒，舞姿优美，能把人带入一个美妙的艺术境界。

9. 铙钹舞

布依族民间舞蹈。流行于贵州镇宁、六枝、望谟等部分布依族地区。逢年节、丧葬、祭祀时作舞，亦用于敬老祝寿。为男子表演，人数不限。以铜鼓伴奏，随着鼓点节奏，舞者击铙钹，由缓慢、稳重逐渐转成热烈明快。以送胯、送肩、顺边为动作特点，脚下左右盖步交叉前进，以正步、碎步、踏步、跨跳步为主。现又加上唢呐等伴奏，演变成广场群众性舞蹈。

10. 哑面舞

布依族民间舞蹈，亦称“板哪”“哑龙”“德龙”。因戴面具哑做而得名，属于傩类。流行于贵州黔西南自治州册亨县境内。据考证，此舞自古有之，世代相传，用于丧事绕棺驱鬼，以竹篾编扎或笋壳制作脸壳，糊纸，用红、绿、蓝三色勾画，身披羊皮，四肢缠裹棕片，形状狰狞。表演分三个层次：一人戴面具独舞；二人扮一男一女，戴面具，以简单动作打老摩（驱邪），后于灵堂供吊唁者逗乐；6~8 人出场，一人扮“引路”，鸣锣开道，其余人戴面具、执棍棒敲打节奏，围棺起舞，最后“引路”再次鸣锣开道，示意亡灵已自地狱升天。哑面舞动作粗犷豪放，队形较为自由，带有原始色彩。

11. 矮人舞

布依族区域性民间舞蹈。流行于黔南州荔波县喀斯特原始森林保护区境内洞塘乡及翁昂乡一带。舞蹈别出心裁地在演员肚皮上画上可爱动人的胖娃娃形象，并用大箩筐套盖住脸部和胸部，作为帽帕道具，然后利用腰肚肌肉收缩张开的表现力，造成人物表情的变形。舞蹈动作主要表现在动肩、扭胯、撅臀、勾足四个方面，全舞分喜舞稻草、丰收赶场、场坝比高三个舞段。“矮人舞”具有注重塑造人物、格调幽默诙谐、动作灵活风趣等特点，是具有地方特色的民间舞蹈，多在节日和丰收喜庆时表演，深受当地群众喜爱。

12. 打磨秋

晴隆、贞丰、兴义、平坝、毕节、大方等地的布依族、仡佬族人民喜爱打磨秋活动。磨秋的制作简单，用一根质地坚硬、1 米多长的木头栽在地上，顶端削尖当轴心，架上一根 3 米长的横杆，两边的距离相等，可以升降转动。玩耍的人匍匐或骑坐在横杆的两端，轮流用脚蹬地，即可上下起伏旋转起来。打磨秋活动老少皆宜。

13. 打手毽

打手毽活动在黔南苗族、水族地区十分盛行。每年农历正月间，手拿花毽的苗族、水族姑娘小伙子们，成群结队聚集在场坝上，对抛对打，边打边歌。手毽用稻草和布条裹上一枚铜板，再扎成球状，插上数羽雄鸡毛，用彩色绒线扎成小花朵，捆在鸡羽上。打毽时，男女双方相对而立，姑娘向小伙子抛出花毽，对方立即拍回，互相推来打去，不使花毽落地。二人一边打毽，一边细语，还可对歌。

14. 铁链械

铁链械是布依族的一种传统武术器械，主要流传于贵阳市花溪、乌当等地的布依族聚居区。铁链械的历史悠久，是在原有打场用的生产工具——连枷（连杆）的基础上发展演变而成的一种两节棍。

15. 转场舞

形成于明末清初，发源于册亨威旁乡大寨村。据传说威旁大寨有一王姓富豪，是威旁大寨的寨主。当地百姓在寨主统治下生活艰辛，每到过年过节，每户百姓都要向寨主纳钱纳粮，不然将会遭受非人的折磨，百姓生活在水深火热之中。老百姓积怨太深，早有反抗之心，只等待复仇时机到来。这一年，新春将至，寨主又逼百姓为其筹备柴草，供奉财物。于是大家趁机以积柴草为幌子，全寨人倾巢出动，为寨主供奉了堆积如山的柴草。大年三十晚，寨主熟睡之后，大家用柴草将寨主家团团围住。复仇的怒火点燃了，寨主和他的房屋顷刻间化为灰烬。寨主被消灭了，被压迫、被剥削的日子一去不复返了，美好的生活就要到来。被压制已久终于解放了的欢天喜地的百姓围着大火，尽情地唱起歌跳起舞，手牵着手围成圈不由自主地转动起来。此后，为了庆祝胜利，纪念这除暴安良的日子，从正月初四起到十五，村民都会手拉手地围起来跳舞。威旁大寨“转场舞”这一独特的表现布依文化、民族风情的舞蹈便由此而生，前传后教、经久不衰。男女老少每年正月初四到十五，每天都有从方圆几十里，甚至几百里远的地方赶到大寨来跳转场舞。转场舞由最初的庆贺胜利逐步发展为如今的欢迎远方客人，庆祝丰收、祈求风调雨顺以及男女青年“浪哨”的民族习俗。

2012 年 11 月，册亨广场 8000 多人规模宏大的布依转场舞，展演了一场令世人惊叹的群舞，创造了上海大世界基尼斯纪录。

第六章　土家族传统体育文化资源调查

一、民族概况

（一）民族起源

土家族历史悠久，源远流长。史籍中，对土家族的称谓较多，秦汉时，以其崇拜白虎称为“廪君种”，或以其使用武器特征称为“板楯蛮”，或以土家人呼“赋”为“賨”而称为“賨人”，是“巴郡南郡蛮”和“武陵蛮”的一种。春秋战国至秦代，被统称为“西南夷”，两汉至晋为“武陵蛮”“五溪蛮”“酉溪蛮”，隋唐至宋称为“辰州蛮”“南北江诸蛮”，宋代还出现了区别于武陵地区其他族别而专指土家族的“土民”“土蛮”“土兵”等称呼。

关于土家族族源，学术界多主张巴人后裔融合其他民族而成。《巴务相》的传说折射出巴人的起源迁徙及所经历的原始氏族公社时期的历史。周武王伐纣，巴人负戈参战，并以“勇锐”著称，武王克商后封族人于巴，即“巴子国”，地域包括今川东及鄂西一带。春秋战国时，巴国强盛一时，活动范围“东至鱼腹，西至僰道，北接汉中，南极黔涪”。但在后来不断与秦、楚的较量中，逐渐被削弱，最终为秦所灭。秦统一中国后，在巴人居住地设置了巴郡、南郡和黔中郡，采取了分而治之的策略。从秦到隋，中央王朝在今土家族地区设置了郡县，并派官吏治理，居于此地的巴人在王朝更替与战争烟火中，没有大规模迁徙，而是稳定地生活了下来。唐宋时期，中央王朝正式在土家族地区建立了羁縻制度，以“巴酋长子弟，量才授仕，置之左右”，用当地的民族首领进行间接统治。五代时期，自署溪州刺史的彭士愁势力不断壮大，后晋天福五年（940 年）与楚王马希范缔结和约，以铜柱为证（今溪州铜柱），从而确立了对溪州地区的统治。宋沿袭唐制。元明时期，土司制度在土家族地区建立并逐步完善，这一制度的实行加强了中央与土家族地区的联系，汉、土家文化交流频繁。清雍正年间，中央在土家族地区实行了大规模的“改土归流”，对土家族地区影响很大，建置了新的地方行政区划，统一派流官进行治理，地方势力受到了削弱，经济得到了迅速发展，大力推行儒学，对土家族的传统习俗进行了改革。“蛮不出峒，汉不入境”政策被废除，大量汉人进入土家族地区，带来了先进的生产工具、技术和文化，客观上促进了土家族地区的发展。鸦片战争爆发，土家族强烈的国家忧患意识激励着土家人团结一致共御外辱，涌现出了陈连升等一批爱国志士，并最终同其他民族一道挽救了民族的苦难和国家的危机。新中国成立后，国家落实新的民族政策，土家族也获得了新的生机，在潘光旦等老一辈学者进行民族调查和研究的基础上，1956 年被正式确认为单一的少数民族。但由于众多历史原因，还有大量的土家族成员的民族成分未得到认同，直到十一届三中全会后才逐步得到恢复和重新确认。新中国成立以来，土家族的社会经济得到了全面发展，人民生活不断提高，各项权利不断得到了实现。

（二）分布（贵州）

土家族主要聚居于今湘、鄂、渝、黔交界的武陵山区，清江与酉水流域，面积约 10 万平方千米，即今湖南省西部的永顺、龙山、保靖、桑植、古丈等县，湖北省西部的来凤、鹤峰、咸丰、宣恩、利川、恩施、巴东、建始、五峰、长阳等市县，重庆市的酉阳、秀山、黔江、石柱、彭水等区县。根据 2010 年第六次全国人口普查显示，土家族人口数量为 8353912 人，在中国的 55 个少数民族中排名第七位，仅次于壮族、回族、满族、维吾尔族、苗族、彝族。

土家族在贵州主要分布在黔东北地区，即贵州铜仁市的印江、沿河、江口、思南、德江、铜仁等县市。

（三）地理环境

土家族是一个历史悠久的民族，世居毗连湘、鄂、渝、黔的武陵山地区。土家族多依山傍水而居，房前屋后喜种植果木花草。每个自然村寨多为同姓同宗，一户人家居住一栋房子。房屋有吊脚楼式，也有一般平房式楼房，式样不一。

（四）宗教信仰

自然崇拜是人类的最初崇拜观念，是原始社会发展到一定阶段的产物。生活在远古时期的土家族先民，因知识和经验的严重不足，对许多自然现象和社会现象都无法作出合理解释。于是，他们根据原始的思维方式，将与自己生存攸关的自然力量与社会力量进行神化，进而产生了原始宗教信仰体系。土家族处于原始宗教崇拜阶段时有祖先崇拜、自然崇拜、英雄崇拜、图腾崇拜等多种形式。其祖先崇拜为土王、八部大神、向王、向王军，这些都是土家早期的祖先神，认为其灵魂可以庇护本民族的繁荣昌盛；建有庙、祠堂，定期祭祀。白虎图腾是土家族比较普遍的图腾信仰。大多数学者认为土家族的白虎图腾源于古代巴人的廪君神话。土家族认为廪君死后化为白虎，故敬祭白虎，各地都有白虎庙，廪君即相王天子，本名巴务相，故白虎庙、廪君庙、相王天子庙皆是供奉同一人，家里神龛上所供白虎神位，实则也为供奉廪君。

受汉族及其他民族影响，土家族的宗教信仰在不断的演进和转化中，有的地方信巫师驱鬼，有的地方信道教，等等。

二、文化特征

（一）饮食

土家族日常主食除米饭外，以苞谷饭最为常见，苞谷饭是以苞谷面为主，适量地掺一些大米用鼎罐煮或用木甑蒸。有时也吃豆饭，即将绿豆、豌豆等与大米合煮成饭食用，粑粑和团馓也是土家族季节性的主食，有的甚至一直吃到栽秧时，过去红苕在许多地区一直被当成主食，现仍是一些地区入冬后的常备食品。土家族菜肴以酸辣为其主要特点。民间家家都有酸菜缸，用以腌泡酸菜，几乎餐餐不离酸菜，酸辣椒炒肉被视为美味，辣椒不仅是一种菜肴，也是每餐不离的调味品。如插秧季节，早晨要加一顿“过早”，“过早”大都是糯米做的汤圆或绿豆粉一类的小吃。据说“过早”餐吃汤圆有五谷丰登、吉祥如意之意。茶，是土家族人生活必需品，喜喝熬茶。茶用大瓦罐置火坑间熬煮，常年不离，是土家人火坑中的“不倒翁”。熬茶多用藤藤茶、老茶叶或茶果等，俗称长寿藤、神茶，学名茅岩莓。

（二）服饰

土家族服饰随着时代的发展和社会的进步，已历经变革，但仍然保留了本民族传统的特点。男子头包青丝帕或青布，青布帕 2 至 3 米长，包成人字路，没有完全盖住头发。较古老的上衣叫“琵琶襟”，安铜扣，衣边上贴梅条和绣“银钩”，后来逐渐穿满襟衣（多指中年以上者）和对胸衣，青年人多穿对胸衣，正中安 5~7 对布扣。裤子是青、蓝布加白布裤腰，鞋子是高面白底鞋，鞋底厚。女子头包 1.7 至 2.3 米青丝或青布帕，不包人字路形。上衣有：一、大襟，左开襟袖大而短，无领，绲边，衣襟和袖口有两道不同的青边，但不镶花边。二、银钩，这种衣服为矮领，衣襟和袖口镶宽青边，袖口青边后再加三条五色梅花边，胸襟青边则用彩线绣花。三、三股筋，衣大袖大，袖口镶 16.5 厘米宽边，领高 1.65 厘米，镶三条细边。四、结婚衣，新娘喜穿“露水衣”（红衣），这种衣长而大。女鞋较讲究，除了鞋口绲边挑“狗牙齿”外，鞋面多用青、蓝、粉红绸子。鞋尖正面用五色丝线绣各种花草、蝴蝶、蜜蜂。小孩的服饰突出在帽子上，按年龄、季节确定帽型。如春秋戴“紫金冠”，夏季戴“冬瓜圈”，冬季戴“狗头帽”“鱼尾帽”“风帽”等。这些帽子上除用五色丝线绣“喜鹊闹梅”“凤穿牡丹”“长命富贵”“易养成人”“福禄寿禧”等花鸟和字外，还在帽檐正面缝上“大八仙”“小八仙”“十八罗汉”等银菩萨。

（三）生产生活

土家族人主要从事农业，辛勤劳动、性格开朗、粗茶淡饭，生活很有规律，吃的食物都是自己生产的。土家族一般居住在深山、爱群居，爱住吊脚木楼。建房都是一村村、一寨寨的，很少单家独户，过着日出而作、日落而息的自给自足生活。“住山靠山，靠山吃山”，这是土家族日常生产生活的写照。

三、民族传统体育活动

（一）民族传统体育起源

1. 源于劳动生产

据有关史籍记载，土家族先民在秦汉以前长期处于渔猎经济时代，以狩猎为生。《后汉书》中记载，秦昭襄王时（公元前306—前251年），在秦、蜀、巴楚之境，有白虎伤害千余人，秦昭襄王招募天下人杀虎，土家族先民賨人（板楯蛮）做白竹弓弩登楼射死了白虎，为除一朝之患立了大功，成为秦国的义人，得到秦昭襄王“顷田不租，十妻不算，伤人者论，杀人者得以赕钱赎死”对待。土家先民射杀白虎的白竹弓弩是当时打猎的主要工具，后来成为土家族民间体育的一种器械。有学者认为，土家族民间体育中用竹弓、竹箭射远、射高、射靶和“打山枪”用的弹簧竹筒枪，就是对白竹弓弩的继承和发展。秦朝以后，土家族先民在秦始皇的“力农工”政策鼓励下，种少量“王地”，但是所获谷物只交租赋，百姓的主要生活物资仍以猎物为主。到唐高祖武德七年（公元624年）实行“均田”“租庸调法”以后，土家族的经济生产由狩猎逐步转入刀耕火种的粗放农业。当时，耕地很少，种在山地的粮食作物常被成群的禽兽吃食。土家人为了保护庄稼，常抛打石头、木棒以驱赶飞禽走兽。久之成习，石头、木棒成为一种体育器械，模仿打禽兽的动作形成各种体育活动，如“打飞棒”“打罚碑”和水面“漂石子”等体育项目，皆由此演变而来。唐、五代以后，土家族地区的农业生产由刀耕火种发展到开荒挖土、牛耕种植时期，那些从播种到收割一系列的农事动作逐步纳入土家族的“摆手舞”中，成为一种娱乐体育活动项目。

2. 源于军事战斗

土家族人民素有“人不犯我，我不犯人”和“不畏强暴，不怕牺牲”的精神，如有外来势力进犯和压迫，必定奋不顾身极力抗击，反抗压迫的大小战斗历代有之。土家人在反压迫战斗中英勇善战，据险防守，利用山区的石头、木头、棍棒和木刀、木枪等简陋武器击败过用铁刀、钢枪、火炮装备的强大力量。公元25年刘秀执政以后，东汉王朝对武陵地区加剧了压榨，引起人民的不满。建武二十三年（公元47年），在土家族首领渠帅相（向）单程率五溪各族人民对东汉王朝进行的反压榨斗争中，土家人屯聚守险，用石头、木棒击退进五溪镇压的万余士兵。建武二十五年，东汉王朝派赫赫有名的伏波将军马援率4万大军从沅水而上进五溪征讨，单程率众居高临下，从山上向沅水投石如雨，来军无法逆流前进，后因天气炎热、水土不服、疫病流行死去大半，马援也染疫病死在壶头山下。后晋天福四年（公元939年），溪州刺史彭士愁率溪、锦、奖等万众，抵抗楚兵征讨，楚兵攻入溪州城，彭士愁退守保山寨用滚石檑木顽强抵抗，后被楚兵用火箭趁风势射烧彭营，彭士愁突围后派使同楚议和，竖李溪州铜柱盟誓，保证了溪州的长期安宁。明洪武元年至三年（公元1368—1370年），茅岗土司王覃垕据守茅岗寨，用滚石檑木抵抗明廷征讨，激战3年，后被叛徒出卖，覃垕被俘解京殉难。明嘉靖年间（公元1522—1566年），我国江浙沿海一带倭寇骚扰，明廷征调永顺、保靖、桑植和湖北鹤峰等土司的士兵前去抗倭。永、保士兵在宣慰使彭翼南、彭荩臣的指挥下用“旗头阵”“钩镰枪弩之技”“火牛阵”等击败了倭寇，立了剿倭以来的“东南战功第一”。土家人模仿这些大战和其他小战中使用的战术、武器和战斗情形，形成了一些民间体育项目和特技体育项目，“抢山头”“抱石磨”“举石”“抛石头”“抵杠子”“摔抱腰”“宫天梳”“烟斗杆子”“五形拳”“鸡形拳”等都源于军事战斗。

3. 源于生活习惯

土家族的民间体育项目来源于生活习惯的很多，比如踩“高脚马”。土家山区雨后泥烂、路滑，行走时泥浆沾鞋、湿脚，在雪天，厚雪铺地，行走时踩雪怕冷脚，人们总是从路边踩在离泥浆和积雪高处的石头或树枝、竹槌上过路。以此，启发人们做一副木杈高脚或竹筒高脚踩着行走，避免湿脚和冷脚。同时，踩高脚感到有趣，不是雨、雪天也踩着玩玩，久之成习，成为一种体育项目，从踩“高脚马”逐步发展到“高脚戏”“高脚灯”。又如用香把棍“打叉”和用细线“翻茶盘”，土家人饭后习惯将筷子甩在桌上，有时两根筷子相压成“X”形，孩子们感到有趣时常丢筷子玩，久之成习，演变为“打叉”（土家语，补铺子哈，汉语为打筷子）和“翻茶盘”（土家语叫补子坐，汉语为捉筷子）的体育游戏。此外，表演“毛古斯”中的“吃豆豉渣”和“抖跳蚤”等节目也是生活习惯的反映。

4. 源于动物活动

土家山区的家养动物以牛、羊、猪、鸡为主，人们对家禽、家畜的活动十分熟悉，特别是孩童们最喜欢模仿这些动物的动作，从模仿中形成一些体育游戏项目。比如“斗角”，即模仿牛、羊打架动作；“打鸡”（抛贡鸡和发界鸡等）是以饲养的家鸡而命名；“猪娘棋”是以猪娘拖猪儿、猪儿赶猪娘的形式而编造；“牛眼睛棋”是以牛的眼形画的棋盘，还有“蛤蟆抱蛋”等。以上几种体育项目都属于土家山寨的乡土体育。此外，还有从外地传来的体育项目，如舞龙灯、划龙船、打秋千和练气功等，加上乡土气息，亦成为土家族民间的传统体育项目。

（二）传统体育活动分类

土家族的民间体育丰富多彩，据各地不完全的调查统计，大小体育项目有300多种。根据练习的形式和内容可分为启蒙体育、智力体育、日常体育、特技体育和文体活动五大类。

1. 启蒙体育

土家族的启蒙体育从幼儿开始，其特点是儿歌与运动相结合，以歌提醒儿童，以动启示儿童，使幼儿听歌而动。具体方法一般是家长一边唱儿歌一边做动作，启发幼儿听大人的歌声，模仿大人的动作，这种对幼儿进行体育训练的做法，使幼儿的智力和体力得到全面发展。根据小孩的不同年龄分三期进行。

（1）婴儿期

新生儿一周岁左右，家长通过唱儿歌和肢体活动逗弄孩子，使幼儿的观察、运动、言语、听力等知觉能力得到发育和发展。如“妹妹你莫哭”“嘀嘀答答打开门”“亮火虫夜夜来”“虫虫飞”“捏粑粑”“打掌掌”“排排坐”等。

（2）幼儿期

当幼儿长至1~2岁，正是学步的时候，这时配合儿歌的一些学步活动可以促进幼儿学步发展。一般是大人牵着幼儿的手或不牵手，一边唱儿歌，一边学走步，引导幼儿模仿。包括“娘娘教”“走上街”“鸡公啄虫虫”“梭罗树”等。

（3）儿童期

当幼儿长到3岁以上至六七岁，通过儿歌配合简单的体育游戏，促进幼儿的智力发育，提高幼儿平衡和协调能力。如“张打铁，李打铁”“大月亮，小月亮”“月亮月亮光光”“韭菜花”等。

2. 智力体育

这类活动一般在少年儿童和老年人中开展，因为少年儿童的体力还未发育成熟，老年人的体力已经衰退，皆不宜进行强度大的体力运动，为了增加生活乐趣，他们平时选择一些轻微体力与智力相结合的运动，久而久之就形成了智力体育。其活动内容有三大类。

（1）判断类

这类游戏或活动是分析判断一种事物的准确性，以判断准确与否为胜负。具体活动项目有：“唔里唔”“禾罗罗日”“阿捏拟”“嗯起刮”“干拍拟”等。

（2）技巧类

这类是智慧与动作技巧相结合的一种活动，能培养少年儿童快速反应和随机应变。具体项目包括：“借拉皮哈”“叉坐”“色克土”“翻茶盘”“坐苦哈”“阿布立坐”“捡平子”“捡召子”“张果老进洞”等。

（3）计谋类

这类是较高一级的智力活动，多在青少年和老年人中进行，主要是各种棋牌活动，内容丰富，活动时不受场地、器材限制。主要包括：“裤裆棋”“牛眼睛棋”“猪娘棋”“五行棋”“皇帝棋”“五子飞棋”“打三棋”“打纸牌”等。

3. 日常体育

土家族的日常体育是指广泛地在日常进行的活动，除了强度大的体育项目外，日常生活中男女老少皆可参与，是土家族民间传统体育的主要内容，项目繁多，根据项目性质、特点分为以下几类。

（1）奔跑类

土家族人民主要生活在山区，山高、坡陡、路窄，人们在日常生活生产中要赶时间，总要急步行走或奔跑，练就了较强的奔跑能力，闲暇之余，自发举行奔跑比赛，久而久之，就形成了日常竞赛活动，具体项目有：“抢山头”“偷营”“擒毛”“滚藤圈”“赶仗”“跑泽田”“夺抱蛋”“结麻赛跑”“穿针赛跑”“牵羊肠”等。

（2）抛打类

土家族人民在用石头、棍棒驱赶虫兽的劳动过程中，练就了“瞄得准、打得中”的抛打技能，在日常生活中有意识地进行练习，并在闲暇之余举行一些比赛，就形成了抛打类的体育项目。包括：“打飞棒”“打罚牌”“打水枪”“打泥脚”“打拐”“掷鸡毛球”“补碗”“飞石子”“打山枪”“打铜钱”“打包”等。

（3）举重类

这类体育项目是土家族人民在体力劳动中搬运重物时练习举重力量而形成的，主要项目有：“抱磨盘比赛”“抱条石”“举石锁”“举石”“耍石碗”“玩碓马”等。

（4）踢跳类

这类体育项目也是土家族人民在日常生产劳动中受到启发，在闲暇之余自娱自乐的。如走山路遇到障碍物时就用脚将障碍物踢到路坎下；下坎、过沟时不易跨过，就跳跃过去，于是就形成了踢跳类体育项目。包括：“抛公鸡”“发界鸡”“踢枕头”“踢鸡”“撑杆越沟”“荡藤”“跳桌子”“跳飞机”等。

（5）格斗类

土家族先民为了生存，与猛兽搏斗或与入侵者和盗贼进行格斗，并有意识地进行练习，在节日或祭祀时表演，久而久之就形成了格斗类体育项目。包括：“摔抱腰”“斗角”“挤油渣”“掰手劲”“抵杠子”“扭扁担”“撞高脚”“踢角架”“蹦蹦劲”等。

（6）其他体育活动

土家族民间传统体育项目有很多，有些项目不便分类于上述各类中。包括：“滚坛子”“抽陀螺”“脚踩独木穿急流”“打秋千”“打磨秋”“潜水摸鱼”“木老虎”“倒挂金钩”“摇旱船”“撒尔嗬”“肉莲花”“土家弩箭”等。

4. 特技体育

特技体育是土家族民间体育的主要内容之一，是中国武术的一个组成部分，以踢、打、摔、拿、击、刺等技击动作为素材，遵照攻守进退、动静急徐、刚柔虚实等格斗规律组成套路，或在一定条件下遵照一定的规则，两人斗智较力，形成搏斗，以此来训练格斗技能和增强体质。

（1）拳术类

土家族拳术，俗称“土拳”，土家族自称“打哈”。在土家族山寨里男子练拳受到提倡和鼓舞，有“养女不织花，好比没养她，生儿不学武，一生受欺辱”的说法。土家族拳术特点是短打进攻，动作迅速，拳势猛烈，明劲突出，借声助劲，等等。土家族拳术中最富有特色的拳术是：“鸡形拳”“天门无形拳”“蛮拳”“十二埋伏拳”等。

（2）器械类

土家族人民在漫长的岁月中，结合本地区的地理环境、生产生活工具和借鉴他人经验，制造了适合本民族使用的防卫武器，创编了技击动作和演练方法。其器械特点是既可以做生产、生活用具，同时又可以做防身、健身器械，练习起来得心应手。土家族器械类套路形式独特，内容丰富，主要有：“蛮刀藤牌”“八脚拐”“护身耙”“宫天梳”等。

（3）气功类

土家族气功是土家族武术的一个支派，据有关资料考证，是清朝道光年间僧人余世万所传。现今活跃在武术界的大气功师如黎平的赵继书、白羊坡的龙传洲、胡家河的周兰芳等是余世万的四代传人。土家族气功俗称“提桶子”。练习时，初学者先提气练习，使内气按意念在体内运行，闭气时，要闭到脸红脖子粗才允许换气。土家族气功的关键在于换气时要正确运用五音吞吐，否则达不到预期的目的。五音是：“嗡”为呼气，“哈嗡”为吸气，“过耳”（土家族语）为沉气。练习土家族气功，一可强身健体，祛病延年；二可防身自卫，为擒拿格斗打下基础；三可即兴表演或登台献艺。土家族气功表演项目较多，而且越来越惊险，如“银枪刺喉”“腹下卧叉”“汽车过身”“头顶开砖”“摩托车分尸”等。

5. 文体活动

在丰富多彩的土家族民间体育中，土家族人民最喜欢的是各种文艺表演和特定体育项目相结合的文艺体育活动。其特点是：参加人数多，组织规模庞大，活动时间长，内容丰富，场面热闹。

（1）大摆手

每隔两三年的正月初三至十五之间，土家族山寨各村的男女老少汇集在大摆手堂，举行3~7天的大摆手活动，以求娱乐、健身、祈福。参加人数少则上百，多则上千。在掌堂师的指挥下，众人边歌边舞，热闹异常。其歌，有长达万行的长篇史诗，其舞，有多姿多彩的纷繁项目。舞姿的特点是摆“同边手”，不论舞姿如何变化，皆为同边的手脚同时运动，否则，就不是土家族的摆手舞。摆同边手，是土家族长期在山区爬高坡、上高坎、攀悬壁的劳动生活习惯中形成的，同边摆手的动作形式，主要是故事情节的模仿动作，常规摆手的基本动作有单摆、双摆、回旋摆三种。

（2）小摆手

小摆手，土家族叫“舍巴日”。小摆手与大摆手不同的是规模小，一般以村寨为单位举行，人数也少，一般为数十人或上百人，时间较短，一般只摆一天或一夜，一年一次。有正月堂和三月堂之分，内容较简单，供奉的是彭公爵主、向老官人、田好汉。与大摆手相同的是摆同边手和锣鼓拍子。每到农历正月，土家族山寨的大部分地区都要在摆手堂举行一次小摆手，其具体项目主要是表演生产生活中的一些简单动作。

（3）毛古斯

毛古斯系土家族历代土司王祭祀的专用舞蹈，主要用以祭拜土家族的猎神和祖先，在每年的农历六月初六重大祭祀活动中必跳。现在毛古斯表演是反映土家族先民原始生活的情景，表演者从头到脚全身披着茅草（稻草），意为土家族的原始先民以茅草遮身或身长长毛，配合摆手活动，进行毛古斯表演活动。其动作简单，语言简朴，反映原始人的性格。毛古斯的主要内容由七大部分组成，即祭祀扫堂（也叫祭梅山）、刀耕火种、捉鱼戏水、打糍粑、接新娘、甩“火把”、围猎。第一部分主要展现了“梅”与老虎搏斗的壮烈场面及人们祭祀她的过程；第二部分则反映了土家先民方方面面劳动生活的场景及对美好生活的追求；第三至第六部分主要是对男婚女嫁整个过程的描述，反映了土家先民对“种族繁衍”的祈求与渴望；第七部分则是对土家人围猎过程的再现。围猎是土家先民极其重要的谋生手段，因此，这一部分实际上是对生产技能的模拟、传授、学习、巩固与提高的过程。

（4）八宝铜铃舞

土家族的八宝铜铃舞，是根据老土司法事活动中的动作编纂的，依其舞具“八宝铜铃”而命名。八宝铜铃是用一根一尺长、直径约 2 厘米的硬杂木为铃把，上顶刻着一马头形，下底刻一个 3 寸长半弧形叉为马脚，两端各系 4 个鸡蛋大小的铜铃（共 8 个铜铃）。表演时，手握铃把按节目情节摇抖铜铃丁零当啷地响。表演铜铃舞的人数一般为 8 人，多则有一二十人，都要头戴凤冠帽，腰系八幅罗裙（由红、黄、蓝三色的八幅布料做的裙子，如同当今的百褶裙），在一平地或院坝表演。

6. 舞龙灯

舞龙灯是中华民族的传统文化活动，各民族都有舞龙灯的习俗。土家族山寨舞龙与各地有别，自成特色，主要有以下几种：

（1）灯笼龙

又叫“灯龙”，在土家族聚居的集镇盛行。一般在农历正月初三出灯，十五结束。“灯龙”由9节组成，龙头用竹条扎成架子，糊上白色清明纸，涂上各种颜色，形态逼真，有角、有嘴、有眼、有胡须，龙身各节用细篾扎成圆筒形，外糊清明纸，龙尾亦用细篾扎成鱼尾形，用红布带将龙头、龙身、龙尾连接起来，并在龙头、龙身、龙尾各节内点一蜡烛灯，似灯笼。灯笼龙玩到正月十五结束，从正月十三到十五是烧龙日。烧龙在溪河边或有水的沟边进行，把龙放在地上，众人把事先准备好的花筒炮、烟花和鞭炮灯火花直接对龙身喷去，待龙燃烧完后，众人喊声连天，尽兴跳跃，将燃烧残骸送入水中冲去，意为送龙归海。

（2）草把龙

此龙因用稻草扎成得名。用大把稻草扎成有嘴、有角、有眼睛、有胡须的龙头，用一捆稻草扎成与龙头一般粗的龙身，再用一把稻草扎成鱼尾形的龙尾，一共9节，用稻草间隔串联起来，每节插一根竹木杆为把。舞草把龙，主要在土家族山寨举行，每年农历五月至七月是舞草把龙的时间，娱乐中包含驱瘟、防火的祈愿。

（3）泼水龙

泼水龙是用柳树条扎成，由龙头、龙身、龙尾和滚宝组成，龙的全身一般为12洞，即每月为一洞，闰年为13洞。龙头有眼、鼻、嘴、舌、角、须，形象逼真，龙尾上翘，能左右摇摆。举龙头的人一般是土家族山寨有威望的长者，龙身、龙尾可由任何人举。滚宝也是用柳树条编成的，圆球状，在龙嘴前上下左右舞动，引龙去咬，形成“龙抢宝”。舞泼水龙是在农历六七月烈日当空时节议定于龙日举行。这天，土家山寨家家户户将装满水的水桶、木盆和泼水的水瓢、水枪等放在门前，等待吹牛角、唢呐和敲锣打鼓的泼水龙队伍来到门前，在鞭炮声中男女老少，用水瓢、水枪、木盆的水不停地泼在水龙和赤身舞龙人的身上，谁家的水泼得多，就预兆谁家五谷丰登、六畜兴旺。

7. 划龙船

土家族的拨龙船就是划龙船或划龙舟。因船在水上用木桨拨着行动而得名。划龙船或叫龙舟赛，是南方水域区各民族共同喜爱的传统文体活动。但土家族的拨龙船别具一格，有自己的民族特色。土家族拨龙船有水龙船、旱龙船和彩龙船之分，活动时间在农历正月、五月或常年不定期举行。

（1）拨水龙船

拨水龙船，与其他民族的划龙舟大同小异。土家族居住的酉水、沅水、乌江等流域，都有拨水龙船比赛的习俗，有红、白龙尾赛之称。其特点是：赛期长，充满民族团结气氛。龙船模样古朴，都由民间自造和自发组织船队。拨水龙船分“五龙”和“六龙”两个传统节日。“五龙”为迎龙日，“六龙”为送龙日。两个节日的时间从农历五月初五算起，逢辰为“五龙日”，习惯称作龙头日，十二天轮转一次，依次算下去，算到六月的龙日为“六龙”。分段比赛前，首先由主办村寨请所有的船队吃一顿团圆饭，再给每条龙船披上红、挂上彩，以示吉祥顺利，比赛时，以龙船的红、白尾互为对手。红白组队多以宗族亲戚为主划分，现在以村、寨为单位组队。

（2）扛旱龙船

旱龙船是用薄杉木板做的3尺长、1尺多宽的小船，船底安装四只脚的木架，架顶横装一木扁担，船上亦用薄木板做尺把高1.5尺长的船篷，篷中供红（男）、白（女）两个人头塑像，土家族称其为“罗公罗娘”。像前置一竹筒插香火用，人头像前左右和下方挂彩绸布条或土家族姑娘刺绣的花手巾。红脸男头是兄，白脸女头是妹，即指在摆手舞“兄妹成亲”一节中的两兄妹。扛旱龙船者由头脑灵活、口才好的男性担任，他用肩从人头像的后方木架中扛起扁担，常年（农历正月为盛）扛着旱龙船走村串寨。进每家堂屋后，把旱龙船放在堂屋中间，口唱“兄妹成亲”的传说故事。再对主人唱“添子发孙、儿孙满堂、人丁兴旺”等祝福歌。主人则在兄妹头像前烧香、挂彩布条和花手巾、花童鞋童帽，祈求罗公罗娘保佑子孙兴旺。同时，给扛旱龙船者送钱、送米，祝旱龙船越走越红火，祝土家族山寨兴旺发达、繁荣昌盛。

（3）拨彩龙船

彩龙船是用小山竹篾条扎成船形骨架（船身长1丈，船肚宽1.5尺），用3尺蓝、绿色绸布绕船沿周围上边在船口扎紧，下边拖地，意为绿色河水；船体分三段，前段4尺长为船头，中段1.5尺长为船肚，后段4.5尺长为船尾。

船头船尾上面用红布封好，船肚留空不封。从船肚两边船沿处系一条彩带，船肚前后左右竖4根一人多高的竹竿绑在船沿边，上面扎成翘四角的船顶篷，用彩色纸装饰为美观的彩篷。拨彩龙船一般在农历正月初三至十五举行，表演时5~7人参加，分别扮演：采莲女，由穿民族服饰的姑娘担任；纤夫，头戴瓜皮草帽的土家族后生扮演；艄公，头戴草帽，手扶船舵把的白须老公公；浆手，身穿土家服饰的2~4名土家族青年担任。在众唱彩船调和锣鼓、唢呐声中，采莲女将船提上提下抬船头翘船尾，纤夫在前用力拉纤，艄公在后摇摆船尾，划桨男子向前用力齐划木桨。彩船到山寨各家各户走村串寨，到每家每户前都要齐唱“招财进宝”“喜盈门”“开门红”“满堂红”“开门大吉”“恭喜发财”等吉祥歌词，博得主人喜欢，主人放鞭炮“接龙迎龙”，锣鼓喧天，火炮连绵，土家族山寨一片欢腾。

8. 高脚灯

土家族的高脚灯一般在正月初三至十五和喜庆日举行，表演形式和内容分文、武两种，前者俗称高脚戏，后者为高脚灯，各有特点。高脚是用1.8米长、直径3厘米的圆木棒精制而成，先把木棒削成上粗下细后，在粗的一端30厘米处横锯一半，再从上劈一半到锯口成梯蹬，梯蹬上钉块踩板固牢，就做成一个高脚。表演时双脚踩在高脚蹬梯上，用布带将双脚绑牢在高脚杆上，行走时双手无扶物、全身无靠处。

（1）高脚戏

表演时，由二人装扮男女主角，男角为头包青丝帕，手拿折叠扇的后生，女角是女扮男装，用红头绳扎花辫，手拿花手帕；另由12~24人扮演配角，各提一个点着蜡烛的纸糊灯笼。在夜晚，人人踩着高脚，在三眼炮和土家溜子的配合下，串寨游行，向人们祝福。游行途中，上坎时双脚纵上，下坎时双脚下跳。所有配角提着灯笼围成圆圈在前照明指路，两名男女主角在圈中口唱手舞表演节目。一般表演《七仙女配董永》《梁山伯与祝英台》和土家族《兄妹成亲》等故事。

（2）高脚灯

高脚灯所采用的高脚比高脚戏稍矮。高脚灯的组队人数一般为12~24人，表演时，脚绑高脚、身穿青布长衫（盖过人脚）、外套蓝布短马褂、头戴青丝帕、手举高脚灯笼。由两把旗扇领头，其余随后，在三眼炮、牛角号、锣鼓齐奏声中串寨游行。表演开始，高脚灯东起西落绕成一个大圆圈，细步团团旋转，听到指挥者一声口哨，就解圆圈成“半边月”，也可以听指挥变换成其他队形，这些变化多端的队形套路，统称为“十八斗”。表演中最使人激动的是“破阵”，接灯的主人用香烛（偶数）摆阵，在院坝中相等距离插两炷香烛的叫“双喜临门”，插八炷的叫“八门金锁阵”，插一路的叫“长蛇阵”，插成棋盘式的叫“棋盘阵”，等等。灯队绕香烛走各种队形套路时，香不绊倒、烛不灭为破了此阵。

（三）传统体育活动特点

土家族传统体育是土家族文化的重要组成部分，是土家族人民在与恶劣的大自然和敌人斗争过程中，为了生存和休闲、娱乐的需要，在生产、生活中逐步形成的传统生活知识和生产技能，它们形式多样、内容丰富且有浓郁淳朴的地方特色。土家族传统体育产生于民间，流传于民间，有广泛的群众基础，有强大的生命力。土家族民间体育除具有“就地取材、简便易行、文明健康”等优势，还具有以下特点。

1. 种类丰富，文化底蕴深厚

土家族地区环境艰苦、气候恶劣、沟壑纵横。过去由于交通极为不便，几乎与外界隔绝，文化经济与外界交往贫乏，古老的民间体育和民间歌舞多在本地世代相传。土家族民族传统体育有着丰富的文化内涵，是一定历史条件和特定的地理环境的产物，与土家族人民的生存发展有着不可分割的千丝万缕的联系，与土家族人民的生产、生活、劳动息息相关。

2. 竞技、娱乐、表演和健身并重

在艰苦恶劣的自然条件下孕育出的传统体育，具有明显的竞技性，同时具有鲜明的娱乐性和表演健身性。它着重于人的身心需要和情感欲望的满足，以竞技、休闲、游戏、消遣、表演等形式出现，自娱自乐，达到健身的目的，吸引着更多的人参与。如土家族体育舞蹈摆手舞分为“小摆手”和“大摆手”。“摆手”是农事舞，规模较小，可以进行比赛。“小摆手”多在摆手堂或山寨里或寨口坪坝里举行。人们随着“咚咚槌”的鼓锣强劲节奏声，伴着篝火开始，反映了土家族人民的生产生活活动。“大摆手”是表演军功的战舞，重点表演军事战争场面，一类是冲锋陷阵，一类是缴获敌人军械，一类是比武。“大摆手”场面阔大，内容宏阔，表演者多则万人，甚至几万人。土家族摆手舞生活气息浓郁，文化底蕴丰厚。土家族的摆手舞动作以手摆动最多，脚只是随着手的摆动踏着节拍，这与土家族山寨劳动生活是分不开的。

3. 鲜明的民族性和祭祀性

它蕴含着土家族人民在长期的历史长河中形成的思想观念、宗教信仰、价值取向、审美情趣和民俗民风。如毛古斯，它是土家族民间极为古老的表演艺术，一般在玩摆手之前、之后或之中进行。有对话，有表演动作，有简单的情节和场次。它是纪念祖先开拓荒野、刀耕火种、捕鱼狩猎等创世业绩的一种古老文体活动。又如跳丧舞（跳撒尔嗬），它虽是一种祭祀性舞蹈，但其表现的内容和死者个人并无多大关系。整个舞蹈粗犷豪放，舞蹈时，有的赤着臂膀，有的边跳边饮酒，浑朴中透着土家族人特有的阳刚气质。这些传统体育项目与民族文化紧紧相连，充分展现了土家族人们的生活情趣、民族个性特点，具有强烈的民族性和祭祀性。

4. 有广泛的群众性和简易性

土家族民族传统体育有着悠久的历史、光荣的传统和丰厚的内容，其活动场地和方式简便易行，老少皆宜，健身、娱乐功效显著。在长期的社会生活劳动中，传统体育的基本特征和健身娱乐功能为越来越多的人所认知、接受和参与，从而奠定了广泛而深厚的群众基础。它从一个侧面反映了土家族人民的生产劳动特征、经济生活水平和民风民俗习惯。

（四）传统体育项目介绍

土家族是一个有语言无文字的民族，艺术是记录历史和继承文化的重要载体。摆手活动，作为土家族艺术领域中最重要的民间体育项目，它与土家族的民族形成、历史发展、社会结构、经济生活、居住环境、语言系属、宗教信仰、风俗习惯有着密切的关系。

“摆手”是土家族最大的民俗文化活动，是土家族传统文化的大汇集、大展示，也是土家族区别于其他民族的显著标志之一。这一活动保存了土家族古老的宗教、戏剧、军事、体育和各民族文化交流的艺术精华，有祭祀和游艺两大项，在游艺活动中，有唱歌、跳舞、表演及简单的戏剧、杂要武术等，摆手舞则是摆手活动中必不可少的项目。

“摆手舞”在土家语中被称为“舍巴日”，土家族的“摆手节”，则被叫作“舍巴节”，“舍巴”其本义是“做……事的人”，简言之，是“主事者”。

1. 摆手舞的源流及形式

关于摆手舞起源时间和地点的说法众说纷纭，目前，被普遍认同的是巴渝说。历史学界的普遍观点认为土家人是古巴人的后裔，著名学者潘光旦教授在《湘西北的“土家”与古代的巴人》一文中，以大量的文献资料论证了“土家”不是瑶，也不是苗和僚，应是古代巴人，并从其自称、信仰、语言、姓氏等方面论证了巴人与土家的连续性。彭武一先生在《舞蹈丛刊》上发表了《湘西土家族摆手舞的历史来源和活动情况》，从“巴渝舞”与摆手舞的连续性上，进一步论证了古代巴人是土家族的先民。持这一观点的主要依据是古代巴人活动的中心地域与现今土家族居住地基本吻合，他们有着共同的地域；从历史发展的线条看，巴人—蛮—土家的脉络清晰可辨，其历史发展有连续性；从信仰看，土家族信仰白虎与巴人的信仰一脉相承；从文化表象看，土家族的摆手舞、撒尔嗬与巴人的巴渝舞、踏蹄白虎事道有密不可分的联系，与建筑文化、地名文化等都有承袭关系；从姓氏上看，古代巴蛮人中的曋、(相) 向、田等大姓仍是土家族的大姓；民族性格和民族心理也具有一致性，巴人的勇敢善战等民族性格在土家人身上也明显地表现出来。

摆手舞有“大摆手”和“小摆手”两种。“大摆手”规模大，参与人数多，祭祀的主神是“八部大神”，表现了土家族起源、迁移、抵抗外敌和农事活动；“小摆手”规模小，参与人数少，以祭祀彭公爵主、向老官人、田好汉和各地土王为主，也表演农事活动。大摆手三年一次、小摆手一年一次，按时间可分为正月堂、二月堂、三月堂、四月堂、五月堂、六月堂及腊月堂。各地区摆手舞的内容和表演形式大体相同，整体动作风格是刚健有力、粗犷朴实。

2. 大摆手

(1) 大摆手场面

大摆手活动规模庞大，多至成千上万人，主要功能是祭祀，以祭祀“八部大神”为主，表现土家族起源、民族迁徙、古代战争等宏大场面，一般在摆手堂举行。摆手堂正中央供着八部大王及夫人的神像，摆手堂前大坪坝中间立一根 20 多米高的旗杆，旗杆上两面龙凤大旗迎风招展，旗杆顶端立着一只白鹤，展翅欲飞。按传统习俗，大摆手每 3 至 5 年举行一次，时间在正月初一至十五。届时，各寨依姓氏或房族组成摆手队、祭祀队、旗队、乐队。

首列为龙凤旗队。龙凤旗用红、蓝、白、黄四色绸料制成，旗长丈余，边缘镶有鸡冠形花边。以白龙旗和红凤旗为上乘，并排走在队伍的最前列，寓意着土家族八部大王蒙“龙哺乳，凤羽温”长大，感谢龙凤之恩。次队为祭祀队，由寨上德高望重的老辈组成。他们头戴凤冠，身着长衫，手持牛角、神刀或神棍，口念咒语，唱着祭祀歌。掌堂师是整个大摆手的总指挥，由寨上最有威望的长者担任。祭祀队后面是摆手舞队，寨上的男女老少均可参加，有几岁儿童，也有银须白发的老者，他们个个身着节日盛装。舞队后面是小旗队，每户一面，五颜六色。这天，各户派一人举旗，敬献于“八部大王”坛下，以感祖先恩泽。接着是乐队、披甲队、炮仗队，乐队用的是锣和鼓两种乐器。披甲队伍由身披五彩斑斓“西兰卡普”的青壮年组成。列队完毕，待令出发到摆手堂。跳摆手舞前先由掌堂师进行一系列祭祀活动，人们在掌堂师的指挥下唱起摆手歌，男女老少的摆手队在“咚咚锵、咚咚锵、咚锵咚锵咚咚锵……”节奏声中，时而双摆，时而单摆，时而回旋摆，舞姿优美、刚柔相济、粗犷雄浑，展现出民族迁徙、古代战争等一幅幅具有土家族民族特色和生活气息的艺术画卷。舞队行列之前有“导摆者”，行列之间有“示摆者”，行列之后有“压摆者”。

（2）大摆手动作

大摆手时动作与鼓点相伴而行。摆手锣鼓点有二板（二拍）、三板（三拍）、四板（四拍）等几种。主要如下：

套摆

摆法是左足向前侧斜进一步，双手平行向右侧摆去，右足提前靠近左足，双手平行向左前侧摆去，右足向右前侧斜进一步，双手平行向左后侧摆去，左足提前靠近右足，双手平行向右前侧摆去，左足向后侧退一步，双手平行向左后侧摆去，右足向后侧退一步，双手平行向右后侧摆去。

展翅

摆法是左足向左侧斜进一步，双手平行向前侧摆去，右足提前靠近左足，手不摆动，手肘略略向上一弯，身体轻轻向下一蹲，右足向右侧斜进一步，双手平行向右前侧摆去，左足提前靠近右足，手不摆动，手肘略略向上一弯，上身轻轻向下一蹲。

雀跃

摆法是向左侧轻跳一步，脚顺地擦去，左脚在前，右脚随即收至左脚跟之后，双手向左侧摆去向右侧轻跳一步，手脚姿势完全和上相同，反方向动作。

踏浪

摆法是左足斜退一步，双手平行向右侧摆去，右足退回左足前，双手平行向前侧摆去，双腿并拢，手肘略弯向后提肘，上身前倾，蹲后站直。

乐太平

摆法是左足斜前方上一步，微屈膝，双手掌向下平行向左摆去一步，与左足并排，微屈膝，双手手掌向下做交叉状，双手向两旁打开，右足向前，膝伸直，双手交叉，微屈膝，右足斜前方上一步，手微摆，身子转向右侧，右足向右斜前方上一步，双手平举向同方向摆，双手平行向右后侧摆，左足后退回正步，双手收回。

“枕戈”中有许多模仿军事打仗的动作。

摆法是左足斜前方上一步，双手做执戈状，上身向前微倾，双手做将戈直拿状，上身向后微倾，双手做将戈置肩状身体立直，双手将戈直拿状，双手做横戈状，右足靠近左足，右手下垂，左手做将戈直拿状，原曜足，抖擞精神原曜足，振作精神跃跃欲试。

（3）大摆手队形

大摆手中有一表现军事战争的队形，叫插花摆，摆者分东西排列，中间留一丈多宽的空隙。五人为一“排”，两“排”为一“比”，四排为一“队”。“比排”二十人，“队排”四十人，摆者手中所持武器或为长矛，或为齐眉棍，上面都有红缨或黄帛。摆手时将武器斜拿，然后以三摆一跃的方式向对方冲去。到双方接近时，互相以武器交锋，以示强悍。几个回合后，又以三摆一跃的方式从对方的空隙处冲过去，到了对方原位，将武器直拿，转至面向对方。接着又以刚才的方式一直冲回自己原来的位置，就算完成了“一番”摆动。

3. 小摆手

（1）小摆手场面

小摆手在土家族居住地区普遍盛行。一般以村寨为单位举行，人数也少，一般为数十人或上百人，时间较短，一般只摆一天或一夜，一年一次，有正月堂和三月堂之分，内容较简单，供奉的是彭公爵主、向老官人、田好汉。与大摆手相同的是摆同边手和锣鼓拍子。每到农历正月，土家族山寨的大部分地区都要在摆手堂举行一次小摆手，其具体项目主要是表演生产生活中的一些简单动作。

（2）小摆手动作

小摆手规模小，舞蹈基本动作有单摆、双摆和表现农事生产的动作。

单摆的基本摆法是微屈膝，左足前上一步，双手顺势轻轻向前一摆，当双手轻轻摆向后时，右足跟着向前半步，反复一次，右足前上一步，左足跟着上前半步，双手前后轻轻连摆两次，双足原地不动，双手前后重摆一次。将这套动作按上述方式连接摆下去，反复下去就是单摆。

双摆的基本摆法与单摆基本相同，不同在于，完成一次反复之后，以左足为轴心转过半圈，反方向再摆一次，这就叫双摆。

很多农事动作都是在“单摆”的基础上发展出来的，即在“单摆”动作中，保持基本韵律节奏不变，加入一些对农事生产动作的模仿，比如模仿砍火舍、插秧、割谷等劳动动作。

（3）小摆手队形

小摆手中只有一种简单的队形即围圆而舞，表演者进场围成圆圈之后，就不再改变位置。在舞蹈过程中，随着改变动作方向，表演者由顺时针方向旋转行进换作逆时针方向行进，或反之。

4. 摆手舞道具及服饰

摆手舞中道具较少，仅在表演狩猎和战争的动作中，表演者手持约尺长的木棒作比赛之用。大小摆手均以土锣和堂鼓为伴奏乐器，伴奏音乐有着丰富的曲牌，不同的农耕动作配有不同的锣鼓曲牌，如挖土锣鼓曲牌、插秧锣鼓曲牌、打粑粑锣鼓曲牌等。乐曲节奏轻重分明、声音洪亮，一般为四二节拍，中速较快，是摆手舞队形变化和动作变化的指挥者。

摆手舞服装色彩鲜艳。据《中国民族民间舞蹈集成·湖南卷》记载：“土司时代，男女服饰不分，皆为一式，头戴刺花巾帕，衣裙尽绣花边。”男女均穿对襟上衣叫琵琶襟，对襟上衣安铜扣，衣边上贴花边和“银钩”；男衣花边较少，下身穿裙子，女裙较长，男裙较短。明清后服饰有了变化，男子头缠青丝帕，包成人字形，穿琵琶襟上衣、便裤、麻草鞋或布鞋，均为青色，衣、裤镶有绿底粉红色花边，有的身披土花铺盖。女子梳一根辫子或盘头或垂于脑后，戴耳环、项链，穿蓝色大襟上衣，系黑色土花围兜，穿蓝色中式裤，衣裤均有绿底粉红色的花边，脚穿绣花鞋。

5. 摆手舞动作种类与内容

（1）娱乐型动作

娱乐型动作也叫自娱型动作，这类动作不表现任何内容，只是单纯摆手，一般用来连接、过渡、装饰其他动作，或是引起主要动作的开始和结束。主要有“单摆”“双摆”“回旋摆”三种。

（2）生产型动作

生产型动作主要是表现农事生产劳动，包括田间生产和水田耕作两大类，具体动作有砍火舍、挖土、种苞谷、摘苞谷、插秧、踩田、割谷、打谷子等。

（3）生活型动作

生活型动作表现的是土家人在日常生活中遇到的事情，如打粑粑、打蚊子、梳头、抖狗蚤、喝豆浆、打草鞋、钓鱼、打猪草等。生活型动作简单易懂，只要舞者摆动起来，观众就可根据动作想象出舞蹈所表现的内容。

（4）动物型动作

动物型动作顾名思义就是模仿动物的动作。这类动作比较简单，节奏性不强，目前能看到的有“磨鹰搬鸡”“大鹏展翅”“跳蛤蟆”“拖野鸡尾巴”“螃蟹伸脚”等。由于产生时间久远，许多动作逐渐失传，目前所见的这些动作都不是原始形态。

（5）祭祀型动作

祭祀型动作主要是在祭祀土王宴会上表演的舞蹈动作，如朝拜、耍浪子、古树盘根、拉弓、切削、庆胜利等。这类动作较复杂，需要队列式表演，动作线条优美，如刚式、柔式、乐太平、膝杯、人字舞、朝诸侯、雪花盖顶等。据记载，这类动作与拳术的基本动作相像，可能已失传。

第七章　仡佬族传统体育文化资源调查

一、民族概况

（一）民族起源

仡佬族是贵州世居少数民族之一。商周至西汉时期的“百濮”，东汉至南北朝时期的“濮”“僚”都与其先祖有渊源关系。“仡僚”“葛僚”“僚”“仡佬”是隋唐以后各个时期对他们的称谓，新中国成立以后正式定名为仡佬族。

唐宋时，史书中开始出现“葛僚”“仡僚”“革老”“仡佬”等名称，统称为“僚”。“仡佬”一名最早见于南宋朱辅写的《溪蛮丛笑》。古僚人，是西汉时夜郎国（主要在今贵州、云南境内）的主体民族之一。距今2100多年前，夜郎境内的僚人亦“魅结、耕田、有邑聚”（《史记·西南夷列传》），即已过着定居的农耕生活，出现了村落和集镇，有了君长，其社会已处于原始社会末期或阶级社会初期。自唐、宋到清代，由于统治阶级长期的压迫和民族歧视，明清以来直到民国时期，许多仡佬族被迫放弃自己的民族文化，甚至隐瞒自己的民族成分，仡佬族人口急剧减少，居住区域迅速缩小，仡佬族聚居地多呈点状分布在各民族生活区域之间，大量仡佬族在中华人民共和国成立前就已经“消失”在其他民族当中。

新中国成立后，仡佬族人民享有了当家做主的权利，仡佬族散居区的各级人民代表大会都注意照顾仡佬族，有仡佬族的代表参加。1983年，经过民族识别，大批仡佬族人返本归源，民族人口大量增加。根据2000年人口普查资料显示，仡佬族总人口为57.94万余人，他们在全国的31个省、自治区、直辖市中均有分布，主要集中聚居在贵州省，共有55.9万人，占仡佬族总人口的96.49%。

（二）分布

在古代，仡佬族人口众多，分布区域辽阔。后来由于历史的变迁，有的移徙他地，有的改称为其他民族，留居本省而又保持原有族称者，主要分布在贵州务川、道真、正安、松桃、江口、思南、石阡；其次是遵义、仁怀、金沙、织金、黔西、大方、纳雍、清镇、平坝、安顺、普定、紫云、兴仁、贞丰、关岭、晴隆、普安、六枝、水城等县市，与汉、彝、苗、布依等民族错杂而居，呈点状分布，即在县一级的行政区域内，往往只有几个或十几个仡佬族居住的村寨。仡佬族在古代人多地广，贵州境内“所在多有”，在长期的社会历程中，逐渐形成若干支系。就文献记载，有红仡佬、白仡佬、青仡佬、花仡佬、篾仡佬、打牙仡佬、披袍仡佬、打铁仡佬、锅圈仡佬、雅意仡佬等称呼。仡佬族因人数少而居住分散，各地仡佬族差异很大，甚至分散在同一个县内的仡佬人也不能互相通话。目前，仡佬族中大约只有极少数人还会说仡佬语，汉语是仡佬族进行交际的主要工具。

（三）地理环境

仡佬族是贵州的原住民族，也是贵州最古老的民族，聚居区地处黔北，在贵州与四川交界处，是云贵高原向四川盆地过渡的斜坡地带。地形地貌复杂多样，年降雨量居全国平均数之上，有丰富的水利资源和动植物资源，适合于农业与多种经营的发展。仡佬族以农业为主，平坦地区多种水稻，山区旱地多种杂粮，属稻作农耕经济文化类型。

（四）宗教信仰

仡佬族崇拜祖先，奉祀蛮王老祖；认为万物有灵，故信奉多种神灵。清代渐习汉俗，崇奉佛、道、儒三教，并信巫术。每家堂屋均设神龛，供天地君亲师、左昭右穆、古圣先贤、观音、牛王、财神等香位。老人亡故，要做“亡斋”超度。逢节庆给祖先烧纸时，要给“地盘业主、早老先贤”烧袱纸一封。如遇灾祸病痛，则许愿还愿，即或清平，亦祈福延年。请巫师（俗称“端公”“道士”）至家“打保福”“冲滩”，或设“坛”敬“坛”，或“还梅山”，或“送瘟神”，或“打粉火”。相信一种超自然的力量，能消灾免祸，益寿赐福。有祭拜奇石、古树之俗。还相信“烧胎”“叫魂”“观花”“顿水碗”“界八字”“看相”“看风水”“占卜”“问卦”等。

清末民初的酸会有“清醒会”，亦称“和瘟会”，多在正月祈求一年清吉平安；“秧苗会”，亦称“保禾会”，多在六月，祈五谷丰登；“黑神会”，多在六七月，设坛求雨；“太阳会”，八九月间久雨不晴，影响秋收，打辞祈晴；“虎豹会”，亦称“山王会”，腊月间，设“酸”驱遣虎豹，保境安民，亦有于三月间做会的。

二、文化特征

（一）饮食

仡佬族饮食文化——酸甜苦辣皆入味，迎来送往真性情。生存是人的第一本能，也是社会的第一要务，食物便成了生命中最宝贵也最被关注的东西。民以食为天，无论哪个民族哪个时代，概莫如此。而每一个民族的美食往往也都有别于其他民族，要么别出心裁，要么独树一帜，食材五花八门，做法千奇百怪，吃法更是标新立异，甚至匪夷所思。有的令人垂涎三尺，有的令人望而生畏，有的叫人食欲大振，有的让人退避三舍……而仡佬族的食谱虽无派无系，却自成一体，酸甜苦辣，五味杂陈。他们喜酸爱辣，酿酒制茶，生生把“食”创造到了极致，尤其是他们的茶、酒、酸、辣，那可既是美味更是“绝味”。

首先是“茶”。据史料记载，茶是世界三大饮料之一，被誉为“东方饮料的皇帝”。茶叶含有400多种成分，具有利尿消脂、明目益思、消炎解毒、提神醒脑等功效。即便与汉族源远流长、丰富多彩的茶文化相比，仡佬族的茶也堪称一绝：“茶鲜鲜，茶鲜鲜，仡佬油茶几百年。男人喝了更强壮，女人喝了更漂亮。”这是仡佬族人人会唱的“敬茶歌”。热情好客的仡佬人不管贫穷富贵，只要客人造访，无论远乡近邻、生人熟客，都要端出特制的“油茶”殷勤款待。主妇们炒茶制茶的手艺和热情令人称奇：先用猪油爆炒青茶，拌以蛋、肉熬煮，再加入芝麻、黄豆、花生末，最后放入食盐、花椒等调料即可食用，同时佐以各色果蔬点心，如苞谷花、米花、酥食、麻饼、花生、糯米粑等。客人食之既提神，又驱寒，还助消化，香甜可口，滋润养人，余韵悠长，唇齿留香。在仡佬族苗族自治县的道真，油茶干脆就叫“干劲汤”，顾名思义就是喝了油茶后神清气爽，精神倍增，干起活来不知疲倦，劲头十足。

“地满云连树，山空洞出砂。春枝飞越鸟，落日煮僧茶。”这是一首古诗，生动地描写了仡佬族发源地务川百姓世外桃源般的诗意生活，其实也是仡佬儿女对田园牧歌生活的真情寄托，是他们精神心灵的真实写照。仡佬族女子在清明前后、丽日晴空下赛歌采茶的身影，更是春深似海时节一道令人心醉的美丽风景。

接着是“酒”。贵州盛产美酒，是名不虚传的“醉美”酒乡，流淌着一条著名的“美酒河”，这也是一条“英雄河”，那就是当年红军“四渡赤水”的赤水河。赤水河两岸除去闻名天下的国酒茅台，还有数十种各式各样名扬中外、闻之欲醉的名优白酒。高原山区“天无三日晴”，气候潮湿寒冷，需要白酒祛湿驱寒；温润的空气、甘冽的山泉、神秘的菌群也适合于酿酒，仡佬族很早就会酿酒，他们用糯米、苞谷、高粱、红薯甚至野生的青杠籽烤酒，传说最早的“枸酱”即茅台酒的前身，就是他们酿制出来的。

仡佬族酒俗繁多，酒礼复杂，终其一生，每个人的喜怒哀乐、生老病死都离不开酒。出生有“月米酒”，生日有“生期酒”，结婚喝“花红酒”，盖房请“上梁酒”，乔迁新居吃“搬家酒”，老人去世办“丧葬酒”，逢年过节吃“祭祀酒”，总之，每个节日忌日都有名目各异、种类不同的“酒”。酒已经成为仡佬人的一种生命态度，一种生活方式，一种交际手段，人们习惯把各种或简陋或奢华的筵席统统简称为“吃酒”，甚至走亲访友也不例外。而仡佬族酒俗酒礼最典型、最别致的，当数闻名遐迩的“三幺台”。

“幺台”是仡佬族民间的方言土语，意为“结束”；“台”则是量词“道”“次”的意思。“三幺台”就是请贵客吃饭，一顿饭要吃三台才算完结。这“三台”分别是茶席、酒席、正席，各有一个寓意美好的称谓，即“接风洗尘”“八仙醉酒”“四方团圆”；一道吃罢，再上一道，一道俗称一台，故三道称为“三幺台”。

然后是“酸”。仡佬族喜欢“辣”，更爱“酸”，酸菜、泡菜是他们最常食用的菜肴。民间俗语有“三天不吃酸，人要打偏偏”“三天不吃酸，人要打捞窜”的说法，说的是酸菜提神醒脑、帮助消化的功能。山区的仡佬人家几乎家家户户必做酸菜，好“送饭”（下饭）又好存放；而作为常备菜的“罐罐菜”也是以酸为主，还有水腌菜、寸寸菜、酸辣椒、酸豇豆、酸茄子、酸蕨菜、酸萝卜丝、酸大头菜……这些普普通通的农家菜式都是纯天然绿色食品，可谓当之无愧的“山珍”，充分展示了仡佬族“靠山吃山，靠水吃水”的生存智慧，也承载着仡佬人独辟蹊径的饮食习俗。单单一味“酸”，就被他们吃出了百转千回的无穷滋味，比较突出的有如下几种。

皮酸：这是仡佬族招待贵客的“佐酒菜”，用牛皮或猪皮加工而成，尤以水牛皮为佳，如果再加入牛蹄，就更是上乘的美味佳品。“皮酸”以酸味为主，加以作料，麻、辣、咸、香适度，风味独特，有肉皮味而无油腻感，软而不烂，清脆又略带韧感，酸香爽口，去油清心，使人食欲大振。

麻糖醋：务川特产的“麻糖醋”可算仡佬族饮食文化的一绝。区别于其他醋的最大特点，是除了做调味品外，还可直接饮用，是盛夏时节清凉解暑的绝佳饮料。其味酸中回甜，同时还带有浓厚的蜂蜜味儿，清醇绵长，解渴生津，使人一饮难忘。

臭酸火锅：盛行于黔南仡佬族地区的“臭酸火锅”很像风靡各地的“臭豆腐乳”，闻着臭吃着香，一家子吃，满寨子“香”，当地人形象而又风趣地称之为“臭酸”。已有上千年历史的“臭酸”酸中有辣，又酸又辣，麻辣不分家，真让人胃口大开，爱不释筷。

最后是“辣”。辣椒是仡佬族须臾难离的美食。民谚曰：“湖南人不怕辣，四川人辣不怕，贵州人怕不辣。”辣椒本是外来物种，原产于中南美洲的亚热带地区，明末传入中国沿海，清初始在贵州种植。道光《遵义府志》曾有记载：“郡人通称海椒，亦称辣角，园蔬要品，每味不离。盐酒渍之，可食终岁。”虽是引进品种，但勤劳智慧、富于想象、勇于创造的仡佬族人却把辣椒种出了诗意，吃出了风情，变成了文化。他们的歌谣唱道：“白米饭来红辣椒，金碗盛来银筷挑。龙肉下饭吃不饱，海椒下饭乐陶陶。”辣椒吃法多多，创意无穷，可炒可炸、可蒸可煮、可煎可熬、可烧可烤，千变万化，推陈出新。喜食辛辣的仡佬人年深日久渐渐养成“无辣不成菜”的生活习惯，把辣椒的做法和吃法都发挥到了极致。除应时应季的新鲜辣椒外，还有香喷喷的“胡辣椒”，油汪汪的“油辣椒”，酸辣适中的“糟辣椒”“酱辣椒”，开胃下饭的“酢海椒”“泡辣椒”，还有欲罢不能的“糍粑海椒”“莽椒”“海椒粑”，以及油制辣椒、辣椒酱、辣椒面、辣椒油、袋装辣椒干等辣椒制品，还有街头随处可见、立等可食的名优小吃麻辣烫，以及无论大酒店、小饭馆或街边食摊，荤素皆必不可少的“海椒蘸水”等，不一而足。总之，辣椒成了仡佬人的挚爱，大街小巷，华屋陋室，只要哪家在“制”辣椒，无论煎炸烧烤，空气里满满地弥漫着辣椒的香辣味儿，令人口馋。仡佬人喜食辣椒，有着阴冷潮湿的高原气候祛湿驱寒的实际需求。“仡乡辣椒满山坡，辣椒林里妹想哥。山歌唱了万十首，情哥在妹心窝窝。”此时，小小辣椒又成了仡佬族青年男女谈情说爱、传情达意的桥梁和媒介。

（二）服饰

仡佬族服饰文化——“恕和先贤制衣襟，青衫黑袍配桶裙”。仡佬族分布区域广泛，不同支系所穿服装往往颜色不同，所以，人们干脆简单地依其服色称之为红仡佬、白仡佬、青仡佬、花仡佬。这个自称“仡佬”而意译为“竹”的民族，有穿云破石的豪迈气概，却摆脱不了世代的贫瘠与苦难。这首先表现在他们的服装上。回溯历史，曾经的仡佬族无论男女老幼，绝大部分青衫黑袍，默默地穿行在生养他们的群山之中，躬耕劳作、采摘编织……深黑的服饰一如生命中的沉重叹息，又如日子里的悲伤哭泣。贵州的诸多原住民族，如苗族、水族、彝族、侗族、布依族等，常常衣着华美、色泽艳丽，首饰精良、环佩叮当，能歌善舞、舞美歌亮。他们用夸张的装扮、鲜艳的色彩、闪亮的银饰、激情的歌舞，将年头月尾、季末节梢渲染得五彩缤纷、灿烂夺目。仡佬族却与众不同，曾经颠沛流离、灾难深重的民族历史使他们深沉含蓄、沉默寡言，喜怒皆能不形之于色，平日里少见轻歌曼舞，即便是节日的祭祀庆典、民众狂欢也少有劲歌热舞，更没有狂歌醉舞。他们用青衫黑袍、酽茶烈酒，就将寡淡如水的日子打点得千滋百味、丰满妖娆。他们的日常服装用色，裁剪简单，但色泽大胆，对比强烈。面料多来自民间手工制作、自织自染的棉麻细布，结实耐用，朴素大方。他们衣着的最大特点是上衣前短后长，这是因为，生活在大山之中的仡佬族每日面对高高低低、弯弯曲曲的山路，上梯下坎，千折百回，躬身爬坡时，前短后长的衣襟、无须裁剪的桶裙最是相宜，这也算因地制“衣”的典范了。

桶裙在仡佬族服饰中最负盛名，具有标志性意义。古代仡佬族男女皆穿裙，区别在于男裙短女裙长。用一幅布横围腰间，无褶无衩，其状如桶，谓之桶裙；也有说裙腰无褶皱，穿时以裙自头贯通而下，故又名“通裙”。各地桶裙长短不一，颜色各异，质地有别，有土布做成，有羊毛织就，葛、麻、丝、棉不一而足，但裙摆往往都镶有色彩艳丽、图案漂亮的各式花边。他们的歌谣唱道：“盘古老王分天地，九天天主制人烟。五濮始祖种五谷，恕和先贤制衣襟。”

（三）生产生活

仡佬族的住宿文化——“贫女梳头”手艺巧，家住“干栏”和“吊脚”。仡佬族房屋村寨往往依山顺势而建，因地制宜，省地节料，“干栏式”“吊脚楼”既是环境逼迫的结果，也是民族智慧的体现。

远古时代，仡佬族地区山高谷深，树茂林密，更兼雨重雾浓，虫灾蛇祸，因此住房形式特殊。《魏书·僚传》载：“依树积木，以居其上，名曰‘干兰’。”以此隔离瘴气潮湿，避免野兽祸害。后虽将房屋建于地面，但多系楼房，人居楼上，楼下圈养牲畜，仍沿以“干栏”之名。黔北一带至今还有不少“干栏”式建筑，多以木板为壁，上盖以瓦。清代以来，在汉文化影响下，仡佬族改楼房为平房，正房三间并列，中为堂屋，左右二间各隔为前、后两进，前进用作灶房、火塘，后进为卧室。房屋墙壁多用土版筑成，屋顶盖以茅草。

因地域分布广阔以及他民族的影响，各地仡佬族民居差异很大，呈现出不同的建筑格局，既独具风情又与当地环境浑然一体。如黔中一带多为石板房，以石块砌壁，原木作楼枕，编竹为楼，存放杂物，方形薄石板作瓦，人居楼下。这种石屋与附近的布依族和汉族“屯堡人”大同小异。“屯堡人”的石碉楼易守难攻，具有良好的防御功能，对当地仡佬族民居影响很大。黔北仡佬族房前屋后竹木葱茏，屋面覆盖小青瓦，四周安装木板壁，若是篾条墙、篱笆墙则粉刷白灰，清爽明快，赏心悦目。黔东北的仡佬族则酷爱修建干栏式“翘角楼”，竹木掩映下，栋栋小楼风姿绰约，娇俏迷人。正屋一侧，加建厢房，均为两层，多是吊脚，底屋关牲口、堆柴草、放农具，楼上环以“直棂栏杆”，檐下晾晒衣物，成为开放式仓库。飞檐翘角小巧玲珑，美观实用，既增加室内采光，又扩大室外使用空间。封檐板刷上白石灰分外醒目，逢年过节，门窗、立柱遍贴对联，气氛更为喜庆热烈。秋收时节，家家户户檐下挂满金灿灿的苞谷，红艳艳的辣椒，丰年美景令人顿生满足感、快乐之意。

旧时仡佬族住房因贫富不同差别较大。富者一般是木柱穿架的高房大屋，叫“穿斗房”，四壁、天楼、地楼全用厚木板装置，顶盖瓦片或石板，雕梁画栋，细钻阶檐，高大宽敞，干燥舒适。穷人则简陋得多，往往土墙茅屋，树皮盖顶，甚至住岩洞，或在树上搭棚巢居，或住屋檐直接触地的“四脚棚”，或用树枝、苞谷秆等编成“千根柱头落脚”，俗称“千脚棚”的“塌塌房”。新中国成立后，仡佬族住房状况日益改善，砖木结构住房广泛出现。如今，木结构住房居多，钢筋混凝土的多层楼房也逐步兴起。

仡佬族出行文化——开门见山弯又弯，七十二拐九连环。仡佬族聚居区大多为高原山区，山高坡陡，少有平地，古语“跬步皆山”，正所谓“开门见山”。仡佬族村寨往往坐落于云雾缭绕的半山腰上，抛开唯美的抒情和诗意的浪漫，其生产劳动、生活娱乐及人来客往、出门远行皆多有不便。蜿蜒曲折的羊肠小道常有“三十六道拐”“七十二道拐”“九十九道拐”等形象贴切的称谓，民间总结为“隔山喊得应，见面走一天”。崇山峻岭，山水阻隔，在这盘旋往复的山路上上上下下，人们常常边走边唱：“七十二弯下路边，等船不来口喊天。凄惨岸脚歌一夜，肚皮饿来口又干。”山多路险，这一方面练就了仡佬族吃苦耐劳的民族性格，另一方面也激发了他们无穷无尽的生命能量和生存智慧。

三、民族传统体育活动

（一）传统体育活动分类

贵州境内仡佬族分布区域位于云贵高原东部，地势起伏较大，高低极为悬殊，境内山多平地少，气温相差较大，故俗有“八山一水一分田”“十里不同天”之说。明清以来直至中华人民共和国成立前，随着封建集权统治在贵州少数民族地区的加强以及民族关系的演变，贵州仡佬族大多由平地移居山箐，由坝子退居山区，生存环境相对闭塞、落后。故贵州民间有俗谚：“高山苗、水仲家（布依族的旧称），仡佬住在石旮旯。”

在恶劣、闭塞、落后的生存环境下，特殊的民族发展历史和宗教文化孕育了独特的仡佬族民间传统体育文化。这些传统体育都是千百年来仡佬族人民为了满足身体本身的需要，也为了满足心理和情感的需要而创造的，有着很广泛的参与性，它们不仅可以锻炼身体，还能给山寨增添欢乐，更能增强民族之间的团结。这些传统体育由于所处地域环境的影响，其表现形式有所不同，根据它们的表现形式及功能来看，主要分为宗教祭祀类、竞技对抗类、技能表演类和嬉戏娱乐类四种类型。

宗教祭祀类项目主要有地戏、踩堂舞、牛筋舞、嘣嘣鼓等。竞技对抗类项目主要有打篾鸡蛋（竹绣球）、牛撵牛、抢花炮、打花龙等。技能表演类项目主要有高台舞狮、挡耙、板凳拳等。嬉戏娱乐类项目主要有打磨秋、“跳海”、踢毽子、打鸡毛球等。

（二）传统体育活动特点

1. 悠久的历史是民族传统体育的摇篮

贵州各族共认仡佬族是贵州最古老的民族。在贵州高原这块土地上，为了延续生存、繁衍后代，古老的仡佬族先民用生命为代价逐渐地认识了自然，掌握了生存本领，不断地有所发现，有所创造，才推进了仡佬族传统体育文化的发展。在仡佬族村寨普遍开展的挡耙表演活动，就是仡佬族先民为了生存而创造的一项传统体育活动。相传在远古的时候，居住在山洞中的仡佬族先民，由于既要从事农业生产劳动，又要抵御豺狼虎豹等野兽的侵害，所以用铁器打制成一边是耙、一边是叉的独特生产工具，耕作时用耙从事生产劳动。当野兽或是外敌前来袭扰时，又将它用作防身自卫的武器。此后，逐渐又把这种特殊的劳动工具当成闲暇时的健身器械，并且创造了练习的套路流传下来，直至形成了今天这样一种比较规范的传统体育活动。

在历史发展的不同阶段，仡佬族与其他兄弟民族一起，在祖国统一多民族国家形成过程中作出了自己的贡献。早在商、周之际，仡佬族的先民“濮人”就参加了“武王伐纣”之役。在古时候的夜郎国，仡佬族的先民就是把打篾鸡蛋（竹绣球）、牛撵牛、抢花炮、板凳拳等项目作为练兵的手段之一。明嘉靖年间被征调去抗倭寇的仡佬士兵，在浙江王江泾（今嘉兴市北）战役中立有战功。1935 年红军长征经过贵州仡佬族地区时，曾留下部分伤病员在仡佬族老百姓家中养伤，受到群众全力掩护，未遭到反动派的杀害。在新中国成立初的剿匪斗争和抗美援朝运动中，仡佬族人民都作出了应有贡献。

在民族历史发展的进程中，仡佬族人民经历了兵衅、灾荒、瘟疫等，在封建王朝和当地土官的统治之下，他们受尽了压迫和剥削。在一定的历史时期内，他们的传统体育文化面临着被汉族文化同化的边缘。新中国成立后，特别是改革开放以来，古老的仡佬族传统体育文化才重新被人们认识。

2. 传统体育文化蕴含着浓厚的民族文化色彩

仡佬族以信奉道教和自然崇拜为主，有的也信奉佛教。宗教信仰和巫文化对一些民族传统体育产生了深远影响，主要表现为在娱人娱神的文化氛围中为传统体育提供丰富的物质与精神营养，促进了传统体育文化的民族性认同，促使传统体育文化向表演性、艺术化方向发展。

仡佬族的宗教信仰是其民族赖以生存和发展的精神支柱，而艺术性则是他们思想的表达及“古老”生活的具体体现，反映了人们在处理人与人、人与社会、人与自然之间的关系上的情感和态度。目前被挖掘、整理出来的仡佬族传统体育项目，如地戏、踩堂舞、牛筋舞等就是把宗教、舞蹈、娱乐、体育融为一体，既有娱乐、健身的作用，又有艺术欣赏的价值。

3. 地域分布对传统体育活动的影响

清末及民国初年，仡佬族人口急剧减少，居住区域迅速缩小，仡佬族聚居地多呈点状分布在其他各民族生活区域之间，许多地区仡佬族的民族语言、服饰和习俗多已消失，仡佬族若干支系的称谓亦不复存在。现今能按支系区分的只有红仡佬、白仡佬、青仡佬、打铁仡佬、打牙仡佬、雅意仡佬、披袍仡佬、剪头仡佬、篾仡佬、彝仡佬、苗仡佬 11 个支系，且各支系间没有来往和交流。不同支系的仡佬族因所处环境及社会生活的不同，其图腾崇拜有所不同，族内文化差异日趋明显，形成了斑斓多姿而又各具特色的民族体育项目。如贵州遵义、仁怀、织金县大营乡一带流行打篾鸡蛋（竹绣球）、打花龙、牛撵牛等项目就是源于竹图腾崇拜；务川、道真一带流行的“跳海”运动则是出于对九天天母的崇拜和对宝王的纪念；广西隆林县弄麻一带仡佬族跳牛筋舞是对牛图腾的崇拜；而石阡县坪山乡尧上仡佬族的嘣嘣鼓则是对雀鸟的崇拜等。在特殊的历史时代背景下，仡佬族传统体育文化的地域性特征反映了他们特殊的民族思想，这种各支系间互不来往、互不交流的思想严重地阻碍着民族文化的交流与繁荣。

（三）传统体育项目介绍

2010 年务川仡佬族苗族自治县文体广电旅游局整理成册，介绍了一些务川仡佬族民间体育，如篾鸡蛋、地牯牛、跳皮筋、筛子舞、推屎粑、高台舞狮、高脚竹竿舞、打样站、苞谷毽、四方拔河、斗鸡、护蛋、仡佬河畔选情郎、上刀梯等。总之，仡佬族传统体育文化具有丰富的内容和众多的体育活动形式。以下着重介绍一些仡佬族独创或具有较为鲜明的仡佬族文化特征的传统体育项目。

1. 高台舞狮

仡佬族的民间高台舞狮是很受群众喜爱的娱乐活动，具有杂技艺术的特色。高台是以 8 至 12 张大方桌一层层叠垒而成的，最上面的桌子四条腿朝天，总高度 10 多米，一个舞狮班子，少则四五人，多则 15 人。一般同时登台表演的是 4 人。两个人扮狮子，把狮头、狮皮披盖在全身，只露两脚；另外两人分别装扮成“孙猴”和“笑脸和尚”，有时还有同时出场的小狮子。“孙猴”和“笑脸和尚”挥舞手帕逗引大狮子逐层攀上高台，直至顶端。上攀的动作十分惊险，有正上、倒上、翻上，“小猴”与“和尚”，“小狮”与“小狮”一正一倒向上；大狮子有直上、穿上、穿绕桌子螺旋上，到最高处还要四脚踩桌腿表演，不带任何保险绳索。所表演的技巧都有生动形象的名目，如“燕子翻身”“蛤蟆抱崽”“鳌鱼吃水”“雏鹰展翅”“鲤鱼晒肚”“蜘蛛吊线”“仙猴摘桃”“滚龙抱柱”“冲天倒立”“靠背翻”“踩高桩”“叠罗汉”“旋风车”等，一个舞狮班有时可连续表演四五个小时。有些动作使人屏息敛气，怦然心动，有些动作又滑稽可笑使观众忍俊不禁。

2. 踩堂舞

踩堂舞又叫踩台舞，是在丧葬仪式中跳的舞蹈。每当仡佬族老人辞世之后，便把死者停在堂屋中，然后在遗体前跳踩堂舞，以此来表示对死者的哀悼和怀念。因系在灵堂前跳舞，灵堂又通常设在堂屋中，故名为踩堂舞。踩堂舞的舞者均为男性，三四人为一组，一人吹芦笙，一人打钱杆，一人摇铃，一人舞丝刀，边舞边唱挽歌。舞蹈时身体微屈，来回跳跃，舞步右脚落地稍重，呈蹉步。舞蹈过程主要靠队形的变化来完成，队形变化有“四瓣花”“柳穿鱼”“梅花阵”等。

3. 牛筋舞

广西隆林县弄麻仡佬族在老人大病初愈后，跳牛筋舞庆祝，祈望老人健康长寿。主跳者是老人的大女婿或大侄女婿，陪跳者是女性亲属。主跳者背一个竹编蒸笼，笼中放只空碗，手执一条 30 多厘米长的熟牛筋。陪跳者手拿一根筷子，设法敲响笼中的碗，敲响一次，主跳者喝一杯酒，陪跳者的筷子若被牛筋挡住落地，陪跳者也要被罚饮酒一杯。舞毕，将数斤鲜牛肉和牛筋献给老人，祝福老人健康长寿，犹如牛筋一样坚韧有力。

4. 打篾鸡蛋

在贵州省的仡佬族岁时节日民俗文化中，节日游艺活动亦是较多的。打篾鸡蛋应该是仡佬族最富于民族特色的节日游艺活动。金沙县茶园乡永丰村仡佬族在吃新节中的打篾鸡蛋是这样的：篾鸡蛋即竹篾条编织的球。按习惯将参加者分为若干队，并视场地之宽窄来确定各队人数，不分性别、年龄，但双方人数必须相等。活动以固定范围对打和不固定范围追打两种形式进行。

对打：双方画出边线、底线和中线（形如篮球场），队员在指定的区域内要球，要得者为发球队。发球队指定一队员，用手击球向对方打击，对方回打球，球在空中来回运转。若一方发、打球，打在对方任何一个队员身上，称为被烧倒。而被烧倒者，记负一次，并供胜队吃蛋一次。若发、打球超过边底线者，称为漏毛；发、打球不过中线者，称为内闷。漏毛、内闷均判为失误，由胜方发球。照此明确规定，以烧倒次数来计算全场活动的结果。吃蛋达 12 次者为胜队，反之为负队，当众公布胜负战绩。

追打：画出中线为界线，又在距中线 50 米、100 米或更长一点儿的地方画出底线，仍以手击发球方式进行追打。球在空中来回运转，若球在哪一方落地，那一方便立即退却防守，对方球队急速追至落球点，继续发球追打。双方往返循环，你退我进，直至篾鸡蛋打出对方底线才终止全场活动。被追打出底线者，为负队。负队淘汰，另选一新队上场，同胜队又开始鏖战。

贵州仡佬族中对打篾鸡蛋的方法是有差异的，不同地方的打法各异。在仁怀市茅坝镇仡佬族人的年节中，也有打篾鸡蛋的娱乐性内容。篾鸡蛋用篾条编成，蛋形，内装松软物质，大小不等，分甲乙两方，但参加人数不限。两方对战时，即将篾鸡蛋弹来弹去，失手落地者为输。比赛时，围观如堵，气氛热烈。

在大方、织金、遵义、仁怀、道真、务川一带仡佬族中，打篾鸡蛋又有自己的表现。打篾鸡蛋，一般是在农历正月初一至十五间进行。篾鸡蛋常用竹篾编成大小不等，一般大如拳头，有空心、实心两种。实心的多用稻草、棉花、布团充塞球心；空心的内装铜钱、石子和碎碗片，有的还在球壳上涂上颜色，宛如彩球。重量一般在半斤以下，外形如同鸡蛋，故名篾鸡蛋。务川一带又称之为鹅蛋包。在当地篾鸡蛋的打法有两种，一种是选择宽敞院坝，中间画一条分界线。人分两队，每队 3~5 人，各在一方，或用手送，或用脚踢，凡打不过线，球触了身体，便输了。第二种是在荒山旷野进行，不限制人数，也不分组。比赛时先由一人将篾鸡蛋随意向空中抛去，其余的人随之奔向篾鸡蛋跌落的地方，先抢到篾鸡蛋者继续扔，以扔出次数最多者为胜。

仡佬族的打篾鸡蛋，在南宋时的《溪蛮丛笑》中已有记载，仡佬族“岁时数日，野外男女分两朋，各以五色彩囊豆粟，往来抛接，名飞纥”。可见，仡佬族打篾鸡蛋的历史源于飞纥，流传民间已800多年了。

在大方县长石、青山、普底等地仡佬族人中，有一种类似打篾鸡蛋的活动，应该是打篾鸡蛋的变体。打抛儿亦称打毛搭，也叫打毽子。这种抛儿，早年间以茅草为芯，外用葛藤缠为球体，直径一般为15~20厘米。因较为沉重，不便抛掷，后改为竹篾条编成空心球状，外用赤、橙、黄、绿、青、蓝、紫等各色布条缠为彩球，美观、轻便、易于抛掷。打抛儿分为甲、乙两方，人数不限，但双方人数要对等，男女单打或混合打均可。比赛开始时，可由一方将抛儿抛给对方，对方又把抛儿抛掷回来。有时抛了若干个回合，不分胜负。打抛儿，可在地上拍跳，可用脚踢，可用头或肩顶回，可用十指托起，也可用单手或双手抓起甩向对方。如果某一方不能接回算负，要受罚。处罚方式为负方将抛儿双手抛给胜方，由胜方用脚踢回，直至负方接住或胜方未踢着抛儿为止。另一种胜负规定是以某一方队员体力不支认输为止。

贵州务川仡佬族传统体育项目篾鸡蛋竞赛规则

第1条　定义

1. 篾鸡蛋比赛

每场比赛有两个队参赛，在相等的时间内，每队相等的队员上场比赛，比赛人可多可少（其中女队员1名，称“公主”，男队员6到10人不等，根据场地大小而定），但两队人数必须相等。每队的目标是将篾鸡蛋攻入自己“公主”的斗内得分。

2. 比赛斗

斗必须由比赛组织者提供，经双方认可为比赛用斗。

3. 篾鸡蛋的打斗得分和计分

篾鸡蛋在比赛的打斗过程中，在规则允许条件下可用任何一种方式传递，但打斗得分必须在规则允许的条件下，按打斗攻入的方式可得分。计分方式按手打攻入计1分，脚踢攻入计2分，头顶攻入计3分。

4. 篾鸡蛋比赛的胜负

比赛（含加时赛）结束时间终了，得分多的队为胜队。

第2条　场地尺寸

1. 比赛场地

比赛场地尺寸可大可小，但一般竞赛所用场地为25～35米，宽15～25米，线宽5厘米（包含在场地面积内），场中画边线4条，中线1条，供斗线2条。中线平分河界，共两区。

2. 中圈

中圈在场地中央，半径为40厘米的实心圆，中圈为开篾鸡蛋区。

3. 接斗区

接斗区的圆心距底线10～15米，距两边线7.5～12.5米，半径为3米。

第3条　器材

1. 篾鸡蛋

篾鸡蛋要求内径为10～15厘米，竹篾编制的空心篾鸡蛋，内附有响铃，重约150克。

2. 斗

斗要求用竹篾编制，高80厘米，上口直径为50厘米，下底直径为40厘米的圆锥形。

第4条　篾鸡蛋队

1. 参赛篾鸡蛋队按年龄分组别，分别是少年、青年、成年三个组别。

2. 参赛篾鸡蛋队必须经过训练具有一定的基础。

第5条　队员

1. 队员身体健康，无疾病史，具有一定的体育道德。

2. 队员在比赛中有两次出场机会，达到规则规定的犯规次数的队员必须下场，且不得在同一场比赛中再次出场参加比赛。

①少年组，规则规定犯规次数达5次的。

②青年组，规则规定犯规次数达4次的。

③成年组，规则规定犯规次数达3次的。

3. 篾鸡蛋队的组建

参赛队伍人数必须是组织者界定比赛人数的1.5倍，方可组队参赛，每队“公主”必须2人或2人以上。

第 6 条　比赛时间、得分和加时赛

1. 比赛一场时间共为 20 分钟，中途无休息，但可以暂停、换人且时间不得超过 90 秒，不停表。每队暂停、换人有 2 次机会，只换人一次可以换很多人，但必须得到主裁的允许。

2. 比赛时间终了，若两队比分相同时，休息 2 分钟后，进行加时赛，加时赛时间为 5 分钟。若加时赛 5 分钟后，比分仍相同，休息 2 分钟后，继续加时赛，依次递推，直到决出胜负为止。

3. 当队员受伤不能继续比赛时，裁判员有权要求该队换人，该队换人不计入此队换人次数。

第 7 条　打斗方式攻分值

1. 打斗必须依手打、脚踢、头顶的顺序逐一成功后，第四次打斗可采用上述任何一种方式打斗（直接打斗不在此条中）。

2. 手打攻入计 1 分。

3. 脚踢攻入计 2 分。

4. 头顶攻入计 3 分。

第 8 条　违例

1. 中圈开篾鸡蛋后，篾鸡蛋还未达到最高点就击打篾鸡蛋的。

2. 使篾鸡蛋出界的。

3. 用不合理手段取得篾鸡蛋控制权的（如抱、摔、拉、推等方式）。

4. 推篾鸡蛋队员出界。

5. 防守队员进入“公主”接斗区的（含垂直空间）。

6. “公主”在比赛开始后，离开接斗区的。

7. 圈打与反圈打队员没有按规则圈人的。

8. 在圈人未成功时，攻打斗的。若队员在比赛中违犯以上任意一条的，均判违例，判给对方就近发篾鸡蛋。

9. 篾鸡蛋已确定在圈打区，而队员多次出此区的（攻方违犯规则的失去篾鸡蛋控制权，守卫违犯的则被判圈打成功）。

第 9 条　犯规

1. 在比赛中，出现有意识的打、踢、抓、绊等具有明显伤害性动作的。

2. 在场上有不礼貌言行举止的。

3. 不服从裁判员判罚且经警告无效的。

4. 在比赛中出现打架斗殴的。

比赛中队员若犯上述任意一条，当场取消比赛资格，并扣除本队得分的 2 分。

第 10 条　打斗

由进攻方“公主”在接斗区内用斗接本方球员攻来的篾鸡蛋，打斗是攻方队员可以站在规定区附近，守方队员不得干扰打斗队员和接斗“公主”，任何队员不得进入“公主”接斗区域。有违者，判打斗成功，按打斗方式计分。

第 11 条　打斗权的获得

1. 在圈打区内圈打成功的。

2. 进攻队员持篾鸡蛋进入圈打区，而圈打区内无防守队员的。若比赛中，上述两条中任意一条成立，均获得打斗权。

3. 打斗得分后，篾鸡蛋由进攻方就近发篾鸡蛋。

4. 打斗未得分，篾鸡蛋落入接斗区外的，待篾鸡蛋落地后，双方可争夺篾鸡蛋控制权，继续进行比赛。

5. 打斗未得分，但被“公主”获得篾鸡蛋的，“公主”持篾鸡蛋传给本方球员，本方队员可直接打斗。

第 12 条　圈打成功

1. 本方持篾鸡蛋。

2. 在圈打区域内。

3. 两名进攻队员用双手圈住一名防守队员的腰部。

4. 持篾鸡蛋队员将圈到的人，用篾鸡蛋（合理动作）击中对方头部以下任何部位，且篾鸡蛋接触掉地或被本方队员接住的。

5. 持篾鸡蛋队员在圈打区内的跑动中，用手将篾鸡蛋高抛过头顶，且连续 3 次接到篾鸡蛋的（裁判员目测）。

若在比赛中，本条上述各点同时成立，判圈打成功。

第 13 条　反圈打

1. 对方持篾鸡蛋。

2. 本方两名队员用合理动作圈住持篾鸡蛋队员 2 秒钟以上。

若在比赛中，满足本条以上两点，则判反圈打成功，防守队员获得篾鸡蛋的进攻权。

第 14 条　直接打斗

1. 本方持篾鸡蛋。

2. 在圈打区域内，两名进攻队员圈住一名防守队员。

3. 手打攻斗的，必须经本方队员传篾鸡蛋后方可直接击打进斗得分，脚踢、头顶篾鸡蛋均可自抛自攻，同样可让本方队员传篾鸡蛋来完成。

若在比赛中本条以上各点同时成立的才能打斗，其中一条不成立的则判违例。

第 15 条　“公主”特权

1. 比赛开始后，“公主”不得出自己的区域（接斗区），双方队员不得进入接斗区（包括垂直空间）。若进攻方进入，则判违例，失去篾鸡蛋控制权；防守方进入，或是打斗，则判打斗成功，若不是打斗，则判防守方违例。

2. 防守方队员靠近“打斗区”，一旦被“公主”抓住，不得挣脱，除非“公主”放手，方可离开，投入比赛，否则判挣脱队员犯规一次。

3. 任何队员不得有意冲撞“公主”，更不允许进入“打斗区”。若比赛中冲撞“公主”的，判犯规一次，进入“打斗区”，判违例一次。

第八章　白族传统体育文化资源调查

一、民族概况

约公元前5—前4世纪，白族先民主源之一的僰族主要散布于汉水及长江中游；东周时，以宜宾为中心的今川滇黔交界区域一度成为僰族主要集中地；秦汉及之后，大部僰族沿今黔滇交界线继续南移，在今滇黔桂交界区域形成了以曲靖为中心的僰族集中区，其情况在隋唐时期为盛，其地理涵盖和辐射包括今滇东、滇中、黔西、黔中和桂西北地区，并在今中国西南部先后建立“爨氏”“南诏”政权，雄霸“南中”及“牂牁”数个世纪。唐以后，白族群主体渐西移至以今大理为中心的滇西滇中区域，建立著名的大理政权。爨氏、南诏、大理等区域性政权在西南区域历史进程中起着主导性作用，并对其时的东亚大陆局势起到了重要的影响作用。“大理国”时期，白族主体渐集中于滇地，其间，贵州中西部、桂西北及川南、湘鄂的白族遂以散杂居状态分布在当地至今。

贵州是个典型的山地省份，山地面积约占全省总面积的87%，丘陵与喀斯特（岩溶）地貌分别约占11%和62%。历史时期，贵州与滇、川、湘、桂在地理与行政关系上犬牙交错，你中有我我中有你。明永乐十一年（1413年），云贵不再合为一个行政区域，单独建省后的贵州疆域概况亦大致与今相当。清及民国时期，由于政治、经济、战争、移民等因素，贵州白族群体居住于城镇、平坝地带的多数被同化，少部分转移集中于自然地理条件相对恶劣的贵州西部岩溶地区，大分散，小聚居，或与其他兄弟民族杂居，甚至连以村民小组式的集中情况亦不多见。因此，虽然今贵州中西部地区从古至今一直分布着白族群体，但因种种原因，其发生流变情况多被忽视。

居于今贵州地区的白族群体自古就以各种称谓呈现于文献，并参与建设了古代贵州各个地方性“方国”，如春秋时的夔国、牂牁国，战国时期的夜郎国和西汉时期的夜郎县（前 126 年）、牂牁郡（前 111 年，含今贵州 17 县、今云南 8 县、今广西 1 县区域）和东汉、三国时期的牂牁郡（今贵州中部、西部）、朱提郡（滇黔川交界区域）、兴古郡（滇黔桂交界区域）、江汉郡、涪陵郡（黔北区域）等。

秦汉时期，活动在今贵州西部地区的白族先民群体的称谓有僰、白蛮等，宋以后，主要称谓有僰、白蛮、夔、牂牁蛮、龙家、罗苴等，明清、民国至 20 世纪中期，其主要称谓因地域封闭、欠缺科学界定等原因，更是多而杂乱，有“民家”“龙家”“南京人”“七姓民”“白儿子”等以及“段氏”“尚氏”“杨氏”等家族性白族遗裔群体。

（一）民族起源

白族，一个具有悠久历史和灿烂文化的少数民族，是中国南方少数民族，列中国第 15 大民族，主要分布在我国西南边疆的云南、贵州、四川和湖南等地。4000 多年前的新石器时代，白族先民就在以苍山洱海和滇池为中心的地区生息繁衍，在河畔湖边创造了早期的稻作文明，过着农耕、游牧、渔猎的生活。历史上，白族族名的称谓很多，汉称“滇僰”“昆明蛮”，唐代称“白蛮”“西爨”或“洱河蛮”“下方夷”，元代称“僰人”“白人”“民家”等，其他民族对白族的称谓也是多种多样。为了对白族有一个统一的称谓，经反复讨论，1956 年 6 月 16 日中共中央批准同意“民家族”改称“白族”。

贵州的白族由于人口少，大杂居，主要使用汉语和彝语。其中居住在大方和盘州等地的白族使用汉语，居住在威宁彝族回族自治县、赫章县等地的白族使用彝语。

（二）分布

现贵州白族逾 20 万，主要分布在该省中西部之毕节、六盘水、安顺、贵阳 4 个地区，按县域及人口数量看，大方、盘州、水城、织金、毕节这 5 个县市人口最多，占贵州白族人口数量的 60% 以上（水城县与钟山区分治后，后者有 10000 余白族人），其他主要分布区为西秀区、钟山区、威宁县、赫章县、普定县、纳雍县、黔西县等。此外，贵阳市、黔东南岑巩县内有 5000 余人，岑巩县的白族由湘西地区因种种原因迁移而至。

20世纪80年代以来，贵州省在白族小聚居之地建立了15个白族乡，白族被明确为贵州省世居民族之一，同时也被贵州中西部区域的贵阳市、安顺市、六盘水市和毕节地区确定为当地世居民族之一。贵州白族姓氏按人口数量主要有：赵、段、谢、杨、钱、李、祝、肖、钟、焦、周、张、刘、苏等。

贵州白族按人口数量，其分布的主要县（市）域依次是大方县、盘州市、水城县。后六盘水市水城县划分出钟山区后，第三位为织金县。由此可见，南诏、大理时代，白族广泛分布于今天的黔中、黔西地区。明清后，因种种原因，白族逐渐从这两个区域退缩，部分移向贵州地理条件相对恶劣的黔西北地区，与各兄弟民族呈大杂居、小聚居状态分布。现在分布情况有两个中心点，一是以“岔河”为中心的毕节市与大方县之间区域，这一片区现设有6个白族乡。二是盘州市与水城之间的旧营地区，这一片区现设有4个白族乡。

（三）地理环境

贵州地处云贵高原东部斜坡，地势西高东低，自西部和中部向北、东、南三面倾斜，平均海拔1100米左右，毕节地区赫章县的韭菜坪海拔2900.6米，为境内最高点；黔东南州黎平县地坪乡水口河出省界处海拔147.8米，为境内最低点。贵州是全国唯一没有平原支撑的省份，其地貌的显著特征是山地多，山地和丘陵占全省总面积的92.5%，境内分布着四大山脉：北部的大娄山、东部的武陵山、西部的乌蒙山和横亘中部的苗岭，这四大山脉构成了贵州高原的地形骨架。

贵州气候温和湿润，冬无严寒，夏无酷暑，阴雨天多，四季不甚分明，属于亚热带湿润季风气候。因此贵州山区白族的主食多是玉米和土豆，河谷地带的白族也种植水稻，荞麦是主要的辅食。

（四）宗教信仰

本主崇拜是白族特有的宗教活动，其起源于原始崇拜，形成于南诏大理国，元明清时期较为盛行，一直沿袭到现在。本主庙会为白族传统体育的诞生起了基础作用，白族民间传统体育活动多在此基础上产生。

二、文化特征

（一）饮食

白族日常饮食以一日三餐为主，农忙或节庆则增加一次早点或午点。主食一般蒸干饭，下地携带。此外也喜爱粑粑、饵块、汤圆、米线、稀粥、糖饭等。肉食以猪为主，兼有牛、羊、鸡、鸭和鱼鲜，善于腌制火腿、腊肉、香肠、弓鱼、猪肝针、螺蛳酱、油鸡坳等食品。

白族婚宴习惯用"八大碗"，由八道热菜组成：添加红曲米的红肉炖；挂蛋糊油炸的酥肉；加酱油、蜂蜜扣蒸的五花三线肉千张；加盖肉茸、蛋屑的白扁豆；木耳、豆腐、下水、蛋丝、菜梗氽制的杂碎；配加炸猪条的竹笋；等等。

白族的特色饮食：砂锅鱼与砂锅豆腐、乳扇（做法是羊奶放在锅中，点上酸水或明矾，使之呈半固态，用筷子挑起来，晒干即成乳扇，可生食，也可煎煮）、猪肝鲜（将猪肝切碎，拌上盐、辣椒、酒、芝麻、八角、草果等，密封在陶罐里，可存放一年；可蒸食，也可做调味品）、吹肝（将完整的鲜猪肝吹足气后，放点盐，挂在阴凉通风处晾干；食用时，将猪肝切片，放入香油、醋、辣椒、葱、香菜，凉拌即可）、生皮（将猪宰杀后，用火烧烤去毛，使皮烤成金黄色，肉半生不熟，切成肉片或肉丝，佐以葱、姜、醋、蒜泥等调料就可吃）。

白族大都喜欢饮酒，酒的种类很多，其中以窑酒和干酒为传统佳酿。另外还有一种用糯米酿制的甜酒，是专为妇女和孕妇制作的。

饮茶是白族人的另一嗜好，最有名的就是三道茶。烤茶每天须饮三次，每次三道。第一、二道茶是清茶，第三道加上红糖、米花、乳扇，别具一番风味。白族人常以三道茶待客。其味清香扑鼻，嘴里有苦甜混合的舒适感。

（二）服饰

白族服饰是在清代禁汉服后形成的，各地略有不同，但总体上白族人崇尚白色，认为白色的衣服最为尊贵，服饰朴实、大方。男子头缠白色或蓝色的包头，身着白色对襟衣和黑领褂，下穿蓝色或黑色长裤。女子多穿白色上衣或浅色蓝上衣、红坎肩，外套黑色或紫色丝绒领褂，下着蓝色宽裤，腰系有绣花飘带的短围腰，足穿绣花鞋，都缠以绣花、彩色毛巾的包头。这样的服饰充分体现了他们的审美观和对生活的热爱。由于贵州白族呈散居状态，与汉族人杂居，一部分白族人已经被汉化，只有在白族人民自己的节日时才能看到他们穿本民族的服饰。

（三）生产生活

1. 婚礼习俗

白族实行一夫一妻制，在贵州，白族的婚礼形式有两种。大方、纳雍和水城一带的白族因长期与汉族人杂居，婚礼多与当地汉族相同；而威宁和赫章一带的白族婚俗则和彝族类似。

2. 节日庆典

白族人的主要节庆有火把节、三月街、大过年、绕三灵、耍海会等。这些节庆有的来自宗教，充满神秘色彩；有的源自古代的民俗，洋溢着浓重的生活气息；有的来自对英雄的崇拜和缅怀，表达民族感情；有的源于重大历史事件，有重要的纪念价值。还有与本民族有关的独特的节日：七月初五祖先遇难节、七月初六祖先受难节、七月七赛神节等。除此之外，白族有与其他民族相同的节日，大多伴有祭祀活动，其中，春节、清明节、端午节、七月半、八月十五等与中国传统节日相似。

三、民族传统体育活动

（一）传统体育活动分类

白族的体育活动很多，大致可分为以下几类：

1. 宗教祭祀类：霸王鞭舞、赛龙舟、打歌。

2. 生产生活类：赛马、拔河、人力斗鸡、打陀螺、跳口袋、打鸡、扭扁担、磨磨秋、草帽舞、竹竿舞、仗鼓舞等。

（二）传统体育活动特点

1. 具有严肃的宗教性

白族传统体育具有严肃的宗教性，它与宗教祭祀活动密切相关，起源于宗教祭祀仪式。首先，体现在本主崇拜上，本主是白族“本境福主”的简称，白族人认为本主是村社的保护神，是白族传说中各朝代的民族英雄人物和对国家对人民的有功之臣，白族人民纪念其丰功伟绩而尊奉他们为“本主”。如白族人民通过在“绕三灵”中开展“霸王鞭”，以此娱神祭祀，祈求本主赐予全村风调雨顺、人寿年丰，表达他们对本主的崇拜之情。

其次，体现了图腾崇拜。白族的图腾崇拜是龙，白族居民每户屋顶及房檐上都雕刻有一条龙，在每年一度的“耍海会”中白族人民都要举行盛大的龙舟比赛，这些现象都表明了白族人民以龙为图腾的崇拜。

最后，体现了自然崇拜。白族是一个以农业为主的民族，在远古时期，生产力极其低下的情况下，先民与自然界的抗争能力十分有限，各种自然灾害、疾病、瘟疫等给白族先民带来很大的影响。人们无力控制和应对这些自然现象，于是就将这些现象归结于自然的神秘力量，从而产生对自然崇拜的思想。白族人在“大火把”中举行“打歌”活动来祈求生育；在“小火把”中通过“耍火把”活动来祈求祛病消灾；通过火把“照穗”来驱赶虫害，以祈求来年粮食丰收。

2. 具有独特的民俗性

民间体育总是和军事、农作、生活密切相连，白族传统体育只在相应的民俗节日中举行。如赛马活动只在“三月街”中开展；赛龙舟只会在“耍海会”中举行；“打歌”“耍火把”等活动也只会在“火把节”中举行。不同的传统体育活动依附于固定的民俗节日，是民俗节日的重要组成部分，是各民族群众精神信仰的重要载体和情感表达的独特方式。

3. 具备很强的传承性

各民族的传统体育活动都是世代相传，一直延续至今，并将继续流传下去。“霸王鞭”“赛马”“赛龙舟”“打歌”等这些体育活动，都源自白族群众的祭祀及日常生活和生产劳动，并逐步成为各民俗节日固化的活动方式，随民俗节日被不断地传承，成为体现民俗节日特点和内涵的主要方式。

4. 体现强烈的娱乐性

白族传统体育具有很强的娱乐性，在原始的祭祀活动中这种娱乐性体现在“娱神”上，就是通过传统体育活动使白族人民崇拜的“本主”开心，白族人民认为通过这样的娱乐活动，“本主”才会保佑他们，才会给他们赐福。“霸王鞭”“打歌”等传统体育活动都有明显的娱乐性，不管是参加者还是观众都会被活动浓浓的娱乐气氛感染。

（三）传统体育项目介绍

1. 霸王鞭舞

霸王鞭舞是在“绕三灵”过程中始终贯穿的一项传统体育活动，活动中女性使用霸王鞭，男性则用八角鼓，男女人数均为偶数；活动过程中，队形可随意变化，人们有时单个表演，有时男女对舞或集体表演，还有的人则边唱边舞。霸王鞭多用竹子做成，两端装有铜钱、铁片，棍上缠着红色和绿色布条，舞动时靠铜钱、铁片撞击发声，其声音圆润、清亮。活动时舞姿既柔和轻盈又刚劲有力，带有鲜明的节奏感。

在跳霸王鞭舞时，一般由两人以上进行表演，有时则多达上百人，舞蹈中霸王鞭通过杵地、脚踢、敲击，以及擦击身体肩、胸等部位发出响声；金钱鼓在舞中一般用掌击鼓，使其发出嘭嘭的声音，所以金钱鼓又称“手鼓”。在跳霸王鞭舞过程中，人们有时在行进中表演，有时在站立时表演，有时蹲下表演，常常以腰部的晃动形成一整套奔跑、跳跃动作。表演中夹有屈膝和双方仰俯屈伸、辗转反侧，按各种规律在肩、胸、腿、脚上进行敲击，节奏鲜明而欢快，节拍由慢到快，形成高潮，具有强烈的感染力。

2. 赛龙舟

赛龙舟历史悠久，迄今已有一千多年的历史，最初与崇拜龙神和本主崇拜有关，后来发展为群众性的文化体育活动。龙舟赛一般以村为单位，赛前参赛的各村都要在舷上画黑龙、青龙或黄龙来装饰龙船，龙船挂着用彩绸扎成的绣球花，船的四周插着各色彩旗，吊着响铃，非常漂亮。比赛时，在船中央设一敲锣手，船尾站舵手，其左右前方各站一吹唢呐、唱调子和摇柳枝的人，摇柳枝和敲锣者为船上指挥，他们装扮可爱、动作滑稽。随着一声炮响，指挥者发出号令，船桨同时击向水面。顿时，击水声、唢呐声、号子声，配合着桨的起落节拍，一艘艘龙船向水中央飞驰而去，第一个绕过标，转回岸边用时最少者，就是冠军。比赛分为男子赛、女子赛和男女混合赛等，所有比赛都是以划完规定距离用时长短来分胜负的，在比赛过程中对技术动作没有要求，只要在最短时间内全速通过终点就为胜利。

3. 打歌

白族人民在“火把节”这一天都要“打歌”，一般以村为单位，活动的人多、场面大，往往整村都参与。“打歌”参加人数不等，场面一般围成圆圈形，中间有火把，人们手牵手，脚步有进有退，身子左右摆动，在器乐伴奏下载歌载舞，场面振奋人心。白族人认为，通过举办“打歌”活动能祛病消灾、保子嗣繁荣、农业兴旺。

4. 赛马

白族的赛马形式分为速度赛马、走马和马术表演，随着经济的发展及大众的需求，有些地方近年来还增加了竞技性很强的男子跑马拔红旗，增设混合组比赛项目，并开设了“马王”奖，比赛激烈，吸引了许多人前来观看。每年的五月端午节，毕节市威宁的白族都和彝族一样，举行赛马，参赛者无人数限制，无年龄限制，只有性别之分，赛马不配鞍，马是参赛者亲自喂养。故赛马不仅赛骑术，还要赛马种的优劣和喂养方法。

5. 拔河

白族人民的拔河可分为小拔河和大拔河两种。小拔河参赛队只有两支队伍，每支队伍由 3 人组成。比赛时先在一根绳的两头各横拴一根木棍，木棍之间相距约 1 米，每队选出一名力气最大的队员抓住棍子，各队余下的两名队员依次抱着前面一个人的腰，待两队队员呈半蹲状态，裁判一声令下，比赛正式开始。大拔河也是两队人参加，但每队都是 10 人以上，队员在绳子两端站好后，裁判一声哨响，比赛正式开始。

6. 人力斗鸡

人力斗鸡是一项比较简单，不需要其他器材就可比赛的项目。参加斗鸡的人双手抱住弯曲的右脚，左脚独立站地跳动，相互碰撞右膝，右脚被撞落地或被撞倒的一方为输者。分为单人斗和集体斗两种。

7. 打陀螺

除了苗、布依、侗、彝、瑶族之外，白族也有打陀螺这项体育活动。陀螺用坚硬的茶油树木削制而成，呈圆锥形。陀螺竿用一根小竹竿，顶部系上绳索或棕叶丝。比赛时，两人站在指定的位置，参赛队员先用陀螺竿的绳索或棕叶丝缠绕在陀螺上，然后猛地拉放于地上，使劲抽打己方陀螺，使其高速旋转向对方陀螺冲去，两者相碰，直到有一方的陀螺被撞倒，不再旋转为止。打陀螺除了两人互斗，也可单独玩。

8. 跳口袋

分为两队参加，每个队 4 人，每队分为两组，每组两人。比赛开始，两队同时站于麻袋内，一组从起点出发，另一组在对面等。队员手提麻袋，按规定的路线，同时向前跳跃，跳到对面将麻袋交给本组队员，接到麻袋的队员又向起点跳跃，以此类推，每队 4 人都轮换完，用时最少的队获胜。

9. 打鸡

打鸡类似打羽毛球，它不仅仅是彝族的体育项目，在威宁、赫章一带的白族也有这项体育活动。制作时，用 3~5 根鸡翅毛，把毛的两翼剪成根部大，顶部小，呈三角形，然后插入指头粗、约 2 厘米长的竹节里，再用一根竹签插入正中心作“鸡心”以稳固鸡毛。比赛时，参赛者手持木排，或两排对阵，或围成圆圈，双方一来一往地击打。比赛无时间限制，也无性别、人数上的限制，自由组合，两人以上均可进行活动，每次分出胜负。

10. 扭扁担

扭扁担多在男子之间进行，主要是臂力和腕力的比赛。参赛两人分别扭住一根扁担的两端，待公证人宣布比赛开始，双方各自加力，向相反的方向用力，谁把对方扭翻转过来，谁就赢。

11. 磨磨秋

在平地上竖起一个木桩，作纵轴，将一块木料居中钻孔，套在木桩轴上。木料两端各趴一人，交替用脚蹬地做旋转兼上下运动。不计时间，不分胜负。有些类似于朝鲜族的跷跷板运动，让人体会到跳跃加旋转的感受。

12. 草帽舞

草帽既是白族人民的生活用具，也是白族人民的装饰品之一，心灵手巧的白族妇女常在草帽上装饰各种彩带和花朵。人们在日常劳动或参加节日活动时都要戴上草帽防晒或取下草帽用来扇凉。根据这一生活习惯，人们逐渐发明、变化出 10 多种舞草帽的动作，同时还有用草帽拍击脚部，从而又变化出“单脚跳拍”“双脚跳拍”等舞姿和技巧。舞时，右手持草帽，随步伐甩动草帽，肩部前后摆动，腰部亦随之而动，活泼优美。在集体跳时，青年互相对抛草帽，一时间各种草帽齐飞，犹如一群起舞的彩蝶。

13. 竹竿舞

竹竿舞又叫打柴舞，在晒谷场或山坡的地坪上，平行摆开腿一样粗的两条方木作垫架，垫架上横放若干条手腕粗的长竹竿，持竿者相向双手各执一条竹竿尾端，使竹竿与垫架、竹竿与竹竿碰击出有节奏的声音，称为“打柴”。持竿者姿势有坐、蹲、站三种，变化多样。在有节奏、有规律的碰击声里，跳舞者在竹竿分合的瞬间，不但要敏捷地进退跳跃，还要潇洒自如地做各种优美的动作。当一对舞者灵巧地跳出竹竿时，持竿者会高声呼喝“嘿呵嘿”。如果跳舞者不熟练或胆怯，会被竹竿夹住脚或打着头，持竿者便用竹竿抬起被夹住的人往外倒，并群起而嬉笑之。相反，善跳的小伙子往往因机灵敏捷、应变自如而博得姑娘的青睐。

14. 仗鼓舞

表演仗鼓舞的仗鼓长度大约为 1.2 米，鼓内中空，鼓的两端大小如碗口，鼓面以皮革蒙绷，鼓的中间细小可握。仗鼓舞表演通常是三人为一小组，仗鼓而入，鼎足而立，且以多个小圈连成大圈子，伴有大号、笛子、唢呐、锣鼓等乐器的节奏，表演者边敲边舞。没有仗鼓的老年人可以手持旱烟袋替代，年轻人可以拿木棒随性起舞。表演仗鼓舞常见的动作形式多样，有“一二三”“三二一”“二龙戏珠”“翻天仰”“硬翻身”“野猫戏虾”“五龙捧圣”“野马分鬃”“仙女献桃”“观音坐莲”“雷公扫殿”“文王劝贤”“二十四边环”“四十花枪”等 81 种套路，其中夹杂的武术招数灵巧多变，姿态优美。

15. 跳花盆

是白族青少年喜爱的传统跳高活动。比赛开始，由两位姑娘席地而坐，相距一米，她们用腿和脚尖叠成一定的高度，让小伙子跳过去。随着高度的不断升高，两边的姑娘再以拳头为标高，每升高一次，加一拳头高度，以跳得高者为优胜。

16. 秋千会

白族民间群众性体育活动，流传于洱源县凤羽坝子的白族村寨，相传是从南地延续下来的习俗。当地群众从腊月二十八开始安装秋千架子，架子在安装好之后，还要先做一个稻草人，放在秋千架上试荡几次，如无不妥便可燃放爆竹和奏乐，请村中德高望重的老人为荡秋千开秋，这时才可正式使用。民间流传有“荡一回秋千，平安三百六十天”之说。

第九章　回族传统体育文化资源调查

一、民族概况

（一）民族起源

公元7世纪中叶，大批波斯和阿拉伯商人经海路和陆路来到中国，一些信仰伊斯兰教的外来移民后来吸收了汉、蒙古、维吾尔等民族成分，逐渐形成了一个统一的民族——回族。

（二）分布

据2000年第五次人口普查统计，全国回族居民有9828126人，是我国人口第三大少数民族，也是我国少数民族中散居全国分布最广的民族。就全国而言，回族主要聚居区是宁夏回族自治区，此外还散居在甘肃、青海、河北、河南、山东和云南等地。回族在新疆分布较广，主要聚居在昌吉回族自治州、焉耆回族自治县及5个回族乡。而在贵州，回族主要分布在毕节市、黔西南布依族苗族自治州、安顺市、六盘水市、贵阳市、黔南布依族苗族自治州、遵义市、铜仁市及黔东南苗族侗族自治州，有168734人。

（三）地理环境

回族所居住的地区，从总体上看，西部威宁县和赫章县高海拔地带属云南高原向东的延伸部分，海拔一般在2000~2400米，地形起伏平缓；中部海拔一般在1400~5800米，在赫章县东部，毕节市西部，纳雍县北部一带，由于受河流强烈切割，地面逐渐破碎；东部黔西、金沙、织金等县，地势逐渐降低，海拔由1400米逐渐降到1000米左右，形成一个面积不很大的中山、低山丘陵地带。

从天气气候特点来看，主要有日照强、大风频繁、无霜期短、气温日差较大等特点。

（四）宗教信仰

回族大多信仰伊斯兰教，在饮食、婚姻、丧葬方面都有自己的习俗和禁忌。饮食上，不吃死物，不吃血液，不吃猪肉，不吃非念诵真主之名而宰杀的牲禽，严禁饮酒。聘嫁习惯各地不一，一般与当地汉族习惯相同。结婚不选择日期，大都在“主麻”日（星期五）举行，届时请阿訇（回族宗教教育人员）念“尼柯哈”，也叫“念喜经”，作为证婚词。丧葬通常从俭行事，丧礼不穿孝衣，不送花圈、挽联。实行土葬、速葬，认为亡人早入土早得安。不信风水地脉，也没有家族坟山，只有公共墓地，且不与他族混杂。

二、文化特征

（一）饮食

回族人民最大的饮食禁忌是吃猪肉以及凡有犬齿且猎食其他动物的猛兽，忌食自死动物，忌食动物的血液，禁止饮酒。在语言上，对食用的畜禽忌说“肥”而说“壮”，忌说“杀”而说“宰”，忌说“肉”而说“菜”，如“牛菜”“羊菜”。相互间不用禁忌物来比喻，如不得形容辣椒的颜色像血一样红。

（二）服饰

回族服饰与汉人大致相同，不同的是男子在宗教节日等隆重场合、仪式上，戴一种无檐白色小圆帽，即“礼拜帽”，保留了民族特色。回族女子一般戴盖头。威宁一带回族的服饰还有自己的特色，县西北一带的男子多包白帕，不露头顶，或戴白帽不折边。上装大都是插包短服。女性年及 10 岁便开始戴银耳坠，不包头；或戴一红绿色方巾，梳独辫子；穿大襟短服，系绣花围腰，脚穿绣花鞋。女性结婚后，以青丝帕或青布包头，头不露外。随着年龄的增长，服色由艳变素，衣也稍长。其他县市的回族服饰，无论男女都与汉族相同。

（三）生产生活

1. 社交礼仪

回族社交礼仪特点与伊斯兰教教义有关。回族忌讳别人在自己家里吸烟、喝酒；禁用食物开玩笑，也不能用禁食的东西作比喻；禁止在人前袒胸露臂；凡供人饮用的水井、泉眼，一律不许牲畜饮水，也不许任何人在附近洗脸或洗衣服。取水一定要洗手。回族的日常饮食很注意卫生，凡有条件的地方，饭前、饭后都要用流动的水洗手。多数回族人不抽烟，不饮酒。就餐时，长辈要坐正席。晚辈不能同长辈同坐在炕上，须坐在炕沿或地上的凳子上。另外，舀水、舀饭均往外舀。

贵州回族有三大节日：一是“圣纪”，纪念穆罕默德诞辰，时间为伊斯兰教历三月十二日，一般称为“圣节”；二是“开斋节”，是回族穆斯林封斋满月，庆祝胜利完成的日子；三是“古尔邦节”，又叫“宰牲节”“忠孝节”等。

2. 建筑风格

贵州回族具有代表性和典型性的清真寺大都始建于明清时期，以土木结构为主，具有中国传统古建筑的风格。典型的回族村寨如威宁的草海下坝、草海镇杨湾桥、凉山、嘎利坪子、哈喇河、秀水乡前峰村、水塘妥摆姑，赫章兴发乡中寨村，钟山区月照彝族回族苗族乡大坝村，盘州市普田回族乡大木桥村，西秀区蔡官镇樟树寨村，平坝十字乡长冲村，兴仁鲁础营乡三家寨村，兴仁潘家庄镇白家冲等。

三、民族传统体育活动

（一）传统体育活动特点

1. 民俗性

民族心理、民族意识、民族文化渗透到回族人民社会生活的各个方面。回族传统体育，特别是回族武术，更受其很大的影响。回族的尚武之风由来已久，回族武术与其民族风俗、生活习俗紧密相连，表现出独特的风采。

2. 多样性

中国历史朝代的变更，铸造了回族人民勤劳、智慧、勇敢、顽强和不屈不挠的民族性格。长期的生活、生产劳动、征战及民族自我保护意识，逐渐形成了缤纷多样的回族传统体育。特别是回族的武术涵盖了中华民族传统体育武术的五大类，分别是竞技类、游戏类、养生类、游乐类及表演类。回族传统体育作为中华民族传统体育的组成部分，成为中华民族灿烂文化中一颗璀璨夺目的明珠。

3. 历史性

回族认为强健的体魄是完成社会活动的坚实基础，在军事技术不发达的古代，武艺的高低则显得尤为重要，尚武习武既是人们获得较高地位和较优生活条件的重要因素，也是锻炼体质的途径。另外，从事商业活动的回族，其生活环境经常变化，为求得生存和发展，客观上也要求他们练武健身，防守自卫。

4. 交融性

回族“大杂居，小聚居”的分布特征，使回族传统体育与其他民族体育相互交流、水乳交融。中国56个民族有着共同的政治、经济基础，各民族体育相互影响交流，共同提高和发展，出现相互交融的趋势，特别是回族武术不分家庭姓氏，不分回汉民族，提倡开门交流，反对封闭保守。回族拳师居奎打破武术不传外族外姓的旧规，广收门徒，将自己苦练一生的稀世拳种“回回十八肘”“鱼尾剑”“穆林拳”“穆圣拳”等全部贡献出来，使其在群众中广泛开展。

（二）传统体育项目介绍

1. 打木球

回族青少年喜爱的一项体育活动，群众俗称“打篮子”“赶毛球”，由“打锁儿”等演变而来，具有浓厚的乡土气息。木球是用一种硬度强、不易破裂，长约8厘米、粗约10厘米的木棍削成的椭圆形小球，形如小橄榄球。比赛场地一般长30米、宽20米，中间有一条中场线，两边各有一个3米宽、0.5米高的球门。比赛时间为20分钟至2小时，分上下两场。

民间打木球器具简单、打法灵活简便，不受场地、器材、人数的限制，每人只要准备一根60厘米长的木棒或木板用来击球即可。比赛时，由裁判召集双方队长挑选球门，确定谁先击球。当裁判宣布比赛开始后，双方队员各持木棒击球。场上你追我赶，竞争非常激烈，运动员持击球板快速奔跑、传接配合，被击出的球快速飞出，瞬间入门得分，以攻进数量多少计胜负。要想赢得比赛，不仅要有高超的个人技巧，还要有绝妙的集体配合。

1986 年，在第三届全国少数民族体育运动会上，木球被正式列为表演项目。1990 年，宁夏回族自治区举办了全国 8 省区木球邀请赛。在 1991 年第四届全国少数民族运动会上，木球被正式列入比赛项目。

2. 踏脚

回族传统体育项目之一的“踏脚”类似于踢足球，流传了上百年，至今仍兴盛不衰，深受喜爱，每逢农闲时节，无论老人还是小孩，都要聚集在一起进行热闹的踏脚活动。

踏脚动作敏捷干练，步法轻盈有序，出腿迅速有力，腾挪躲闪，攻防俱备。踏脚一般在平坦宽敞处举行，如今规范为 10 米×10 米的场地，要求不准穿皮鞋等硬底鞋，不准用头、拳、肘、臂进攻对方。赛前两至三人结队各为一方，也可一人对一人，二人对四人等。双方对踏时，靠灵活机智、技艺娴熟，你踏我闪、你攻我守，以从身后或侧身蹬腿或踢脚相互进攻，如果被蹬倒或招架不住而退场便为失败。双方对踏时，其基本动作是平踏、跛脚、背脚、连环转、飞脚等。每当农闲或茶余饭后，崇尚习武的回族群众都会不约而同走到外面，踏脚者你来我往、运脚如飞，观看者呐喊助威、鼓掌喝彩。孩子们边看边学，跃跃欲试。一场踏脚比赛开始，直到踏出第一高手“踏脚王”，大家才尽兴而散。

3. 下方棋

方棋，俗称下方或丢方。劳动群众在田间地头即可画出棋盘，用小石头、土块、树枝等当作棋子进行对弈。休息期间或茶余饭后，三三两两蹲在一起下方棋，下棋的人多了就摆几摊。方棋是一种培养智力的体育娱乐活动项目，多少年来一直兴盛不衰。

方棋下法简便，没有专门的棋盘和棋子，也不需要裁判，只要找一个平坦干净的地方，用石子在地面画上横 7 行、竖 8 行的交叉线，便成为 42 个方棋、56 个棋眼的棋盘。双方以石头、土疙瘩、木柴棍或干羊粪作为棋子。下棋前一般讲好规则，例如是否允许悔棋等，之后便开始下棋。对弈时双方轮流布局，布局完成后轮流行棋，若一方能走成 4 枚棋子彼此相连的正方形，即可“吃掉”对方任何一个破坏“成方”的棋子，直到分出胜负。

1991年，在宁夏回族自治区第二届少数民族运动会上，下方棋被正式列为比赛项目。在宁夏非物质文化遗产保护名录中，方棋名列其中，方棋以广泛的群众基础性将走入更多人的视野。

4. 掼牛

回族群众的掼牛与西班牙斗牛不一样，西班牙斗牛要用剑把牛刺伤，而回族的掼牛不伤牛身，完全靠个人的勇敢与灵活把牛摔倒。

关于掼牛还有一个传说。据说很久以前，在一个回族聚集的地方居住着近千户人家，他们每年过宰牲节时都要宰上百头牛。宰牛时要把牛赶在一起，然后由四五个年轻力壮的小伙子拿着绳索和木棍，互相配合把牛捆倒在地。有一次在捆一头大公牛时，一个小伙子被牛顶伤后不久就去世了，乡亲们为此都很伤心。第二年宰牲节时，一个勇敢聪明的年轻人眼尖手快，他独自一人敏捷地把牛掼倒，乡亲们都赞不绝口，广为传扬。在他的影响下，以后每到宰牲节，就有不少精明强壮的小伙子来掼牛。从此以后，掼牛活动成为回族群众喜爱的一项传统体育习俗，每年宰牲节还进行表演。

掼牛没有什么严格规则，只要在一定时间内把牛掼倒即可。回族群众在掼牛表演时一般都机智灵活，面对暴跳如雷的大公牛，跨一步向前，双手紧握两只牛角，全神贯注地用力把牛头拧向一侧，然后迅速用右肩扛住牛下巴，把牛脖子使劲一别，公牛前脚立刻跪下，随即用力压住牛的颈部，通过拧、扛、压等一系列动作把公牛掼倒，使之四脚朝天。

5. 拔腰

也叫拔桩，是回族群众田间地头和茶余饭后助兴的一种比赛活动。拔腰不能用脚，双脚不许移动，采取三局两胜制。比赛时两人侧身弯腰抢先用双臂搂抱住对方腰部，抱稳之后由裁判发令，双方用尽全身力气将对方抱起，两脚拔离地面悬空者为败。

拔腰比赛双方体质、年龄要基本相当，不能过于悬殊。如双方力量悬殊，力大者大吼一声就能拔起对方。如强手相遇，双方势均力敌，虽手段使尽，各倾全力仍相持不下，一时难见高低。这时围观群众开始向双方助威，在连续不断的“加油”声中，直至有一方被拔得双脚离开地面为止。

拔腰这项体育活动方式简便，不受场地和器材的限制，对培养人的耐力、灵敏和柔韧度等身体素质都有一定锻炼。

6. 赶牛

赶牛是近年来挖掘整理出来的回族民间体育项目，与古老的曲棍球有相同之处。相传为山里放牛娃为改变长年单调贫乏的生活所创造，游戏规则简单易学，场地不受限制，深受回族群众的喜爱。在空旷的草地中间挖窝，称为“牛圈”，用根部带弯度的嫩木制成“赶牛棍”，“牛”则是用直径约 10 厘米的木疙瘩或石头制成。20 名穿着回族传统服饰的小伙子每人手持木棍，一队选手站在赛场一大四小 5 个坑边防守，一队人马则挥棍赶“牛”，发起进攻，裁判吹着哨子指挥，比赛的激烈程度犹如足球。

7. 武术

回族武术的内容丰富，门派繁多，包括各种拳术、器械、对练，既有中华武术的传统项目，也有富有独特风格的本民族项目，是在吸收其他民族武术精华的基础上，融会贯通中华武术各门各派，再结合回族社会实践活动和风俗习惯逐步形成、丰富和发展起来的。自明代以来，回族武术有打散手（现称散打）、长兵、短兵和拳术等。在回族中流传最广且形成特色的有查拳、华拳、洪拳、炮拳、腿拳和弹腿等。

查拳是回族的教门拳之一，相传是由查密尔所传，后辈就以他的姓氏命名为查拳。

“回回十八肘”从明末开始流行，是以肘法为主的短打招法。“汤瓶七式”以回族使用的汤瓶为基式。“弹腿”在回族中流行广泛，是以腿功、腿法为主的拳种，套路内容简练，动作左右对称，基本功扎实，实用性强。

第十章　蒙古族传统体育文化资源调查

一、民族概况

（一）民族起源

“蒙古”是蒙古草原上众多部落中的一个部落名称，历史上分别被称为“蒙兀”“朦骨”“萌古”“盲骨子”等。这个部落的发祥地在额尔古纳河东岸一带。“蒙古”意为“永恒的部落”“永恒的火”之意。1206 年，铁木真被拥戴为蒙古大汗，号成吉思汗，建立了蒙古国。成吉思汗及其继任者统一了蒙古族各部落，建立了元朝。

蒙古族主要聚居在内蒙古自治区，此外，还分布在辽宁、新疆、甘肃、青海、云南和贵州等地。

（二）分布

居住在贵州的蒙古族以余姓占绝大多数。根据有关史籍和民间传说，贵州的蒙古族一部分是元末明初被迫逃散来的，一部分是明末清初入黔的蒙古军。据 2000 年第五次人口普查统计，贵州蒙古族有 47531 人，大部分居住在毕节市的大方县、黔西县、金沙县、纳雍县，铜仁市的思南县、石阡县、印江土家族苗族自治县，遵义市的遵义、凤岗、仁怀、湄潭等县市，黔东南苗族侗族自治州的镇远、施秉和岑巩等县。

贵州蒙古族经济为农业经济，以种植业为其主要生活资料来源。因所居地自然条件不同，分为旱作农业和稻耕农业。其中居住在黔西北的大方、织金等地以旱作农业为主，兼有稻耕。居住在铜仁市的，则以稻耕农作为主。此外，还有种植业、养殖业、手工业等。

（三）宗教信仰

蒙古族早期信仰萨满教，元代以后信仰喇嘛教。

二、文化特征

（一）饮食

饮食分粮食（炒米）、奶食（奶豆腐）和肉食（烤全羊、手抓羊肉）。有饮红茶、奶茶和酒的习惯。

蒙古族早期曾从事狩猎，以猎获物为食品，如兔、鹿、野猪、黄羊、黄鼠、野马等。所食家畜以羊为多，牛次之，非大宴会不刑马。《黑鞑事略》载："其食，肉而不粒。获而得者，曰鹿、曰兔、曰野彘、曰顽羊、曰黄羊、曰野马、曰源之鱼。"从事畜牧业后，既吃猎获物，也吃家畜的肉和奶。《马可波罗游记》曾记载，鞑靼人完全以肉食和乳品作食物。一切饮食的来源都是他们狩猎的产物。他们还吃一种兔子一样的小动物（土拨鼠）。一直到夏天，这种土拨鼠遍布于整个大草原。这种动物的肉他们也不嫌弃，照吃不误。此外，还吃马肉、骆驼肉，甚至于狗肉。早期蒙古人的食物并不丰富，到了12世纪，饲养的家畜逐渐增多，食物便以家畜的肉和奶为主。蒙古地区还有一些个别的部落开始食粮，史料中只提到篾儿乞部舂米为食，邻近汉地的汪古部、弘吉剌部食粳稻。蒙古建国以后，随着屯田的发展，有更多的蒙古人以粮煮粥为食，行军时军营中也配置一些舂米以供兵食。但在相当长的历史阶段中，肉食和乳制品在蒙古族饮食生活中占有重要的位置。

蒙古族自古就是一个豪放勇敢的民族，他们喜欢饮酒。饮酒、骑马正体现了这个民族粗犷豪放的性格。他们喝酒讲究礼俗，认为"无酒不成席""无酒不成礼""无酒不成俗"，酒给宾、主带来了隆重的气氛，带来了欢乐，深深表达着蒙古人对宾客的尊敬和深情厚谊。因此，蒙古人向客人敬献醇香的马奶酒或白酒，被当作是增进友谊的一种方式。

蒙古族是酷爱生活和艺术的民族，所以他们的生活用品、饮食茶酒具也充满着古老美丽而又带着浓郁的民族色彩的装饰。蒙古碗是用桦树根旋挖成型，再用银片包镶而成。包镶的图案多种多样，尤以"八宝"图案最多。酒具也别具特色，一般是用锡料做成的抿壶和大肚圆口的锡壶，其盅子系镶油彩的瓷料。近几年经济状况好转后，家家都购置了黄铜或青铜的小壶和盅子。这种铜壶可以直接放在火盆中热酒。茶壶多为铜料，也有铝制品，茶碗则是高级瓷料且烧有花纹图案。饮食用具中最值得一说的是带有象牙筷子的蒙古刀。蒙古刀是牧民群众经常用到的工具，随身携带，既是实用品，又是装饰品，必要时还可以当武器用来防身。刀身以优质钢为原料打制而成，刀刃锋利，明光锃亮，显得十分可爱。刀套鞘有用硬木料、牛角、骨头等多种材料制造而成，鞘的两腰身用不锈钢、铜或银制作精美的花纹装饰，高档的填烧珐琅，镶嵌宝石，带有象牙筷子、红缨穗等。

（二）服饰

首饰、长袍、腰带、靴子是蒙古族服饰的四个主要组成部分。蒙古族服装尚青黑色，以皮衣为多，男女都穿袍子，喜用红、绿绸子扎在腰里。冬天多穿羊皮袄、皮裤、皮靴，里套毡袜子。夏天都穿布裤子、皮靴。蒙古族人民很爱美，即使皮袄挂不起面子也要用红、黑布或绒线在领、袖和衣边上绣花边。蒙古袍很肥大，除乘马放牧中能护膝防寒以外，夜晚还能当被盖。细而长的袖筒在乘马持缰时冬防寒，夏防蚊虫。肥大的蒙古袍腰带，主要的作用是乘马时能保持腰肋骨的稳定垂直。它的另一作用是冬保暖、夏防蚊虫。蒙古族的男子，头顶都留有长辫子，腰间挂小刀和火镰。妇女喜欢戴首饰。已婚妇女梳两个长辫，用黑布做两只辫套把辫子装在里面吊在胸前。辫套上绣有花纹图案或缀以银质圆牌首饰，蒙古语叫“哈都尔”。手戴镯子、戒指，耳戴耳坠。头戴雁尾式帽，又称风雪帽，它的圆顶阻风力小，帽檐小，但能遮阳远视。船形月牙立筒靴，乘马伸蹬方便，离马徒步行走拨草性强，阻力小。靴子的立筒除能防寒防风外，还能防止小腿肚和镫皮摩擦。

（三）生产生活

1. 语言

蒙古族有自己的语言文字。蒙古族属阿尔泰语系，有内蒙古、卫拉特、巴尔虎布利亚特 3 种方言。13 世纪初，经过对原有文字进行改革，用回鹘字母创制了至今规范通用的蒙古文字。

《蒙古秘史》等典籍已被联合国教科文组织确定为世界著名文化遗产；著

名的英雄史诗《江格尔》，是中国三大英雄史诗之一，最初产生于我国新疆地区的蒙古族卫拉特人中。史诗描述了英雄江格尔，他以非凡的才能建立了这样一个理想的乐园和社会："没有冬天和寒冷，四季如春，阳光灿烂；没有痛苦和死亡，人人永葆青春时光；没有潦倒和贫穷，只有富足和繁荣；没有孤儿和弱寡，只有兴旺和发达；没有动乱和恐慌，只有幸福和安康；珍禽异兽布满山头，牛羊马驼撒满草原；微风轻吹，细雨润田。"史诗表达了人民对自由幸福生活的向往，赞许了和平宁静的家乡，追求一个美好的、没有压迫、没有自相残杀的理想乐园。《饮膳正要》被列为对世界文明贡献卓著的重要医学发明成果之一。

2. 礼仪

待客献哈达。"哈达"，藏语音译，是藏族和部分蒙古族用于礼仪的丝巾。一般为白色，象征纯洁、吉祥，长约 5 尺，以生丝织造，多用于婚礼节庆、迎送馈赠、拜见尊长、觐见活佛、喜讯往来等礼仪中，有致敬和祝寿的意义。此外，还有一种五彩哈达，按佛教教义的解释，五彩哈达是菩萨的服装，是仙女的飘带，神圣无比，是最珍贵的礼物。五彩是红、蓝、白、绿、黄，分别代表空间护法神、蓝天、白云、江水和大地。

3. 婚俗

蒙古族一般都是父母和子女两代组成的小家庭。过去婚姻多由父母或亲族长辈包办。由于长期与汉族、彝族、侗族、仡佬族等民族杂居共处，彼此互通婚姻相当普遍。

贵州的蒙古族不信神，但崇拜祖先，清明节须杀猪宰羊祭祖。蒙古族移居贵州时，与汉族大量迁居贵州的时间大致相当，因此贵州蒙古族的文化习俗、生产习俗、教育状况与所居各地的汉族较为一致。

三、民族传统体育活动

（一）传统体育活动分类

蒙古族多崇拜山、水，认为万事万物皆有神灵，生于草原、长于草原的各种生物也有神灵掌管。受到自然崇拜和喇嘛教的影响，蒙古族传统体育活动中有许多宗教的仪式。

（二）传统体育项目介绍

1. 射箭

射箭在中国的蒙古族有着悠久的历史。13世纪成吉思汗统一蒙古诸部落后，射箭活动得到迅速发展，骑射技艺闻名于世。成吉思汗手下的大将“者别”（蒙语为“箭”的意思）就是一个著名的射箭能手。

弓箭之式样、重量、长度、拉力均无统一规格。传统的弓一般为木质，两端嵌牛角；弓背为半圆形，中间渐内收成圆握柄，绷以牛筋弓弦。箭长约100厘米；箭镰形状多样，多为铁质，亦有骨质；箭杆尾饰三排鹰羽。

射箭是蒙古族传统的“男儿三技”中的一项，也是那达慕大会最早的活动内容之一。在公元800多年以前，蒙古人分为许多不同的部落，他们的经济生活大体可分为游牧经济和狩猎经济两种。在成吉思汗统一蒙古以后，虽然狩猎经济的部落逐渐转向了游牧经济，但狩猎时期长年积累的拉弓射箭的本领却保留了下来，以防外敌侵略和野兽袭击畜群。没有牲畜的贫苦牧民则仍依赖弓箭捕杀动物维持生活。

射箭分骑射和静射两种。弓箭的式样、重量、长度、拉力都不限。骑射，就是从奔跑的马上向左右目标射箭，参加骑射的人数不限，对骑马、弓箭都无统一要求。射场一般有宽4米、长85~100米的跑道，设3个靶位，每靶相距约25米，从第一靶开始依次在2米高的木架上挂一个彩色布袋。靶位有一定距离，每人每轮一马三箭，共射三轮为九箭，最后以中箭多少决定胜负。静射，就是站立射靶。蒙古族射箭活动用的靶，在早期有草靶和牛羊皮靶，近代才出现了毡靶和棉布袋靶。比赛用的弓在民间有传统的榆木弓和柳木弓，高档次的为牛角弓和钢弓、塑弓。现代射箭，在距射手15至20米处设一靶牌，靶心向外依次为黄、红、蓝、黑、白颜色的圆环，射中最里面的得100分，然后依次为80、60、40、20分；此外，还有一种靶的靶心是活动的，箭中靶心会自动掉下来。

射箭的场面非常壮观，射手在颠簸的马背上拿弓、抽箭、搭箭、发箭，一马三箭要在规定的跑道上射完，如射不完是很不光彩的。

由于在历史上弓箭是蒙古人生活中不可缺少的武器，人们也就非常尊重那些优秀的射手，而射手也乐于当众表演或比赛自己的技艺，因而射箭便成了那达慕的重要比赛项目。

2. 摔跤

摔跤，蒙古语称为“搏克”，蒙古族的传统体育活动，早在13世纪时已经盛行于北方草原，既是体育活动，也是一种娱乐活动，常在祭敖包和那达慕大会时进行。

摔跤在蒙古族的传统项目中是最普及的，其历史亦甚久远，同时也是蒙古族特别喜爱的一种传统体育活动。古代称摔跤为“角抵”“角力”，它来源于古代民间舞蹈。凡是蒙古集会均有搏克比赛，比赛有其独特的服装、规则和方法，因此也叫蒙古式摔跤。蒙古族摔跤的特点是参加比赛的摔跤手必须是2的某次乘方数，如8、16、32等。还有比赛胜负采取单淘汰法，此外最大的特点是不得相互打脸，不得从身后偷袭对方，不得抱腿，不得抓对方的耳目及头发，不得踢对方的肚子或膝部以上的任何部位。至现代，搏克运动不但成为节日、那达慕、敖包祭礼、丰收后的庆祝活动所必有，在平日生产劳作的间隙中也随处可见。搏克运动之所以深受蒙古民族所喜爱的原因之一是，技术上动作繁多，即绊腿、弓、抱腰等106个动作。战术上用视觉、触觉来判定对方的身体特征、力量素质和战术意图，运用针对性的、合理的战术。在实战中手如箭，腰如蛇，腿如钻，攻防战术变化频繁而迅速，是一项体能和智能有机结合、欣赏价值和锻炼价值较高的运动项目。原因之二是，搏克运动的锻炼价值。搏克运动的106个动作是在大脑的支配下，运用四肢、腰部动作来完成的，故搏克运动是一项全身性运动。参加搏克运动能发展全身肌肉力量，从而提高力量素质，特别是对提高爆发力有着特殊作用，还能提高速度、耐力、柔韧、灵敏等身体素质，培养人们勇敢顽强、当机立断、吃苦耐劳的意志品质和灵活多变、沉着、冷静、机智勇敢的心理品质，对协调性、稳定性和判断能力的提高也有很大促进作用。因此，从组织管理、锻炼效果等视角看，在全民健身全面实施的今天，搏克运动是在蒙古民族聚集地区和民族院校很有推广价值的运动项目之一。

蒙古族摔跤的摔跤服用蒙古语叫作“昭德格”。“昭德格”多用香牛皮或鹿皮、驼皮制作，上有镶包，亦称泡钉，以铜或银制作，便于对方抓紧。最引人注目的是，“昭德格”的中央部分饰有精美的图案，图案呈龙形、鸟形、花蔓形、怪兽形。摔跤手身穿的套裤用十五六尺的白绸子或各色绸料做成，宽大多褶，裤套前面双膝部位绣有别致的图案。脚上穿马靴，腰缠一宽皮带或绸腰带。著名的摔跤手的脖子戴“江嘎”，这是摔跤手在比赛时获奖的标志。

3. 赛马

蒙古马和阿拉伯马曾是世界两大名马。蒙古马就是蒙古族长期精心培育的优良马种。蒙古族爱马，赛马是男女老幼最喜爱的活动。蒙古族赛马不分男女老少均可参加。少则几十人，多则上百人，一起上阵，直线赛跑，其距离40、60、80华里不等。为了减少马的负荷量，不论老少，大都不备马鞍，不穿靴袜，只着华丽彩衣，配上长长彩带，显得格外英武。

蒙古族爱马，也注重马术。历史上成吉思汗的13个“古列延”（军事组织）里，能骑善射的就达3万之众。1950年以后，广大牧民特别是青少年结合民兵训练和边防建设，广泛地开展了群众性马术运动。1951年内蒙古自治区正式成立骑术队，并有计划地培训骨干，制定规划，举办竞赛，以提高骑术水平。多年来，他们在马球、赛马、驯马、障碍、斩劈、轻乘（马上技巧）方面都达到相当高的水平，除了能在马上做各种平衡、支撑、倒立、空翻、转体、飞身上马等动作外，还能在奔驰的马背上叠罗汉和进行双杠表演，动作高难，优美精彩。内蒙古马术队先后到北京、天津、上海等地进行表演，同时也深入农村地区，慰问广大农民和边防战士并传授骑术，受到好评。

4. 赛骆驼

赛骆驼是蒙古族民间喜爱的一项体育运动，一般都在节日里举行。比赛时，运动员骑上骆驼，一声令下，骑手们策动骆驼奔跑。骆驼与马的跑法不同，马是前双腿和后双腿分别同时着地，呈前后波浪状。骆驼却是左双腿与右双腿分别同时着地，此起彼落，呈左右摆动状。骆驼在人们的印象中，身体庞大又笨重，似乎难于奔跑。其实不然，骆驼跑起来，每小时可达60千米，像草原上的骏马一样奔驰，而且比马有耐力。平时，牧民寻找丢失的牲畜或者追赶桀骜不驯的劣马，总是骑着骆驼去追寻。骆驼赛跑一般距离5000米以上。在草原上赛跑，比较容易，但在大庭广众之下的运动场上比赛，骆驼则不大容易驾驭，需要平时多做训练。

第十一章　壮族传统体育文化资源调查

一、民族概况

（一）民族起源

壮族的起源主要有“外来说”和“原住民说”两种。“外来说”认为壮族是从其他地方迁到广西来的，而从何地迁来，又有不同说法。至于迁入广西的时间，多数说是宋代，还有一部分说是明代。“原住民说”认为壮族是由广西先前的原住民族发展而来的。目前，这是民族学术界相对比较一致的看法，其根据主要是历史文献、体质人类学材料和文化人类学材料三个方面的材料。

从文献记载看，距今3000多年前，就有人类在岭南生息活动。如《逸周书·王会篇》在记述华南各族向周王朝进贡土特产品时曾指出：“正南瓯邓、桂国、损子、产里、百濮、九菌，请以珠玑、玳瑁、象齿、文犀、翠羽、菌鹤、短狗为献。”这里所提到的“瓯邓”“桂国”就是当时岭南地区的人们。该篇还提到南方的土特产有“路人大竹，扬蛮之翟，仓吾翡翠，区阳鳖”等。所提到的“路人”“仓吾”大部分居住在今广西地区。《礼记注》记载：“仓吾于周南越之地，楚吴起南并蛮越，遂有洞庭、苍梧。”这些人就是岭南地区的原始居民——壮族先民——之一。西瓯、骆越这两大部落住地，自东汉以后，逐渐演变为乌浒、俚僚、僚人、僮人等部族之地。以后历代均多沿用“僮”名，特别到清代后在广西各地更多用“僮”名。1949年后，中央人民政府把广西、广东、云南等地自称“布壮”“布农”“布泰”“布班”“布陇”“布诺”“布越”“布雅衣”“布曼”等的民族统一称为僮族。1965年，国务院根据周恩来总理的倡议，把含义不够清楚又易读错音的“僮”字改为

“壮”，把“僮族”改为“壮族”。

（二）分布

壮族主要分布在广西、云南、广东、湖南、贵州、四川等省区，以广西最多。根据2000年第五次全国人口普查统计，贵州壮族5.21万人，明清时期先后来自邻近的桂北各县，主要聚居在黔东南苗族侗族自治州从江县、黎平县，黔南布依族苗族自治州独山县、荔波县。

（三）地理环境

壮族聚居地区位于东经99°57′到112°，北纬21°31′到26°45′。其地貌基本特点是：西北高，东南低，由西北向东南倾斜；四周高，中间低，四周多山，中部和南部多平地；山地广阔，平原狭小，岩溶广布。许多地区属扬子地块边缘，例如被称为“壮民族的活化石”的黑衣壮世代居住地——那坡地区，系扬子地块边缘，属石灰纪和泥盆纪的石灰岩岩溶地貌。

壮族聚居地区属亚热带湿润季风气候，年平均温度20℃左右，部分地区夏季日照时间长，冬天霜雪较少，雨量充沛，夏湿冬干；而部分地区由于南亚热带季风气候，水分蒸发量大，气候干燥，低洼地易涝，春旱频率达70%，春末夏初有冰雹大风。

为了适应当地干旱的自然环境以及农业发展的需要，壮族选择了依山傍水、邻近田地、地基厚实、地势高凸、向阳通风的“弄场”来立村建寨。而这些“弄场”因平地较少，地势较陡，坡度大，壮族人在修建住宅时，为了扩大住宅面积，往往在房屋一侧凌空发展，在下边安装数根柱子支撑，形成干栏式建筑以定居。这样的村落基址地质结构稳定，土层深厚，适合建造永久性的聚落建筑；聚落附近又有丰富的水源和充足的耕地，使聚落居民有了可靠的生活来源。选择这样的地理形式作为聚落点，既方便了生活，也有利于农业生产。而壮族人传统的干栏式建筑不仅扩大了住宅面积，也具有良好的通风、透光、祛湿、防雨、排水、防蛇虫野兽的作用，真可谓一举而多得。

（四）宗教信仰

壮族信仰多神，全民族没有统一的宗教信仰。随着壮族社会的发展，壮族的宗教思想逐渐发展成巫教。至迟在南朝时期，由于汉、壮文化日益频繁的交流，道教传入壮族地区，并与壮族的巫教融合，形成巫道教。巫道教、巫婆（仙婆），为壮族人民所普遍信仰。佛教于东晋时传入广西，宋明时期佛教扩大到桂南、桂西壮族聚居区，但壮族信仰的不多。18世纪中叶以后，基督教、天主教相继传入壮族地区，但均未能形成影响。

1. *万物有灵*

壮族祖先相信万物有灵，周围的一山一石、一草一木都是有灵的。他们认为太阳是太阳神，打雷是雷神擂鼓，刮风是风伯作祟，下雨是雨师作法。天上的星星不仅是神灵，而且还分雌雄。在神话《三星的故事》里，太阳、月亮和星星是一家神灵，太阳是父亲，月亮是妻子，星星是儿女。因为父亲过于严厉，所以他一露面，妻子、儿女便匆匆地隐去了，直到太阳落山他们才出现在天空，儿女们愉快地在妈妈周围眨巴着眼睛。人们按照人的性格、家庭和社会，赋予天上的自然现象以人的特征，创造了神。地上的鬼神就更多了，山中花草树木无不有灵。特别是奇花异草，怪藤怪树，长得异乎寻常的，莫不以为神。有的树被奉为神树，不让砍伐，逢年过节还要祭拜。因此，在壮族地区的自然崇拜有日、月、雷、山（洞穴、山脉）、河水、火、树、草、禾等的崇拜。

2. *图腾崇拜*

壮族也跟世界上各民族一样，曾普遍存在过图腾崇拜。图腾观念是从万物有灵演化而来的。因为人们觉得周围一切都有神灵，并在诸物之中总有一种与本氏族生产生活关系特别密切，直到认为该物与自己氏族有亲缘关系，可以佑护氏族繁荣，尊之为“图腾”，对之特别敬畏，不准破坏，不准杀害，不准亵渎，还要有祭祀仪式。氏族成员以成为该图腾子孙而自豪，并把其形象刻画在额头、手腕或胸脯上，甚至衣饰也依照图腾的色彩和式样，于是图腾又变成了氏族的标记。壮族的很多姓氏原来就是氏族的标记，隋唐以后才用近音的汉字姓氏来表示的。例如，莫姓为黄牛氏族；侬姓为森林氏族；梁姓为禾稻氏族；潘姓为游猎氏族；区姓为蛙氏族；等等。

壮人曾崇敬过的图腾，天象方面有太阳、月亮、星星、云彩、雷电、雾霭、暴雨等；动物最多，有鳄鱼、蛇、野鸡、鸟类、犬、蛙类、牛、犀牛、熊、虎、鹿、猴等；植物有森林、榕树、竹、木棉以及其他怪树；还有怪山、怪石、怪岩、山泉、伏流、河流、深潭等。其中比较重要的图腾有雷王、鳄图腾、蛇图腾、狗图腾、牛图腾、蛙图腾。而这些图腾又以蛙图腾最著名。

蛙大概开始是瓯部落的图腾。瓯是中原汉族人记的壮语蛙的近音，故瓯部落即蛙部落。春秋战国时期，西瓯人统一岭西各部，他们的图腾也就上升为民族的保护神。这时期留下的花山崖壁画上面的蛙人形象十分明显，表明这些画是当时人们敬奉民族保护神——蛙神——的遗迹。直到1949年前，壮人对蛙依然敬若神明，认为它是雷王公子，被作为天使派到人间来，其身份与宙斯之子阿波罗极其相似。壮族铸的铜鼓上有蛙的立体雕像，东兰、凤山还保留有祀蛙的“蛙婆节”。不少地方禁杀蛙。

3. 祖先崇拜

随着父系氏族的确立，从图腾崇拜中产生了祖先崇拜，而且两者最初是合而为一的。正如汉代的龙是人首蛇身，人首乃夏人祖先伏羲和女娲。壮族的蛙神也是人身蛙形。祖先崇拜的前提是认为灵魂存在。壮族人认为，人死之后，灵魂依然在奈何桥（壮族人观念中的阴阳分界）那边生活下去。还认为，在阴间的祖先能给阳世的子孙福佑平安，消灾除难。这就是一系列葬仪和祭祀祖先的前提和依据。壮族干栏建筑厅堂正中板壁跟前，立着一个高约5尺的长条形神台，神台下为八仙桌，是放祭祖供品的地方。神台往上是神龛，稍往里凹，有遮檐，壁上写“×门历代宗亲考妣之神位座”，下方摆一溜儿白瓷香炉。一年的很多节日，祖先都可以优先享受香火，其中春节和中元节是两次大祭。在人们观念里，祖宗在天之灵是很神圣的，切忌亵渎。大新县有些地方特在墙壁中留有祖先出入的神道，从门侧直通神龛，并禁止妇女站在神道出口。清明节，还要给祖先扫墓。如果是一族人的祖先还有蒸尝田，收入留作同族人祭祀之用。到时子孙不管住在何方，能聚集的聚集，不能都来的派代表，十分隆重。祖先崇拜曾是维系家庭、氏族的强大力量，在阶级社会里曾被地主阶级加以利用。但它也常常和追念祖先艰苦创业、弘扬传统优良道德融合在一起，成为教育激励后人的一种力量，有一定积极意义。

4. 庙神崇拜

昔日，壮乡的村村寨寨都在村前建造庙宇，庙内设神台，立神位，供奉祭祀。壮族的庙宇较多，主要有盘古庙、土地庙、北帝庙、三界庙、观音庙、雷王庙、水神庙、竹王庙、药王庙、伏波庙、莫一庙、文庙等。

5. 巫教

壮族的巫教大约产生于原始社会末期。人们认为，巫教的教士是天神和人间的沟通者，也是祖先和人间的沟通者，因而教士是祭祀天神的组织者及祭神者。在古代，壮族巫教的社会功能是多方面的，参与祭祀、战争、生产及文化娱乐等各种社会活动，随着社会的发展，巫教的职能才限于祭祀祈祷、符咒治病的范围。壮族的巫教有巫公、巫婆，壮语叫“雅禁”，俗称禁婆。她们声称是神鬼的替身，可沟通阴阳两界，能卜吉凶、问鬼怪，跳神驱鬼治病。巫婆多单独活动，能说会道，善于察言观色，打听虚实，而且多是民歌高手。当巫婆的人事先可能得过什么病，昏迷当中说胡话，或者精神分裂，或得过癔症。病好之后，便顺水推舟说鬼神附身，吃斋守仙百把天，便当起巫婆来。再则巫婆不要经典，法事仪式简单，只要能眼观六路、耳听八方，会唱山歌，也就行了。

巫公（师公）活动方式与巫婆不同。古代他们进行茅卜、鸡卜、鸡卵卜、鸡骨卜、牛卜、田螺卜、篾卜等。巫公是巫教向宗教最高发展的标志，没有全民族统一的组织，教义、收徒、做法也不统一。大体上是一个小范围（区或乡）有一个老师公当头领（师父），活动限于几十里范围。师公的活动一是跳神，每年几次，内容是祭祀、敬神、游神，以后发展到立庙、安龙、打醮。跳神有时一年一次，开始是敬三元，后来发展到敬邓保、赵光明、马光华、关志明四帅，后来又加上朱统鉴等九官。其他神还有楼头圣母、天宵三十郎君与三十娘子、宝山三十郎君与三十娘子，等等。一般是三十六神各有一个鬼脸壳（假面具）。跳神时边唱边舞，舞蹈有花灯、鲤鱼跳龙门等，是按一定的符箓路线走的。这表示请神驱鬼，祈福消灾。再就是占卦，为人卜吉凶。超度亡灵也是师公的重大活动。这种道场是与道公同时做的，但各做各的法事，互不干扰。其最主要的活动是按一定程序唱有关经书，有时还要戴假面具。一般唱两句，敲一阵锣鼓过门，有一定锣鼓曲牌。也有的地方乐器较全，有大鼓、蜂鼓、大锣、大钹、小锣等，无弦乐和管乐，只用打击乐。师公最经常的活动是送鬼。

6. 佛教和道教

大约在唐代，佛教传入壮族地区。壮族地区的佛教并不严格。他们挂佛像，与雷王和如来混杂。其活动主要是授戒、超度亡灵、安祖、安墓、赶鬼、做斋、解关、解命、看课、算命、造房念咒等。其法器有法衣、昆禄朝珠、海螺、神像、木鱼、铜板、皮芦帽、红僧鞋等。有的袈裟带花，称花僧；也有穿青衣的，称青衣和尚。做法事时念《金刚经》《地藏经》等汉文经卷，但并不严格按和尚做法事的仪式。

道教在壮族地区流传较广，道教门徒壮人称为道公，他们尊张道陵为天师。道公除不吃牛肉和狗肉，每月有几个斋日，没有什么特别的禁忌，与常人无异。所供神像老子居前，老子所化三清随之，跟着是张道陵、葛洪，有的地方雷公也混在里面。他们以《道德真经》《正经》《太平洞一经》为主要经典。

二、文化特征

（一）饮食

多数地区的壮族习惯于日食三餐，有少数地区的壮族也吃四餐，即在中、晚餐之间加一小餐。早、中餐比较简单，一般吃稀饭，晚餐为正餐，多吃干饭，菜肴也较为丰富。大米、玉米是壮族地区盛产的粮食，自然成为他们的主食，花色品种多样。重达数十斤、大如桌面、在特大水缸内焖煮七天七夜方熟的特大壮粽，堪称中华食品之最。鲜蔬四时不缺，野菜随处可见。日常蔬菜有青菜、瓜苗、瓜叶、京白菜（大白菜）、小白菜、油菜、芥菜、生菜、芹菜、菠菜、芥蓝、蕹菜、萝卜、苦麻菜，甚至豆叶、红薯叶、南瓜苗、南瓜花、豌豆苗也可以为菜。以水煮最为常见，也有腌菜的习惯，腌成酸菜、酸笋、咸萝卜、大头菜等。

壮族对任何禽畜肉都不禁吃，如猪肉、牛肉、羊肉、鸡、鸭、鹅等，有些地区还酷爱吃狗肉。猪肉也是整块先煮，后切成一手见方肉块，回锅加调料即成。壮族人习惯将新鲜的鸡、鸭、鱼和蔬菜制成七八成熟，菜在热锅中稍煸炒后即出锅，可以保持菜的鲜味。壮族人也爱禽蛋和野味，擅长烤、炸、炖、腌、卤、煮等烹调方法，口味偏好麻辣鲜酸。名菜有：白切狗肉、壮家酥鸡、清炖破脸狗、豆腐肴、五色糯米饭、鱼生、烤乳猪、盐风肝、五香豆虫、酿炸麻仁蜂、火把肉、烧鸭、烤辣子水鸡、皮肝糁、子姜野兔肉、洋瓜根夹腊肉、酸水煮鲫鱼、白炒三七鸡、五彩蛋等，其他菜肴还有：酸菜炒粉肠、凉薯炒牛肉、烫马肉、网油猪肝卷、豆腐夹、粉丝青菜汤等。

壮族喜爱猎食烹调野味、昆虫，对三七的食疗颇有研究，利用三七花、叶、根、须做菜很有特色。嗜酒，口味辣麻偏酸，喜食酥香菜品。广西的“香猪”是久负盛名的菜肴。制作香猪所用猪崽，是近亲繁殖的，烘烤、清蒸、爆炒都鲜嫩可口。

壮族自家还酿制米酒、红薯酒和木薯酒，度数都不太高，其中米酒是过节和待客的主要饮料，有的在米酒中配以鸡胆称为鸡胆酒，配以鸡杂称为鸡杂酒，配以猪肝称为猪肝酒。饮鸡杂酒和猪肝酒时要一饮而尽，留在嘴里的鸡杂、猪肝则慢慢咀嚼，既可解酒，又可当菜。好饮茶，嚼槟榔。

较有民族特色的是中元节（鬼节）、牛魂节（牛王节）和吃立节。鬼节是仅次于春节的大节。每年稻谷成熟时要过尝新节，饭前要将每样饭菜盛一些让狗先吃。桂西山区过去缺盐少碘，正月三十过“送大脖子节”，捕鱼捞虾，吃黄糯米饭，并把饭菜装入空蛋壳内扔进河里，算是送走了大脖子。五色蛋也是节日食品，将煮熟的鸡、鸭、鹅蛋染上四种颜色，再上一个本色蛋则成，然后与五彩米饭一起吃。有特色的菜肴是“豆腐圆”，是用猪肉泥加上豆腐、鱼、虾等及调味品搅成馅料，做成丸子，油炸而成。

簸箕糯米糍，小的糍粑每只用米量约 15 千克，直径 50~60 厘米；大的用米量 25 千克以上，直径达 1 米多。这种举世罕见的糯米糍，在西林县壮族村寨里最为兴盛。先将糯米用清水淘洗，再投入清水缸中浸泡，中间可换清水一次，待米充分吸水后，捞出，用清水冲洗一遍，入蒸笼蒸熟。然后把糯米饭倒入碓窝里舂捣。由于舂糊全为手工操作，一般需要七八个人，各执一根棒，团团围住碓窝，你一棒我一棒地轮番舂捣，将饭粒捣烂成泥倒入簸箕，用力揉搓几遍，再迅速展开，均匀撒上一层馅心，再对折起来，又迅速展开，如此反复两三次，放三四层馅，最后撒上一些熟芝麻即成。

（二）服饰

壮族是传统的农业民族，纺织、印染手工艺历史悠久。地理气候环境、经济文化等因素造就了壮族服饰特定的基本式样，壮族服装以蓝黑色衣裙、衣裤式短装为主。又由于民族的不断融合，男子服装几乎与汉族服装相差无几，只是腰间束带而已；妇女服装多用花边装饰，腰间束围裙，裙装逐渐被裤装代替。就壮族服饰的颜色来说，古代、近代多以蓝靛作染。

男装有右襟与对襟两种，右襟衫反膊无领，衣纽从右腋下开至腰部又转向正中，再开出三四寸而止，衣襟镶嵌一寸多宽的色布边，用铜纽扣，再束上长腰，着宽大裤，束腰带，有的缠绑腿，扎青、黑、蓝或白头巾；对襟开胸，长仅及脐的紧身衫，这是在劳作时穿着的。而女装为无领右襟，只是衣袖比男装大些，宽大近尺，长至膝盖，镶嵌绲边，边条有宽细，一般在两三道以上。肩内贴布反衬在外，起缝三线，名叫“反膊衫”。男女衫的纽扣均为铜纽或布纽。男女裤子式样基本相同，裤脚有绳边，俗称“牛头裤”。已婚妇女有绲花边的肚兜，腰裤左边悬挂一个穗形筒，与锁匙连在一起，走动时发出“沙啦沙啦”的响声。男子礼服惯穿长袍，外面套上一件短褂，通称“长衫配马褂”，起先是头戴顶圆帽，后来改戴礼帽。到了现代，壮族的穿着衣式已基本现代化，但老一辈人仍普遍以穿蓝、黑两色为主。壮族的男女服装款式以蓝黑色衣裙、衣裤式短装为主。据清代顾炎武《天下郡国利病书》载：“壮人花衣短裙，男子着短衫，名曰黎桶，腰前后两幅掩不及膝，妇女也着黎桶，下围花幔。”

壮族服色尚青黑，源于壮族先民图腾崇拜的驱邪祈佑。壮族自古有蛇图腾、鸟图腾和蛙图腾崇拜。《说文·虫部》字条下注：“南蛮，蛇种。”壮族人民自称蛇的后裔，奉蛇为图腾，可见其对蛇的敬畏和崇拜。壮族先民尊鸟为祖、为神。文山地区壮族传说乌鸦是一小姑，崇为小姑女神，其《巫经》之为“乌鸦小姑”，显示其鸟图腾崇拜的痕迹。在壮族历史上引人注目的还有蛙图腾，广西东兰、凤山壮族至今仍有“蛙婆节”，在每年都要举行盛大的祭蛙仪式。此外，现在石南壮族仍跳铜鼓舞，鼓上雕蛙，亦为蛙图腾祭仪的遗存。青蛇、乌鸦、青蛙皆为青黑色，为壮族图腾物的色彩。色彩寓于图腾实物，人们在使用图腾物以求图腾护佑时，同时也就使用了色彩。作为图腾实物无法分割的无形组合部分的色彩，被赋予图腾驱邪祈佑功能，这也是图腾崇拜观念扩展、演化的必然选择。图腾实物的色彩如同图腾实物本身拥有神圣功效，壮族先民对此深信不疑。因此，对他们而言，青黑色因其所承载的图腾观念，进而具有美的价值。

儿童头饰：童帽是用两三寸宽的绣花布条缝制成的无顶遮额帽。古籍中记载，壮俗“露顶跣足”“布帛勒额（束额）”，在童帽上获得再现，这种遮额帽既能保护头部，也是一种装饰品。婴儿的背带比常见的汉族的大得多，呈蝴蝶状，“蝶身”长3尺，宽2尺4寸，中绣花样图案或八卦乾坤图，但很少见绣有文字，两边“蝶翼”长9尺，宽1尺2寸，这种背带壮话称“腊”。新中国成立后，这种背带逐渐改小尺寸，有些背带刺绣上如“出入平安”“美满幸福”的文字，代替原有的图案。

花鞋：壮族花鞋是壮族的刺绣工艺之一，又称“绣鞋”，为妇女所用，流行于广西龙州等地。鞋头有钩，像龙船。分有后跟和无后跟两种，鞋底较厚。针法有齐针、拖针、混针、盘针、堆绣、压绣等。在色彩上，年轻人喜用亮底起白花，常用石榴红、深红、青黄、绿等艳丽色，纹样有龙凤、双狮滚球、蝶花、雀等；老年人多用黑色、浅红、深红等厚色，纹样有云、龙、天地、狮兽等。

银饰：壮族的银饰过去曾经普遍盛行。据民国二十二年（1933 年）编的《广西各县概况》载，百色“女子饰品，有发箍、簪及指约、手镯等”；恩隆“妇女装饰，城厢多尚金玉，乡村则重玉质银器”；西林“惟女子最爱佩戴簪钗、耳环、手镯及盾牌等。富者用金质，贫者用银质”；桂东南的壮家少女也“尚戴银质簪环”。壮族银饰的种类，主要有银梳、银簪、耳环、项圈、项链、胸排、戒指、银镯、脚环等。土官时代，安平妇女最多戴 4 个银项圈，十多个戒指（有的一指几个），加起来重 1 斤多。桂北壮族妇女的项链和项圈共达 9 个之多，胸排长方形，透雕，打成鸟兽花卉，下沿有小链穗，以银链挂在脖子上。壮人银镯式样比较丰富，有的打成一指宽的薄片；有的打成一根藤；有的打成多根相互缠绕；有的还嵌上绿色的小珠，等等，显示壮人的银饰艺术。随着时代的变迁，人们观念的变化，目前，在壮族地区已难见到壮族妇女佩戴传统的银饰了。

三、民族传统体育活动

（一）传统体育活动分类

壮族传统体育活动是在生产劳动中萌芽、产生、形成的，登山、奔跑、投掷、射箭、射弩、游泳、踩风车、赶牛过河、龙舟竞渡、上刀山等壮族传统体育同壮族的生产方式、生活方式密切相关，在特定的自然环境下，是壮族先民生存斗争的手段，也是体力、心理锻炼的特殊方式。

（二）传统体育活动特点

1. 地域性

壮族生活的环境多水，体育活动大多数以水为载体进行，这些形式多样、具有鲜明地方特色的体育活动内容伴随着壮族民俗文化的演进沿袭至今。

2. 娱乐性

壮族传统体育具有娱乐性，它着重于人的身心需要和情感愿望的满足，以自娱自乐的、消遣的和游戏的活动方式出现。人们在这些活动中可以直接得到令人愉悦的情感抒发和宣泄。由于壮族体育的这个特点，使它具有较大的吸引力。每逢喜庆节日，男女老少聚集在一起，开展各种体育活动，沉浸在无比的欢乐之中。

3. 健身性

壮族传统体育是改造自然、改造社会、促进人类自身发展过程中的智慧结晶，它对改善民族体质，提高人民的身体健康水平起着积极的作用。

（三）传统体育项目介绍

1. 抢花炮

（1）简介

富禄“三月三”花炮节历史久远，始于清朝乾隆而盛于嘉庆年间，至今已有200多年历史。“抢花炮”始于闽粤商人到此经商，由于信奉“妈祖”，兴建庙宇祭祀。在“妈祖”生日举行大型庙会祭祀活动时举行“抢花炮”运动，每年庙会燃放三支花炮。

第一炮：命名为“发财炮”，寓意抢得第一炮，得炮者当年财运来到，生意一定兴隆、红火。第二炮：命名为“添丁炮”，寓意抢得第二炮，得炮者爱人当年定能怀上男孩。家中添丁，延续香火。第三炮：命名为“如意炮”，寓意抢得第三炮，得炮者当年生意、生产、生活各方面顺顺当当、天遂人愿、万事如意。

在神权统治时代，由于人们思想的历史局限，封建意识浓厚，所以“抢花炮”得到广大青年的积极参与。因此规模、场面逐年增大，非常热闹。加上三支花炮吉祥物，都是经过庙宇杀猪宰羊供奉过，更相信它的灵验。此种思想意识一直沿袭到20世纪50年代末。随着社会的进步，科学的传播，普及除旧立新、破除迷信，这种封建意识才逐渐淡化。60年代，在极“左”路线的影响下，民族花炮节被定性为封建迷信，活动遭到禁锢后中断。

党的十一届三中全会后，花炮节得以恢复，在党的民族政策光辉照耀下，通过新闻媒体的报道、传播，“抢花炮”活动被确认为少数民族传统的体育活动，具有竞技性，被誉为“东方橄榄球”。到如今，“抢花炮”项目已在全国少数民族传统体育运动会举办8届，已在全国得到普及及推广。“抢花炮”这一体育运动项目将会随着时代进步、发展得到升华，跨出国门，走向世界。

（2）比赛规则

①比赛场地为表面平坦的长方形草坪或土地，长60米，宽50米。线宽12厘米。线的宽度包括在场地之内，长线叫边线，短线叫端线。

②接炮区。以场地的中点为圆心，画一个半径5米的圆圈为接炮区。

③炮台区。在距离端线中点两侧4米处各向外画一条4米与端线垂直的线，再画一条线把其顶点连起来，与端线平行，这个区为炮台区，在炮台区两侧架设高2米以上的网墙。

④罚炮区。以端线中心点为圆心，画一条长20厘米、宽12厘米的平行线，为罚点炮线。该线包括在距离花篮架的2米之内。

（3）器材

①花炮。花炮为直径14厘米的彩色圆形饼状，外圆呈轮胎形，厚2.5厘米至3.0厘米，用不会伤及队员的橡胶做成，重200~240克。

②送炮器。能把花炮冲上10米以上高度并落在接炮区内发出声响的发射器。

③花篮架。高度80厘米，放在炮台区内端线中心点的10米处。花篮架用直径不超过20厘米的圆木做成。

④花篮。篮口内沿直径为40厘米，花篮高为30厘米的圆柱体，用竹或塑料做成，花炮固定在花篮架顶端。

（4）队员

一场比赛有两个队参加，每队上场人数不得多于8人少于5人，其中1人为队长。全场比赛替换队员不能超过5人次。

（5）比赛

无论何方抢得花炮，都可用传递、掩护、假运动、奔跑等方法，力图攻进对方炮台区；另一方可用拦截、阻挡、追赶、搂抱（合理部位）、抢截等方法，抢到花炮和阻止持花炮运动员前进。持花炮运动员越过端线进入对方炮台区，把花炮投入花篮内即为得分。每投进一次花炮得一分。进炮后，由司炮员重新发炮。持花炮队员误将花炮投入本方花篮内算对方得分。

2. 射弩

射弩不仅在壮族人民中十分盛行，明景泰《云南图经志书》记载：“居山林……常带药弓弩，猎取禽兽。”弩为狩猎、防身工具，亦可作装束和定亲信物，它由弩批、弩床、弩弦组成。射时，横持弩，置箭于弩槽内，将弩弦拉入镶口，扣动扳机，箭即飞出。汉代以后弩有所发展，如三国时期诸葛亮改进的“连弩”，“使之能一弩十矢俱发”。明代《武备志》中有诸葛亮的详细图解，与抗战前北京的连珠弩构造相同，只不过连珠弩是发射弹丸的，进入20世纪80年代，射弩运动在很多少数民族中都得到广泛开展。

在1982年第二届全国少数民族运动会上，云南、广西选手表演了精彩的射弩。1986年8月第三届全国少数民族运动会上列为竞赛项目。

场地设置

（1）场地平坦，在保证安全的情况下，长不少于30米，宽度可根据靶数决定。

（2）比赛时所有运动员均在一个比赛场地进行。比赛如果在室外进行时，射击方向应避免阳光逆射。

（3）丈量射程距离是从起射线外沿起至靶心的垂线止。

（4）起射线宽5厘米，应与靶标线平行。

（5）射位宽2米，长2.5米，每个射位应有与靶号位一致的靶号标志。

（6）靶标高度一致并设在同一直线上，每个靶标上应有明显的号位标志。靶标尺寸：长60厘米，宽60厘米，厚度以箭能插稳为佳。中心高度：立姿1.3米（误差为±0.1米），跪姿1米（误差为±0.1米），间距2米。

（7）为确保安全，靶标后应设箭挡，如果设置困难，应留有至少50米的安全地带，插警戒旗并设专人警戒。

器材规格

（1）弩只能用竹、木质材料制成。弩床上可设管槽与瞄准器，瞄准器只允许用弩身相同的材料制成，击发部分可用任何材料制成，但长度不得超过8厘米。管弦的制作材料不限。

（2）箭是用竹、木质材料制成的，长度不限，断面直径不超过0.6厘米，箭头、箭尾可用其他材料，但长度规定为箭头不超过8厘米，箭尾不超过1厘米（尾翼除外）。

（3）靶均采用室内18米箭靶，靶纸尺寸第10环环距为4厘米，其余环距均为2厘米，每两环为一种颜色，依次为10、9黄；8、7红；6、5蓝；4、3黑；2、1白。

第十二章　畲族传统体育文化资源调查

一、民族概况

（一）民族起源

畲族是我国的一个古老民族，是贵州典型的散居民族之一。他们自称“山哈”，畲语意为“山里客人”。在公元6世纪末7世纪初，以广东省潮州凤凰山为中心的闽、粤、赣三省交界的广阔空间已有比较稳定的畲族共同体。“畲”字有垦田而居者之意。1956年12月，畲族作为单一民族被确认，有关畲族的研究在确认前后都颇为丰富。关于畲族族源的见解很多，概括起来有外来说和原住民说两种。多数人主张畲瑶同源于汉晋时代长沙的武陵蛮。其主要论据是“武陵蛮”和畲族有共同的盘瓠图腾信奉。因为在畲族中，至今广泛流传着属于原始社会图腾崇拜性质的盘瓠传说，传说他们的始祖盘瓠因为帮助皇帝平息外患，得以娶其第三公主为妻，婚后迁居深山，生下三男一女，长子姓盘，次子姓蓝，三子姓雷，女婿姓钟，子孙逐渐繁衍成为畲族。原住民说者认为畲族源于周代的闽人，闽是福建的原住民。在隋唐时期，畲族主要居住在闽、粤、赣三省交界地。因此，畲族是闽人的后裔。

（二）分布

根据第五次全国人口普查统计，畲族人口数约为70.96万，其中福建、浙江两省人数最多，占全国畲族人口的90%以上，其次江西、广东、安徽、贵州、湖南等也是畲族人口分布较为集中的省份。江西、广东、安徽三省的畲族都有学者进行过调查，但贵州和湖南两地的畲族则很少有学者关注。贵州的畲族是1996年政府根据“东家”人的称呼，史称“东苗”，将其民族成分确定为“畲族”。东家，是当地汉族对贵州畲族的称呼，意为他们从东边而来。东家人自称与苗族同源。据口传，东家先祖来源于江西。根据族谱和碑文记载以及民族成分认定前的考证，其先祖入贵州前，居住在江西赣江流域及赣东、赣东北一带。其先祖多是元末和明洪武年间，或奉旨征讨、迁徙，或避祸而迁入贵州。东家入贵州时，首先落居于贵定平伐一带。由于历史原因，一部分东家人融合于其他民族，造成人数减少。后来，余下的东家人居住的区域，在以麻江县为中心及其邻近凯里市炉山镇的六个鸡、角冲、干坝以及福泉市、都匀市的部分地区，连成一个较为广阔的区域。如今，贵州省畲族分布在黔东南苗族侗族自治州的麻江县、凯里市、黔南布依族苗族自治州的福泉市和都匀市。据 1996 年统计，全省畲族人口共有 41524 人。其中，麻江分布最多，有 32366 人，占全县总人口的 16.66%，分布在全县 9 个乡镇：杏山镇有 12216 人，碧波乡有 5844 人，贤昌布依族乡有 3547 人，谷峒镇有 3354 人，宣威镇有 3058 人，下司镇有 1602 人，坝芒基布依族乡 1368 人，龙山乡 1274 人，景阳布依族乡 103 人。凯里市有畲族 1596 人，主要分布在炉山镇的六个鸡、角冲两个行政村。都匀市有畲族 2979 人，主要分布在杨柳街镇谷江片区，沙包堡镇摆楠片区以及洛邦镇的义红等地。福泉市有畲族 4583 人，主要分布在马场坪、凤山、兴隆、黎山 4 个乡镇，其中马场坪镇有 2088 人，凤山镇 1098 人，兴隆镇 1041 人，黎山乡 356 人。

（三）地理环境

选取贵州省麻江县为主要代表进行研究，麻江县地处贵州省中部，清水江上游。在东经 107°18′，北纬 26°17′至 26°37′。东西长 58.2 千米，南北宽 36.7 千米。与凯里、丹寨、都匀、贵定、福泉市相邻。距省会城市贵阳 145 千米，黔东南州府凯里市 50 千米，黔南州府都匀市 38 千米。全县总面积 1225.95 平方千米。地理地貌以山地为主，低山、低中山、丘陵及河谷盆地占全县总面积的 78.4%。县城杏山镇所在地海拔 930 米，最低海拔 576 米，最高海拔 1862 米。麻江县属于亚热带季风湿润气候区，夏无酷暑、冬少严寒、光水热同季、雨量充沛，年平均气温 14 至 16 摄氏度，年降雨量 1200 至 1500 毫米，相对湿度 80%左右，无霜期长达 270 至 310 天。时有倒春寒、干旱、凌冻等自然灾害发生。东部重峦叠嶂，群雁坡、长岭岗气势磅礴，马尾河畔的金流洞钟乳瑰丽，似宝窟仙境。南部丘陵起伏，老人坡形若翁妇并坐，惟妙惟肖。西部峰林连绵，散布溶洞，天生桥绚丽多姿。北部群山巍巍，龙头岩宛似龙头，栩栩如生。中部群山逶迤，水落潭瀑布瀑声隆隆、白水飞溅、虹霞似锦，平田哨写字岩，古迹犹存。县城近郊有照壁山、火焰山、凤凰山和贵人山，昔有“十景”，奇观别致。下司镇是贵州八大古镇之一，省级保护区老蛇冲、省级森林公园仙人桥，水落潭瀑布、清水江等人文与自然风景均有探不完的奇，览不尽的胜。土地总面积 180.21 万亩（1 亩≈666.7 平方米），中、厚层土壤面积占总面积 80%，耕地面积 17.9 万余亩，土质肥沃，适宜各种植物生长，为发展农业、林业、牧业提供了良好条件。境内河流众多，水能资源丰富，有较高的开发空间，对发展水利电力事业有很大的帮助。在金属矿藏方面，已经探明的地下金属矿和非金属矿共 16 种，其中煤和重晶石储量最为丰富，且品质优良，对发展麻江县的工业优势提供了原材料。已知的 400 多种树木中以马尾松、杉木的数量最多，生长速度快，成长周期短，是用来建房、做家具的首选优质木料。另外，查明的野生动物 100 多种，有虎、豹、熊、野猪、野鸡等。此外还有金银花、杜仲、天麻等 280 多种野生药材。

（四）宗教信仰

宗教信仰方面，畲族盛行自然崇拜、祖先崇拜，多信鬼神，无神论者、信仰儒释道的为数不多，伊斯兰教、天主教在畲族地区基本没有信徒。如遇丧葬，畲族请本族的鬼师按照丧葬程序做法事，念《开路经》引导亡人升天，安葬死者等。现今民族关系交往日益密切，富裕的畲族在丧葬方面不仅请本族鬼师按本族的仪式规定安葬逝者，另请道士用道教的丧葬程序超度亡人。畲族在与周边民族的文化交往中，文化的趋同性显著，共同因素增多。这是民族长期交往的必然结果，是文化发展的规律。趋同性显著、共同因素增多是文化和谐共生的表现。

二、文化特征

（一）饮食

畲族地区山高水冷，水田少，旱地多，种植水稻少，多种杂粮。畲族缘山近水而居，其经济文化属山地农耕类型。

1. 一年四季以杂粮为主食

畲族长期过着随山而种的游耕山地农业生活，历史上虽也租种当地地主的水田种水稻，但所种的大米基本都用于交租，所以一年四季以番薯、玉米等杂粮为主食。民俗学家沈作乾在1924年发表的《括苍畲民的调查》一文中详细记录了浙江丽水碧湖畲村畲民的饮食情况：畲民的饮食以番薯为主粮，玉蜀黍次之，食米的很少。普遍用番薯切丝，掺米饮食，叫作“番薯丝饭”。1929年德国学者史图博先生在景宁敕木山所见到畲民的饮食情况是：“吃得非常简单，只有富裕的人家才吃得起大米饭，以甘薯为主食。每天吃两餐，很少吃三餐。”

2. 嗜辣重咸，喜食野味、河鲜，善腌制食品

畲族的饮食习惯之一，嗜辣。畲民喜欢在炒菜煮食时加辣椒调味，正如畲族谚语所说：“火笼当棉袄，辣椒当油炒，番薯丝吃到老。”关于畲族饮食习惯中嗜辣之原因大概有三：一为贫困，缺油，以辣椒当油炒；二为畲民客观居住的条件使然，居在深山，地阴气寒，吃辣能去湿却寒，有利于健康；三为畲民喜食河鲜、野味，加辣调味能去腥。

畲族同胞散居于深山之中，耕山而作，日常狩猎、捕鱼以供饮食之需。故其饮食风俗中喜食野味、河鲜。《古田县志》有载：畲家“男女赴山耕作，每腰系鱼篓，捕鱼螺以为馔羹，执柴刀采薪以供粉饷”。

为了保存食物，畲族先民特别重视腌制和腊制食品。关于畲族饮食习惯之中喜腌和腊、重咸这一特点，畲谚有云：“食最好是咸腌货，穿最好是蓝青色。”例如，把芥菜略晒，加盐腌制在大缸或木桶之中，即成酸咸可口的酸菜；青辣椒加盐腌制，即成酸辣可口的酸辣椒；萝卜加盐腌制，即成咸萝卜；竹笋加盐腌制，即成酸竹笋。此外，尚有色似金黄琥珀的咸菜、咸豆、霉豆腐等。鱼类河鲜，小鱼泥鳅之类则烘干，大鱼则剖开以盐腌咸再加酒糟腌制，挂于透风阴凉处晾干，则成风味独特的腌鱼干。腊制食品一般在冬季，有腊猪头、腊条肉、腊猪脚等。其中，畲家腊腿制作工艺特殊，风味独特，于每年冬季，取新鲜猪腿，用食盐抹透，挂于灶头，常年以烟火熏之，历时一年则肥肉似白玉，精肉似火红，以刀片成薄片即可入口食用，肉肥而不腻，有股淡淡的烟熏味道，美味无比，口感独特。

3. 喜热食，善饮酒

喜热食，善饮酒，是畲族传统饮食文化之中的一大特色。所谓热食，即桌上架炉，随煮随吃，类似于今日之火锅。畲家家家户户于餐桌之上均常年备有一只小风炉。此炉一般为泥炉，也有讲究一点儿的用铁炉。风炉置于桌中间，生以炭火，架上小铁锅或小铜锅，待汤料水沸时，将豆腐、青菜之类倒入现煮现吃。请客摆酒席时，也设小风炉，一道道地上桌倒入小锅煮着趁热吃。

畲民热情好客，善饮酒，以自家酿制的美酒待客。客人一到畲家，主人一般不先泡茶，而是恭恭敬敬地用双手捧上一大碗米酒请客人品尝，这是畲家最高的待客礼节。畲族过节日，办红白喜事，没有酒就不算过节；没有请客人喝醉就不算办喜事，不算请过客。所以畲家一年四季，家家均酿有米酒，建房时有“上梁酒”；生日时要吃“生日酒”；定亲时要喝“定亲酒”；嫁女时要吃“嫁女酒”；娶亲时要吃“讨亲酒”；真可谓无酒不办事。

畲民喜饮酒，也更善酿酒，有悠久的酿酒历史。据有关客家文化史研究专家考证，自南北朝以后为避战乱而由北方中原地带迁入南方的客家人的酿酒技术就是向当时的畲族先民学习的。畲民酿酒，一般分两步走，一为制酒药做红粬；二是用红粬和糯米发酵酿酒。好酒关键在于要有好的红粬。制粬，是一项技术要求很高的手艺，成为畲族民间的一门绝活，并成为半职业化的工作。制粬一般在秋季进行，畲民的制粬师傅一般采用一种生于河边的红苕草发酵，或用“酒脚”，与米粉一起发酵，来制作红粬的“粬娘”。“粬娘”制成后，先把旱米浸泡一天，上甑蒸熟后，倒在地上摊开，使之略凉，再用“粬娘”拌米饭，使每粒均沾上“粬娘”，然后堆成一堆，用布袋将粬米盖好，约经一昼夜发酵到粬米发烫时就马上摊开晾干。制粬是一项全凭经验和感觉的技术活。一年之中，四季均可酿酒，但农历十月是最好的酿酒季节，畲俗称十月份酿制的酒为“十月缸”。在酿酒时，畲民根据不同的需要，还用草药煎水酿酒，称“药酒”。酿酒后的酒糟，也有多种用途，一为加上番薯丝经第二次发酵，用来蒸烧酒。这种白酒的酒精度可高达50°左右，称“番薯烧”。二为用来当菜吃，如酒糟毛芋、酒糟萝卜、酒糟豆腐等。三为用来糟制各种风味食品，如酒糟鱼、酒糟带鱼、酒糟肉、酒糟猪肠等。腌制酒糟类食品很有讲究。如酒糟带鱼，取新鲜带鱼，用一瓷罐，以一层酒糟一层带鱼，撒一层薄盐再加一层酒糟，再加一层猪肥肉或猪大肠，如此层层相加，压实后用竹箬叶扎紧封口，大约腌制月余，即可食用。食用时只需略加姜丝，上锅蒸熟即可。此菜，酒香、鱼香、肉香，鲜香无比，是下酒下饭的第一等好菜。

4. 九药不如一补，重视食疗

畲族自古以来大多居住、劳作、生活在山区，在长期的恶劣自然环境和低下生产条件下，为了谋求生存和繁衍，他们根据实践经验的积累，充分利用山区丰富的草药资源，大胆地将草药与食品配伍，创造性地开发和形成了富有民族特色和山地文化色彩的民族民间饮食文化——食疗。畲族食疗历史悠久，民间有谚云“九药不如一补”，即是这段历史生活的总结与概括。畲族食疗既用来增强体质、预防疾病、延年益寿，也可用来治疗一些急慢性疾病，使用面广，涉及内、儿、外、妇、眼、五官、肛肠、骨伤等，且普及率极高，几乎家家户户都能应用。

畲族民间食疗首先强调以脏补脏，认为禽畜的内脏或肌肉与人体相应的内脏或组织有特殊的对应补益关系，所以治疗四肢关节痛多用猪蹄、红酒等炖食治关节风湿病。又如，治头风痛配用猪（羊）脑加白埔姜鲜根、冰糖适量炖服。再如，治疗胃脘痛则加猪肚与一些健脾养胃利气的草药炖服。

其次，畲族食疗注重人身体的寒、热属性。认为体质寒冷者要配用热性食物，体质热者要用冷性食物。如胃脘冷寒者要用属热性的羊肉来炖药；如热性体质则选用温性平和的猪肚或猪夹心肉炖药。添加糖酒类亦依此区分，白糖、冰糖性凉，红糖性热；白酒性凉，红酒（米酒、黄酒）性热。同时还要注重季节的变化，夏天气温高，阳气旺，故食疗用料及草药大都选用冷性；冬天则常用热性食品和草药为上。

最后，用药剂量大，强调药物的新鲜度。最好是现采现用，陈年药物不用。

畲族食疗，不仅可改变药物的口味，同时还具有滋补、防治疾病的双重作用，所以对于治疗慢性疾病和养生保健有较显著的功效。

5. 畲族美食传说多

畲族饮食风俗在漫长的发展过程中不仅形成了自己独特的饮食文化理念，而且在流传过程中还产生了许多美丽动人的传说。这些有关畲族饮食风俗习惯的民间传说，为我们深入了解畲族饮食风俗文化及其制作工艺提供了极为难得的研究资料。

如关于畲族三月三吃乌饭的传说，据畲族史研究专家雷弯山先生统计就达 71 种说法之多。

一说：畲族先民在抗击敌人时，敌人常来抢米饭吃，于是畲民故意把米饭染成乌黑色，敌人怕中毒，不敢食用。畲族人民能吃上米饭，有了力气，终于把敌人打败。

二说：相传唐代有个畲族英雄雷万兴，在反抗统治阶段压迫的斗争中，被关进牢房。他力气大，饭量也大，一顿要吃一斗的米饭。其母送来的米饭常被狱卒吃掉，万兴就叫母亲把饭染黑，狱卒见状再也不敢吃了。万兴吃了饭，养足了力气，恢复了体力，后来越狱，勇敢作战，于三月初三战死沙场。后族人就于每年三月初三染食乌米饭以示悼念。此外，还有一种说法：唐总章二年，雷万兴带领畲军对抗唐朝廷南征官兵，有一次被围困在山上，断了粮草，只好以黑色的乌稔果充饥。胜利后，在三月三节日的酒桌上，雷万兴忘不了乌稔树果子的功绩，就吩咐士兵上山采摘。可是这三月时节，乌稔树刚开花，所以士兵们只采了些乌稔树叶回来。这时有人出了一个主意，把乌稔树叶与米一起煮，果然米饭变成了乌黑透亮的乌米饭，吃了之后，畲军士气大振，打了不少胜仗。为了纪念抗敌胜利和雷万兴的功绩，畲民每年三月三就采摘乌稔树叶熬汁煮乌米饭吃。

三说：畲族英雄蓝天风被关进地牢，家里送的饭经常被狱卒吃掉。怎么办？一天，歌手钟秀姑娘用山蚂蚁做饭，送到牢门口，毒死牢头。后来畲民把饭染黑，狱卒就再也不敢吃了，天风才在牢中吃上了饭。为纪念蓝天风，后来三月三就开始吃乌米饭了。

关于畲族饮食风俗的民间传说尚有很多。如：反映畲族秋后新谷落田，新米归仓的丰收时节，炊新米庆丰收的传说《尝新米》；讲述四月八畲民采摘艾草，制作春菊糍，祭祖飨神的传说《春菊糍》；关于畲族山地种麦的来历的传说《麦神》；关于畲族酿酒和饮酒的传说《酒仙》；关于谷米及其他食物的碾压工具——石臼的传说《金鸡臼》《神奇的石臼和箬叶》等。

6. 畲族饮食禁忌

《中国民族文化大观・畲族编》及《浙江省少数民族志》二书关于畲族饮食禁忌事项作了初步的统计，现转录于下，以供参考：

（1）古时忌吃狗肉、蛇肉。

（2）吃了牛肉忌吃橄榄。

（3）服了中药，忌吃萝卜。

（4）身体长疔疖，忌吃蔓藤类的瓜果。

（5）小孩忌吃鳝、鳗。

（6）两人同时喝溪水，忌跑到别人上游喝。

（7）吃饭忌不扶碗。

（8）吃饭忌打人。

（9）忌用筷子打猫，忌吃猫肉。

（10）忌用筷子打碗、饭桌。

（11）忌坐在吃饭桌上。

（12）忌用单只手捧茶招待客人。

（13）酒桌上忌空碗。

（14）客人未离席，忌收碗筷。

（15）上别人家做客，吃点心时忌吃光，应有所剩余。

（16）年初一忌喝菜汤，不然插田要下雨，整年出门要打伞。

（17）忌用脚踩地上饭粒，否则会被雷击死。

（18）忌孕妇小孩吃死鸡、死猪等未宰过的禽兽肉。

（二）服饰

畲族的传统服饰，衣服崇尚青、蓝色，多着自织的苎麻布。由于居住地区不同，服饰的样式不一，种类很多。在文献记载中，多说畲族早就“织绩木皮，染以果实，好五色衣服”。清代，畲族服饰，“男女椎髻，跣足，衣尚青、蓝色。男子短衫，不巾不帽；妇女高髻垂缨，头戴竹冠蒙布，饰璎珞状”。

（三）头饰

畲族头饰因年龄、地区而有差别。一般妙龄少女的头发是用红色绒线掺在一起编成一条辫子，缠盘在头上，做成圆形状，前留若干刘海，无特殊的饰物。畲家少女两鬓夹有两支银笄，订了婚，须脱下一边，以示已许配人家。已婚妇女一般都把头发从后梳成螺式（罗源）或截筒高帽式（福安）盘在头上，高高隆起，插饰珠料，形似凤头。罗源畲族妇女头发用红色线梳成高七八寸的髻子，畲家叫“凤凰髻”。畲族妇女颈上还佩戴银项圈、银链，腕上戴银手镯，耳戴耳环。畲族妇女喜戴精美别致的斗笠。

（四）生产生活

1. 农耕习俗

畲族以农为本，在祭祀日和时令节日里都举行祈求神灵庇佑风调雨顺、五谷丰登的仪式，其中农历正月的清醮道场是隆重的祈求丰收的祭祀仪式。畲族与生产有关的时令节日有牛歇节、圆冬节等，平时结合农事活动的祈福更是经常举行：农历正月初一至初四“开正福”，初五“下神福”，二月初一“春福”，初二“土地福”，立夏日“夏福”，端午节后“保苗福”，白露日“白露福”，立冬日“冬福”，除夕“完满福”。

农忙时节，畲家有“门有落锁”习惯，即全家出工，仅用一根小竹条或小木棍闩在门扣上，以示屋内无人。冬季收成后，田野彻底清理，聚族摆宴，男女劳力一起饮酒庆丰收，俗称“理园埕”。

做福：即开正福，正月初一至初四，主要是祈求一年四季平安；农历二月初一（初二），为春福，祈求春耕顺利、五谷丰登；立夏日为夏福，庆祝麦子收成，这一天有吃面条和夏饼的习俗。有的畲族人家还要拿麦子换面。端午节前后（农历五月三十日）晚稻、番薯都已栽插，为保苗福，求保护庄稼免遭病虫害、兽灾、旱灾等，以祈求禾苗茁壮成长；白露日为白露福，答谢神明保佑秋粮进仓；除夕为完满福，答谢神明庇佑并庆祝一年的农事活动顺利。

牛歇节：农历四月初八为畲族的牛歇节。是日凌晨，畲族农民要把牛赶到山上吃露水草，梳洗牛身，做牛栏卫生，还以泥鳅鸡蛋泡酒，或用米粥等精饲料喂牛，严禁对牛棍打鞭甩。修有牛王庙的村庄也在这一天供祭。

尝新节：农历七八月水稻收割后过尝新节，又为“食新节”。按畲族传统，开镰收割必须先择吉日，把头一趟割的稻谷碾成米，煮成白米饭，供祭地方神、祖公神、灶神。祭毕，请亲邻一起品尝新饭。桌上要请本家长辈先动箸，以示尊敬老人，祝贺老人健康长寿。是日客人越多越好，据说“多一人尝多一人粮”。各人饭罢，还要盛一碗米饭放在桌上，称为剩仓。

圆冬节：立冬这一天，户户砻糯谷，舂米做糍粑，全家共餐，庆祝一年辛勤劳动取得的好收成。有的人家还要杀鸡宰鸭烹食，俗称“理园埕”，田园种植大计到此已料理完毕。个别畲民因某种原因立冬未曾做糍，那么，到冬至也要补上“圆冬节”这一餐，或舂米糍或做汤圆先供祖，后全家吃汤圆，以祝来年好收成的习俗。

2. 狩猎习俗

狩猎是畲家男子的副业。狩猎时既有个人单独进行，也有集体行动。狩猎需要协同行动，即三五人一帮、七八人一组，事前做好分工。到达狩猎地点，有的随带猎犬搜山，有的守候在野兽必经之路，伺机身击。其行猎方式有土铳射杀、弩杀猛兽、竹枪杀兽、竹吊拴兽、木笼框兽、陷阱困兽、累刀刮兽等。

畲民出门行猎时，要拜“猎神”为“田公元帅”或为畲族始祖。获得猎物时，击中野兽第一铳者，可分得兽头、兽皮和部分兽肉。要第一铳击中，野兽仍在奔逃，由另一个人补铳后，野兽才死的，兽头兽皮归第一铳者，部分兽肉则与补铳者均分。其余兽肉按出猎者（含旁观者）人头平均分配。要猎到中等野兽（如野兔、雉鸡等），就推举出一人把猎物煮好，各户拿出一些酒来聚食。

3. 建房习俗

畲族一户建房，全村帮工，帮工者只用酒饭，不拿工钱。建房前要择吉日奠基、架木马，而后劈扇料，制作木构件。上梁之日，要备熟猪头、鸡、鱼、酒、菜，以及草鞋、木屐、雨伞、笔墨砚、镜子、胭脂、头梳、花线、红带子等物祭鲁班仙，请紫微銮驾。上梁时辰一到，鞭炮齐鸣，木匠师傅将缠悬红布的正梁架好后，用亲朋送来的稻米与红布压梁，备馒头分馈众人，以示彩头好，并在当晚宴请工匠和亲戚朋友。

房屋落成后，择日砌灶，然后择吉日入宅（迁入新房居住）。入宅时全家人手拿工具、火把或灯笼，象征生活红火，户主肩挑祖公香炉、斗灯和火钵，路上不断地往火里撒盐，发出爆声，象征发丁发财，同时放爆竹，按辈分大小鱼贯进入新房，而后把祖公香炉、斗灯移到厅堂桌上，点香秉烛拜祭。当晚摆入厝宴请亲戚朋友。

三、民族传统体育活动

（一）传统体育活动分类

畲族体育产生于不同的自然环境、社会环境及生活和生产方式之中，其内容丰富，形式多样，各具特色，表现出注重内外兼修、形神兼备的特点，具有鲜明的民族文化特色和丰富的科学内涵。它深切地寻觅着世界体育先进文化的融合和共同语言，又谨慎地发展着本民族体育文化的个性，从而形成了畲族自然质朴、绵延世泽、眷恋乡土、理解情感、尚人伦、尊祖宗、重道德、崇礼敬的民族品格和精神。

（二）传统体育活动特点

畲族人民历来重视体育活动，体育活动的项目也很多，有武术、登山、“打尺寸”、“操石磉”、骑“海马”、竹林竞技等。畲族武术以畲拳最著名，棍术次之。畲拳乃畲族独创，已有300多年的历史。创编者名叫雷乌龙，人们尊称为“乌龙公”。畲拳的主要动作有冲、扭、顶、搁、削、托、拔、踢、扫、跳等。畲族武术分棍术和拳术两大类。棍术种类多，动作名称复杂多样。拳术十分普及，作为拳术的一部分，有令人叫绝的点穴功夫。武术精通的老拳师一般都会点穴术和医术。但是，畲族武术还需要进一步地整理、挖掘。

（三）传统体育项目介绍

1. 畲族武术

畲族武术基本上可分作棍术和拳术两大类。由于棍术器械的长短及其功用有别，又有不同的名称：一种叫“丈八棍”，长1丈2尺，由单人耍弄；另一种叫“齐眉棍”，或称“盘柴槌”，长6尺或4尺8寸，供两人对打。棍术动作复杂多样，有双头槌、三步跳、四步半、七步、九步、猴子翻身、天观地测等。

2. 畲族拳术

拳术（又叫“打工头”）在一些畲族山村十分普及。作为拳术的一部分，还有令人叫绝的点穴功夫，有这种绝技者多是德高望重的老拳师。畲族拳术流传于金涵、七都、九都、八都、飞鸾、漳湾、城南一带畲族聚居村落。主要有龙尊拳、虎尊拳等，其主要动作有冲、扭、顶、搁、削、托、拔、踢、扫、跳，其步型稳健，坐马前轻后重，用三角连环马，利于攻守转换，出手则多用短打即收。使用器械有锄头、扁担、棍剑等。金涵乡畲民曾在第三届全国民族运动会上表演过拳械对练和对棍。

3. 舞龙头

宁德畲族同胞，每逢节日，必有舞龙头活动，流传于八都的猴盾和飞鸾的南山一带，用以纪念民族图腾，祝福村寨平安、庄稼丰收、族人欢乐。舞龙头曾在第三届民运会上表演并获表演奖。

4. 舞铃刀

又叫舞铜铃、舞钢刀。流传在闽坑、八都一带山区畲村。有跑、跳、冲、刺、劈等动作，由驱鬼待平安仪式而来。传统习俗只许男性参加。1949 年后，经过整理，摒弃了封建传统，吸收女性参加活动，成为一项活泼、有力的传统体育项目，曾在全国首届民族传统体育运动会上表演。

5. 打尺寸

打尺，代表断弓，寸即是残矢之意。其中“尺”是长约 1 米、直径约 2 厘米的木棍。“寸”是长约 40 厘米、宽约 3 厘米、厚约 0.5 厘米的竹片。比赛在类似平整的链球区内进行，分投寸区、击寸区、落寸区三区域。击寸区为直径 2 米的圆形区域；投寸区的投手和击寸区的击手平行。投寸区与击寸区的圆为 4 米。落寸区是一个 60°角的扇形区域。

相传畲族将领蓝奉高反抗唐王朝的武装斗争，以断弓横扫敌人的乱箭而获胜。后来，畲家子孙世代都训练弓击乱箭的本领，以示纪念。这项体育活动流行在福建东部的畲族聚居地区。每逢节日或农闲之时举行，通常是人们围在空地上打起尺寸，久而久之，形成一种独特的文体活动。

这项活动参加者至少两人，多则五六人。在活动场地上画一个圆圈，一人手持木棍站在圈内，用棍击竹条飞向前方，其他人在前场奔接，接到者可得一定“尺寸”。未接住的竹条被就地拉起后可向圆圈投去，持棍者可用手接，也可用棍击出。若竹条投中圈内未被接住或未被击出，则投者得胜，持棍者换人。如竹条投落圈外，或被击出，其落点经丈量后，根据距离远近给予持棍者一定“尺寸”。在规定的时间内先得到规定“尺寸”或得尺寸多者为胜。

6. 节日登高

畲族传统体育活动中最引人入胜的是登山活动。每逢春暖花开的“三月三”和秋高气爽的“九月九”，畲族山区都要举行登山。比赛地点选在畲族聚居的海拔 600 米以上的高山上。届时不分地域，不分男女，连过路的客人都可以参加。天不亮，参加者穿着节日盛装来到登山地点，等太阳升起，一声鸟枪响后，比赛开始，最先到达指定地点的为优胜者。待参加者都登上山，一场有趣的盘歌就开始了，歌手各显身手，气氛十分活跃。

7. 赶野猪

畲族是一个古老的民族，历史文化悠久，大部分居住在大山中，以务农为主，主要种植水稻、番薯、大豆、玉米等农作物。大山里野猪较多，野猪破坏农作物最厉害，经常被野猪破坏得颗粒无收，是畲民的一大敌人，于是畲民集中组织大家赶、打野猪。赶、打野猪需要方式、方法，于是畲民就在家里演练赶、打野猪。通过演练能锻炼人的意志，强健人的体魄。经过慢慢发展、演变，就成为当今畲族传统体育项目——赶野猪。

8. 打篾球

"打篾鸡蛋"，又称"打篾球""打竹球""打竹绣球"，常在山间和田野举行，融体育和娱乐为一体，集庆礼与竞技于一身，曾普遍流行于贵州织金大营乡一带。篾球是两个队在一块两端各有两个球门的长方形场地上，按照一定的规则进行对抗活动的一种运动。比赛每队 5 人，分成上半时（20 分钟）和下半时（15 分钟），共 35 分钟。主要用球拍进行传、接、带、射、抢等技术竞争，进攻队力求用球拍将球打入球门，防守队极力阻止、破坏对方进攻，转守为攻。它具有比赛不受性别、年龄大小限制，技术多样、战术丰富、对抗激烈等特点，能有效地提高速度、耐力、力量、灵敏等身体素质，有利于培养勇敢顽强、机智果断、勇于克服困难的品质和团结互助的集体主义精神。

9. 操石磉

"操石磉"一般选择在石铺的街道上进行。"操"即"推"，"石磉"即"石块"。石块呈扁圆形，底面光滑，大小不一，大的可百十来斤，小的仅几十斤。参加比赛的多为少年或青壮年。少年多为二人一组，一人双脚稳踩石磉，斜挺腰杆，称"健杆"；另一个为"健杆"挽臂包胸，合力共同推动石磉前进。青壮年多三四人一组，一人为"健杆"，余者手抬杠子。让"健杆"仰面斜躺，双脚踩石磉，挺直腰杆，双手紧靠杠子，把石磉飞快地向前推进。也有不用杠子，由两人分别握住"健杆"的双手往前拉，四臂宛如一根曲杠子，推拉着石磉前进。还有对阵的"操石磉"比赛，又叫作"对磉"。参加比赛的双方，各自把石磉向对方推移，让双方的石磉猛烈地碰撞，如一方的石磉被撞滑到街边，就算输了。有的"健杆"一不小心身体倾斜，往往被震翻在地，引起围观群众发出诙谐的呼喊声：“烙，豆腐啦！烙，豆腐啦！”意即如豆腐碰撞不得。对于胜利者则报以热烈的喝彩声和鞭炮声，整个活动具有浓郁的乡土气息和热切欢快的气氛。

10. 抄杠

抄杠是畲族的传统体育项目，它源自畲族古时的自卫强身活动。在旧社会，畲族是一弱小民族，畲民不仅遭受历代统治阶级的欺凌、压迫，还遭受自然灾害和豺狼的无情袭扰，但勇敢坚强的畲族人民不畏强暴，勇敢地和大自然以及反动统治阶级、外来侵略者进行不屈不挠的抗争。在抗争过程中畲族人民更加意识到，必须要有强健的体魄和功夫才能克敌制胜。畲民大多深居山中，扁担、拄棒是他们的日常生产工具，也是他们自卫防身的武器。空闲时他们经常聚集在一起，用拄棒、扁担、竹杠、木棍等物对顶、对拉、对推、对拧，以此提高自身上下肢和腰腹力量，增强自卫能力。久而久之，这种活动便成为畲民喜爱的传统体育活动。

第十三章　瑶族传统体育文化资源调查

一、民族概况

（一）民族起源

贵州是一个多民族聚集地，是一个多民族的省份，其中瑶族是贵州世居民族之一。乾隆《贵州通志》卷七记载："瑶人，黔省原无，自雍正二年，有自粤西迁至贵定之平伐。"瑶族是一个古老悲壮的民族，是个史载不多的神秘民族，民间有"先有瑶，后有朝"之说，可见瑶族的历史之远古。贵州省荔波县瑶山乡是瑶族聚居的地方，而荔波瑶山白裤瑶被联合国教科文组织认定为民族文化保留最完整的一个民族，被称为"人类文明的活化石"，是一个由原始社会生活形态直接跨入现代社会生活形态的民族，至今仍遗留着母系社会向父系社会过渡阶段的社会文化。据历史文献记载，瑶族在原始社会时期就生活在黄河流域。在漫长的历史发展长河中，由于部落、诸侯割据，战事连年不断，瑶民被迫逐步迁入中国南方及东南亚国家，他们大都居住在边远的高寒山区或深山密林，以刀耕火种、不固定的游耕农业经济为主。因此，经济、文化发展相对落后。

（二）分布

由于地理位置、生活习惯、民族风俗、服饰等的不同，贵州瑶族有着不同的族称，主要有五大支系：盘瑶、白裤瑶、红瑶、油迈瑶和河坝瑶。每一个支系都有与众不同的特征，形成了瑶族整体丰富的多元民族文化。贵州瑶族主要分布在贵州三都、荔波、榕江、从江、黎平、雷山、丹寨、麻江、剑河、罗甸、望谟、石阡等县。

（三）地理环境

瑶族分布的特点是大分散、小聚居，主要居住在山区。瑶族村寨远离城镇集市，多建于近林靠水的高山地带，运输全靠人背马驮。山区气候潮湿寒冷，故住房多低矮无窗。一般二三十户自成村落，村与村大都相距十数里或数十里。村寨距耕地亦甚远，故每家在耕地处又建有田房，规模与村内住房大体相同而形成“村外村”“家外家”。农闲住村，农忙住田房，粮食大部分堆放在田房内。瑶族有自己的语言，但支系比较复杂，各地差别很大，有的甚至互相不能通话，没有本民族文字，瑶族语言属汉藏语系苗瑶语族瑶语支，由于长期与其他民族接触，各地瑶族一般又兼通汉语和其他民族语言。

（四）宗教信仰

瑶族是一个崇尚神灵的民族，一直保持独特的宗教文化。他们认为人类生活在一个充满神灵的世界上，人最终会逝去，但是他们的灵魂则会永久存在，逝去的只是人的肉身，灵魂是有生命的，具有与活人一样的能量。灵魂会赐福或者贻祸于活人，瑶族注重尊重与信仰灵魂。

二、文化特征

（一）饮食

瑶族是一个古老的山地民族，以务农为主，实行轮耕，兼营狩猎、捕捞与采集，手工业较发达。瑶族以玉米、大米、红薯等为主食，蔬菜的口味比较清淡，肉食喜欢腌制，瑶族人还喜欢利用山区特色自己加工制作食物。瑶族人也热爱喝酒，利用大米、玉米、红薯等酿制而成，口感浓郁、清香，凡遇节日喜庆，痛饮终日，劳动之时以竹筒盛酒带至田间，兑上清水饮“寡酒”，借以解渴和消除疲劳。

（二）服饰

瑶族在贵州的分布比较广，由于支系、地理位置、风俗习惯的不同，所以瑶族的民族服饰也有不同。

1. 盘瑶

盘瑶是瑶族传统文化的主干支系，因信奉盘王而得名，它包含了瑶族的大部分人口。盘瑶自称“棉”或“勉”，即是人的意思。茶山瑶称盘瑶为“山板”，音义均与汉字相仿，即种山板瑶之意。花蓝瑶对盘瑶称为“尤半”，“尤”为“瑶”，“尤半”意为“板瑶”的倒装句。山子瑶称盘瑶为“倒半”，“倒”是汉人或人，“半”即“板”的变音。坳瑶称其为“斑尤”，为板瑶的变音。过山瑶、山子瑶、排瑶等属于盘瑶支系系列。又因从前盘瑶妇女所戴之帽用木板做成，故又被称板瑶。县内盘瑶妇女的头部装饰有三种，即尖头、平头、红头。贵州瑶族中的盘瑶主要分布在榕江县、从江县、罗甸县、紫云苗族布依族自治县、雷山县、镇宁布依族苗族自治县、三都水族自治县等地。

大瑶山的盘瑶服饰，分红头装束、白头装束、尖头装束三种类型，红头装盘瑶女子服饰又分“大红头”“小红头”。红头盘瑶的头饰是由“包头盖”、红锦带、格子纱巾三件组成。大红头是由小红头增加饰物而成。红头装的上衣是对襟长摆长袖；女裤是在已做好的裤子（可以是唐装女裤，也可以是梭裤或者西裤）的两条裤脚镶嵌裤脚花即成。裤脚绣满“银花”“细腻花”“官手花”“爆玉米花”“鸡冠花”“绕绕花”“柿子柄花”“四方花”“人花”“鸡翅花”等图案。红头装盘瑶着简装是用一条格子纱巾束腰，着盛装，则需佩戴瑶语叫“纠碰”的胸褂和披肩饰件。披两条红丝线带连着礼裙与绣花小裙组成的“套裙”，束5条以上细格子纱巾和3条以上红丝线锦带，围捆两块重叠绣花小裙。

白头装盘瑶女子装扮时凸显白带、白纱。如果盛装，需把包头整平盖于头顶，然后把两条小红锦带左右相交捆住头饰，然后把格子纱巾斜绕前额头饰于头顶。白头装所穿衣服和红头装有些许差别，白头装衣服整体比红头装稍短，衣服的边、脚、袖口等处用花布条或者黄布条捆边，然后镶嵌花边。白头装女裤与红头装女裤相同，无差别。白头装盛装的配件和红头装有所不同，束腰时白头装是用腰带，而不用格子纱巾，接着束捆丝线带。再有白头装的小裙是用蓝、白、青、红、黄五色布条镶在黑布左、右、下三边而成。

盘瑶称尖头装盘瑶为“大竹笋”。尖头装头饰由竹壳帽模、包头盖、前额狗牙垫、绕带、前面捞带5件组成。竹壳采自大毛竹的竹壳，制成圆锥形帽模，尖头装上衣与白头装相同，但前襟的结构与红头装、白头装有明显差别。尖头装前襟安布扣，腰束一条腰带即可；尖头装的盛装，除不披背裙子、不披挂大锦带之外，其他部位的饰件和白头装相同。

大瑶山南部男子头戴头帕，主要用格子纱巾，中、北部盘瑶男子的“帕”不用格子纱巾，是用两条黑布，其中一条的一端绣满花。

2. 红瑶

瑶族中的红瑶主要分布在黎平、从江两个县。从江县瑶族文化研究保护中心基地建设项目落户翠里乡高华村。高华村是千年药浴“长寿之乡”，村民洗药浴如同吃饭，长期洗药浴的瑶人很少生病，寿命均在80岁以上，八九十岁的老人仍上山砍柴，行走自如。瑶族妇女生产以后即泡特制的药浴，三天即能下地劳动，母婴健康。

贵州省文化厅人员到高华村对非物质文化遗产保护工作进行调研，看望了瑶族药浴传承人，并考察了高华村瑶族药浴传习示范基地。最终，在省文化厅组织专家考察研究后，决定将从江县瑶族文化研究保护中心基地建设项目落户翠里乡高华村。这对推动瑶族药浴、瑶族长鼓舞等一批非物质文化遗产的传承发展和保护起到了积极的作用。

瑶族长鼓舞是中国瑶族民间舞蹈，多在瑶族传统节日、庆祝丰收、乔迁或是婚礼喜庆的日子表演。瑶族长鼓舞的历史悠久，常在瑶族传统的祭盘王仪式和一些驱鬼逐邪、治病占卜的巫术活动中跳此舞，现在瑶族长鼓舞已经成为瑶族群众性文娱活动。表演时，鼓手左手握住长鼓的鼓腰上下翻转，右手随之拍击，边舞边击。表演形式主要有4人合舞、双人对舞等。动作主要有造屋、制鼓、耍鼓、模拟动物、祭祀等。舞姿刚健，风格淳朴。有的还可以在一张八仙桌上手舞长鼓，边打边跳。一般以唢呐、锣鼓伴奏，有时也唱“盘王歌”来助兴。2009年被列为贵州省省级非物质文化遗产保护名录。

3. 白裤瑶、青裤瑶、长裤瑶

荔波瑶族是开拓荔波的最早居民之一。远在殷周之前（约公元前14世纪到公元前11世纪），他们就披荆斩棘、繁衍生息在荔波这块沃土上。悬棺葬、幽崖洞葬是远古时代我国南方民族的一种葬俗，时至今日，瑶麓瑶族仍完好地保存着这一远古遗风。瑶族的居住、饮食、服饰的习俗，由于各地经济发展不一，亦有差异。瑶麓男子的装束是蓄发绾髻于头顶，用绣花头巾或青蓝二色头巾盘头，头巾两端绣有花纹并有巾须。穿无领衽青色布长衣，也称“青瑶”，前短后长，用布带扣结，腋下衣摆角处做成硬弓形，腰拴绣花带，下穿及膝短裤和脚笼，脚笼带的两端用红线和六谷米制成彩色绣球，部分人佩戴银项圈和银手镯；妇女蓄发绾髻，平时插以牛角制成的骨簪。衣着盛装时则插5根薄银簪于头顶，胸佩银项圈5~7根，项圈下垂挂5只银鸟，身穿青布短上衣，外套背牌式小衣，背腋下垂挂6~12条彩带，腰系裙4条及花腰带，脚穿绣球式脚笼。女子盛装特别讲究花纹，全身装束光彩夺目，靓丽怡人。

（三）生产生活

瑶族是一个传统民族，生产生活由于受到居住地域的限制，一直延续着农耕文化，还有打猎、捕鱼等生活习惯。

三、民族传统体育活动

（一）传统体育活动分类

每个民族都有自己的传统活动，贵州瑶族人民在特定的环境以及各种条件下，创造和发展了各类体育运动项目。有的是为了传承民族传统宗教信仰而创造的体育活动；有的是起源于瑶族人的生活以及生产劳动。贵州瑶族传统体育多数项目带有宗教色彩，反映着人们的思想观念，这也是少数民族传统体育普遍所具有的特征。

（二）传统体育活动特点

瑶族漂泊游耕的生活练就了其不屈不挠、果敢刚毅的团体习性。他们创造着物质，探索着文明。瑶族居住地区多为亚热带，村寨周围竹木叠翠，风景秀丽。这种独特的地理环境和人文背景，形成了瑶族独具特色的传统体育文化。对顶木杠、毛莱球（木头球）、打陀螺、人龙、打猎操、播公（打长鼓）、芦笙长鼓舞、串春珠、伞舞、刀舞、盾牌舞和瑶拳等活动形式，就是瑶族人民经常开展的传统的体育活动。

瑶族的传统节日。以过大年（春节）和七月半较为普遍，青瑶除过大年外，还有小年、卯节、播种节、“熟霞”祭祖和尝新米节等。各地过大年的节日均有不同特点。瑶山地区过大年以正月初一和十五这两天较为隆重，节日期间村村寨寨广泛开展打陀螺庆新年。因此，瑶山的年节也称“陀螺节”。瑶麓地区和散居的长衫瑶过的年节与周边的布依族、汉族习俗基本相同。节日里家家备足酒菜祭祀祖宗，家人团聚，与族人相互走访玩乐。

瑶麓族的舞蹈以打猎舞最为精彩，别具民族风格。瑶族称之为“熟九”，旧时用于丧葬椎牛祭祀和夜间守灵娱乐，由男子8至12人各持一长2米木棍相互敲击，配以舂米、生产、模仿各种动物动作等舞姿进行敲击，融舞蹈与棍术于一体，其动作刚健有力，紧张而激烈、粗犷，扣人心弦。猴鼓舞流行于瑶山地区，是丧葬场合巫师送魂之舞，舞蹈者是男子，也是一种单人舞，舞者做半蹲状，模仿猿猴攀爬跳跃，形似翻山越岭，涉水渡河，并围绕木鼓而舞，一边以鼓捶击于鼓面，或上或下，或左或右，时快时慢，舞步轻盈而矫健，动作干脆利落，舞姿古朴，饶有趣味。诸如这些瑶族的历史文化和习俗深受瑶族的喜好，沿及今日，尚在传承，仍在盛行。如今瑶族的铜鼓舞、陀螺、打猎舞、凿壁谈婚、洞葬等，都先后被列为贵州省和黔南州乃至国家级非物质文化遗产名录。

瑶族的民族节日较多，主要有盘王节，盘瓠王是畲、瑶族传说中的始祖，传说是一只名叫“盘瓠”的龙犬。盘王节是纪念盘王诞辰，日期是农历十月十六日。这天除祭祀盘王，男青年还要聚集对歌、交友，俗称“耍歌堂”。耍歌堂历时3天，第一天是祭祀、游神，将神像临时安放在村中；第二天未婚青年男女成群涌向广场耍歌堂对唱，成双成对的男女青年相对站立尽情欢唱，从朝至暮；第三天，男女老少浩浩荡荡将神像送回庙里，当夜幕降临时，鼓乐齐鸣，耍歌堂在欢庆的气氛中结束。达努节是为纪念创世女神密洛陀而过的节日，为农历五月二十九日。那一天，家家户户杀猪宰羊，唱歌跳舞，共同欢度达努节。瑶族的传统节日种类多，节日庆祝方式丰富多彩，在庆祝时，有美食、美酒，独具特色的民族服饰，载歌载舞，富有浓厚的民族特色。人们祈求农业丰收，祭祖敬神驱鬼，以求人丁兴旺，生产发展。

（三）传统体育项目介绍

瑶族保留了传统的民族文体活动，如赛陀螺、射箭、猴鼓舞、刺绣、斗鸡等。憨厚、朴实、勤劳、勇敢的白裤瑶山民，在长期求生存的实践中发展成为一个闻名遐迩的山地民族，以其独特的婚俗、葬礼、服饰等各种浓郁的多姿多彩的民族文化风情屹立于世界民族之林。瑶族的许多神秘备受世人关注，一个少数民族聚居的小山村，却引起了几代国家领导人关注，对这个落后、古老而神秘的民族发展给予了最大的支持。

1. 猴鼓舞

猴鼓舞是流传于瑶山白裤瑶地区的传统祭祀舞蹈，源于猴子救助白裤瑶祖先的故事，传说瑶山白裤瑶从广西迁入荔波捞村，遭遇危难得到一群猴子的解危护救。后人为了纪念祖先迁徙之苦和猴子护救之功，模仿祖先跋山涉水的情景和猴子攀爬跳跃护救祖先的神情姿态舞蹈起来，葬礼上人们以舞蹈祭祀祖先和护送亡灵，祈求亡灵平安归西。舞蹈以模仿猴子各种姿态神情为基本特点，其动作有“三击鼓面”“莲花”“反背”“穿脚”等，粗犷拙朴，节奏强烈。木鼓与铜鼓的合奏更是雄沉苍凉，回荡在山谷，犹如天地共鸣。舞蹈充分表现原始朴素的自然以及天地人完美统一的至高境界。2008 年瑶族猴鼓舞被列入国家级非物质文化遗产名录。

2. 打猎舞

文化传承，从 20 世纪 80 年代开始，瑶家人逐步在政府的引导下走出深山，过上更为便利的生活。他们的生活也告别了原来的刀耕火种。瑶家人走出大山后，有的在家种田，有的外出打工，有的在景区做起旅游生意。瑶胞的狩猎技巧不像以前那样能派上用场，不过，它以一些特别的方式传承下来。在瑶山，游客总会看到瑶胞的打陀螺、展示猎枪等表演，这些是对先辈狩猎生活的一种传承，例如打陀螺就是来源于人们狩猎时练习的场景，而猎枪表演展示了上山狩猎的景象。其中，荔波瑶族民间舞蹈打猎舞，就是源于瑶族先民驱赶野兽、保卫家园的方式，后为祭奠先祖演变为葬祀活动的祭舞。打猎舞原始的表演形式为男子群舞，分为上山围猎、打熊、打猴、打野猪、生产舞五部分。该舞蹈目前已演变到节庆、丰收等场合表演，且允许女子参加，成为瑶胞喜爱的民间舞蹈活动。“一是现在生活条件变好了，不用打猎就有吃的；二是政府提倡要保护生态，不准随便猎杀动物。”谈到狩猎传统的改变，一位曾经的瑶族猎手说。

3. 长鼓舞

长鼓舞分“单人舞”“双人舞”“群舞”等类型。它有 72 套表演程式，而每一套又分“起堂”“移堂”等若干细节。其动作特征是粗犷、勇猛、奔放、刚强、雄劲、彪悍、洒脱，不管是跳、跃、蹲、挫或旋转、翻扑、大蹦、仰腾等动态，都表现了瑶族人民热情奔放、坚强勇敢的性格特征。

长鼓的击鼓动作大多是表现生产、生活内容，如建房造屋、犁田种地等，形象生动，富有生活气息。击鼓有文打、武打之分。文打动作柔和缓慢，武打粗犷豪放；有2人对打、4人对打，也可一大群人围成圆圈打，气氛热烈，鼓声洪亮。

长鼓舞反映了瑶家人的生产斗争和生活习俗，反映了瑶胞的思想感情和理想愿望，具有瑶族独特的风格。在表演形式和程式上，都充分表现瑶胞的性格特征和气质。舞蹈的动作粗犷、勇猛、奔放、雄劲、洒脱；节奏明快、敏捷。舞蹈语汇模仿上山落岭、过溪越谷、伐树运木、斗龙伏虎等，形象生动，一看就懂。瑶族舞蹈几乎全是群众性、广场性的，并且都有一定的道具，如长鼓、花鼓、牛角、阳伞等，构成本民族的风格，为群众所喜闻乐见，易于流传。因此，在节日、婚事、宗教、丧葬等各种场合，有歌有舞，热闹非常。

4. 陀螺比赛

瑶族小伙子人人都有陀螺，同汉族的陀螺形状大致相同，但比汉族陀螺几乎要大一两倍，重两三斤！在陀螺腰上还沿周边抠出一道槽，以缠绕“启动绳”，小伙子们还在陀螺上漆上自己喜欢的各种颜色。陀螺比赛由瑶族德高望重的长者当裁判。陀螺手们把绕好的陀螺捏在手中，听到一声“开打”，便像发动柴油机一样，扯动手中的绳子，并顺势将陀螺甩出去，陀螺便在地上旋转。谁的陀螺转到最后，谁便是优胜者。或以陀螺互击，谁的先倒地谁为输家，演绎出具有地域特色的民族传统体育活动。围观的人群里三层外三层，将比赛场围得水泄不通。人们不住地鼓掌喝彩，为陀螺手们鼓劲加油。得胜的小伙子，甚得姑娘们的青睐。在瑶山，恋爱中的女子往往占据着主导地位，主动选择，大胆追求，女子挑选男子，支配男子，男子处于从属地位。瑶族陀螺比赛也是瑶族小伙子们获取姑娘们芳心的另一个赛场，所以可见瑶族陀螺赛事为何如此热闹非凡。

5. 播杵舞

起源于瑶族的生产劳动，发展于祖先之灵崇拜，是榕江塔石乡瑶族“还盘土愿”祭祀仪式中的重要部分，发展于祖先崇拜的“还盘土愿”宗教祭祀活动。该宗教活动在榕江瑶族地区深受瑶族人民的重视，将看树、砍树、树倒、丈量等制作“播杵”到试、冲、打等使用“播杵”的行为动作结合一体，从动作技术形态上来看，将制作“播杵”及“播田埋”的沉重劳动过程移植成为形神兼备、身心并育的体育文化活动。

播杵使用的器材是用空桐树制作而成，长度 1.2 米，中间直径 0.06 米，两头直径 0.08 米，类似“舂米或捶衣的木棒”。一般是一个人跳，配音是锣或鼓或响铃。共有 18 个动作，具体由看、清草、砍、树倒、丈量、锯、扛、背、拉、树上木马、劈、推、挖空俩尖、包、捆、试、冲、打等动作构成，每个动作有着不同的节奏及同样的脚步移动方法。据不同的劳动技能要求，右手做出不同的与劳动流程相似的动作；做看、扛、背、拉、上木马、试、冲、打的动作时，左右手协调做出不同制造和使用“播杵”的动作。从整个动作技术来看，每个动作都有其变化，节奏分明，根据不同的生产劳动过程，身体活动方式较为直白地体现了不同的劳动进程。

瑶族的各种体育活动都是为了表现生活、劳动情感，贵州瑶族人民用生产生活中熟悉的动作作为元素形成传统体育活动，其意义不仅仅是模仿生产生活中的形态，而且也是民族情感的思维方式。贵州瑶族传统体育文化是瑶族人民长期历史生活的代表与结晶，更是在不同的情况下沟通人们心灵的有效载体。

第十四章　满族传统体育文化资源调查

一、民族概况

（一）民族起源

满族是我国一个历史悠久的民族，白山黑水（黑龙江、长白山）是满族的故乡。满族也称满珠，含有吉祥之意。据第六次人口普查统计，贵州满族有 2.31 万人，主要居住在黔西、金沙、大方三个县的结合部。据地方志记载和民间传说，三个县满族迁入与清廷实施军事计划有关。清初，明王朝残部和大顺军退居西南，联合反清。清廷为了平定反抗势力，从广西、湖南、四川分三路进军贵州。事平后，部分满族清军留在了今黔西、金沙、大方各地，开垦从农，这是进入贵州省的第一批满族。清康熙十二年（公元 1673 年），吴三桂叛清称帝，战祸遍及西南各省。十九年（公元 1680 年），清廷以绿营步兵为前锋，满族旗兵随后平息叛军，收复黔西等地，这样，又有一部分满族官兵及其眷属定居在这些地方。

（二）分布

贵州少数民族满族，主要聚居在贵州省毕节市大方、金沙、黔西三县，还有少部分散居在贵州各个地区。

（三）地理环境

满族和贵州大多数民族所处的地理环境一样，处在高山峡谷之间，气候温和，冬干春旱，夏秋降雨充足，日照时间较长，昼夜温差大，气温垂直差异显著。

（四）宗教信仰

满族宗教信仰有萨满教、佛教、喇嘛教，其中萨满教最具代表性。

萨满教是一种古老的原始宗教。满族崇拜的神灵很多，大致可分为自然神祇、动植物神祇、英雄祖先神祇。自然神祇有日、月、星辰、雷、雨、山、河等，以火神为首神。火神是一位舍己救人的品质崇高的女神，因而满族的火祭十分壮观。动植物神祇中动物神（俗称野神）有虎、狼、水林蛇、鹰、喜鹊、乌鸦等，以鹰神为首神。鹰神与萨满有着某种渊源关系，据说女萨满是由鹰魂化成。满族萨满教的灵禽崇拜很突出，其他神兽则多为氏族部落守护神。植物神灵常见的有柳、柞、榆、桦等，以柳崇拜最为重要，它和女性崇拜紧密相连，神话中柳生育了万物。英雄祖先神祇崇拜的是有丰功伟绩或重大创造的英雄和祖先，如套掉七个太阳的三音贝子，凿山开湖的恩图色阿，教人射箭的兵肯色夫，等等。其中引人注目的是女神，她们可谓古代满族萨满教神灵的中心。

萨满在《三朝北盟会编》中为“珊蛮”，满语为“乌达元”，女真语中意为“天使”“天仆”。最初是由女性担任，说明萨满教产生于母系氏族社会，后来渐多由男性充当。萨满分为“大萨满”即“跳神萨满”和“二萨满”即“家萨满”。他们常见的服饰有神帽、神裙、七星褂、铜镜等。萨满的法器有腰铃、抓鼓、抬鼓、铜镜、铜铃、神刀、滴达枪、马叉、花棍、蛮特、卡拉器、箭等，都有象征意义。萨满神谕也叫神本或“特赫本子”，它是萨满教的“圣经”。萨满参与各种重要典礼和祭祀活动，具有崇高的社会地位。

二、文化特征

（一）饮食

满族传统主食有煮饽饽（饺子）、米饭、林米水饭、高粱米（休米）豆干饭、豆糕、酸汤子等，尤其喜欢吃黏食和甜味食品，如饽饽、年糕等，流传至今的“驴打滚”“萨其马”都是满族传统点心。满族的传统饮食通常以羊肉为原料，东北农村满族喜欢用酸菜、蘑菇、粉丝、虾仁先放火锅内，再将切成薄片的猪肉、羊肉铺在酸菜上。放进火锅内煮开后，配上作料即可食用。除羊、猪肉外，狍子、鹿、野鸡、黄羊、飞龙的肉都可以做火锅食材。

（二）服饰

男子旗装。历史上满族男子多穿带马蹄袖的袍褂，腰束衣带，或穿长袍外罩对襟马褂，夏季头戴凉帽，冬季戴皮制马虎帽。衣服喜用青、蓝、棕等色的棉、丝、绸、缎等各种质地的衣料制作，裤腿扎青色腿带，脚穿棉布靴或皮靴，冬季穿皮制乌拉。清初，穿马褂仅限于八旗士兵，至康雍年间满族男子穿用马褂的习俗已盛行，青年喜着马褂以示武勇。以后，由于清帝提倡骑射，经常以马褂赏赐臣下，竟成为一种“礼服”。皇帝赏给“黄马褂”也成为极高的荣誉。

女子旗装。女子喜穿长及脚面的旗装，或外罩坎肩。服装多用各种色彩和图案的丝绸、花缎、罗纱或棉麻材料制成。有的将旗袍面上绣成一组图案，更多在衣襟、袖口、领口、下摆处镶上多层精细的花边。脚着白袜，穿花盆底绣花鞋，裤腿扎青、红、粉红等各色腿带。盘头翅，梳两把头或旗髻。喜欢戴耳环、手镯、戒指、头簪、大绒花和鬓花等各种装饰品。满族男女都喜爱在腰间或衣服的大襟上挂佩饰。男子有火镰、耳勺、牙签、眼镜盒、扇带。女子有香囊、荷包等。大多用绸缎缝制，花色品种繁多，制作精美。在旗袍领口、衣襟、袖边等处要镶嵌几道花条或彩牙儿，有的还要镶上 18 道衣边，这样缝制的旗袍是最完美的。

鞋子特色。满族妇女不缠脚，所有鞋子绣有漂亮花饰，鞋底中央垫有 10 厘米高的木质鞋跟，满族妇女穿着这样的鞋走起路来，可保持昂首挺胸的身姿和腰肢摇曳的步态。满族妇女的发式变化很大，姑娘时代，只简单地把头发在脑后绾一下。长到快出嫁时，就要把头发梳成辫子并绾成单发髻，结婚后的发式有双髻式、单髻式等多种，双髻式发型把头发从头顶分梳为前后两部分。前髻梳成平顶状，以便戴冠，颈后髻梳成燕尾状伸展开来，它使得脖颈总要保持挺直的状态，因此，满族妇女走起路来就更显得高贵、有尊严。

（三）生产生活

满族以农业为主，饲养业和副业为辅，主要是种植杂粮，少数地区种植水稻。满族经营农业、雕刻、编制竹器、牧养牛羊等。

三、民族传统体育活动

（一）传统体育活动分类

古代满族人以渔猎为生，因此他们自古就有重视体育的传统。流行于满族民间较具特色的传统体育活动主要有射箭、布库、“桦皮篓”、拉地弓、采“珍珠”、狩猎、铜锣球、踢石球、蹴球、踢毽、玩嘎啦哈、绳飞（跳百索）、荡秋千、“骑马战”、跳马（骆驼）、赛威呼、双飞舞跑、举重石（刀）以及掷子（扔石锁）等。

（二）传统体育活动特点

娱乐性：满族传统体育具有突出的娱乐性，它着重于人的身心需要和情感愿望的满足，以自娱自乐的、消遣的和游戏的活动方式出现。人们在这些活动中可以直接得到令人愉悦的情感抒发和宣泄。由于民族体育的这个特点，使它具有较大的吸引力。每一次体育活动的举行，都成为一次满族的盛会。参加各项民族体育活动，人们能在其中得到无比的欢乐幸福。

健身性：满族传统体育是民族改造自然、改造社会、促进人类自身发展过程中的智慧结晶，它对改善民族男女老少体质，提高民族男女老少的身体健康水平起着积极的作用。

多样性：满族的传统习惯、季节和节气的不同，各项目体育形式和活动也就呈现多样化。

（三）传统体育项目介绍

1. 桦皮篓

桦皮篓即由桦树皮编织而成的一种盛具，是祖辈居住在白山黑水之间的满族民众从事生产的主要工具。由于长白山以桦木为盛，因而这种桦皮篓在当地的满族中是常见的一种工具。正因为如此，以桦皮篓为对象而形成的一类活动形式，逐渐地演化成一项对抗性的角力项目。桦皮篓比赛形式，一般用麻绳或皮条结成圆周为2~3米的环状绳套，呈桦皮篓丝的圆形状，圆形的绳套置于场地中线，角力双方分别于中线两侧站立，握住绳套边缘。双手握绳距离与肩等宽，持绳高度与肩平。中线两侧向外延伸三四米处各有一条终点线。桦皮篓比赛发令后，双方扯住绳套套在身上，并用力往己端拉。在拽拉抗衡中迫使对方失利，使之拉过中线和自己一方的终点线。比赛要求在发令后才能拉绳，任何一方不得随意抬手，将对方拉过己端终点线时必须身体仍在圈内，否则无效。

2. 拉地弓

拉地弓是满族民众在农业生产间歇时普遍开展的一项较力型活动。其具体形式是双方皆席地而坐，两足相抵，双手同握一根木杠或锄把，往自己方向拉，以将对方拉起为胜。拉地弓比赛的参赛人数不限，一般为二人一组，采取抽签决定场地和内外握杠的方式。比赛为三局两胜制，第二局互换场地和内外握杠。如各胜一局，再以抽签法确定第三局场地及握杠法。比赛过程中，对抗的两人均席地而坐，两足相抵，膝部不得弯曲，双手同握住木杠。裁判待两人用力均匀，杠子处于中间状态时，发令比赛开始。此后，两人即用力向自己一方拉杠子，一方臀部先离地面或杠子脱手即算失败。比赛时，故意分腿以脱脚者属违例，三次违例者为负一局。比赛停止时，双方都不得突然松手而使对方猛然跌倒，以免造成危险，应礼貌结束比赛。

3. 狩猎

狩猎活动是满族猎手经常进行的一项传统体育形式。最初是猎手双方以猎物装入对方背篓中取胜，后演变为满族的一项传统体育活动。狩猎比赛是在边长 15 米的正方形场地中进行。比赛时，上场两队，每队 3 人。两队队员均身背背篓，分别站在场地中线两侧。比赛开始后，各方队员将本队沙袋通过传递等动作投入对方队员背篓中。被逐目标可进行奔跑躲避或用手拦挡沙袋，但不能把对方沙袋握在手中或抛掷出去，投中者即可得分。每得一分，双方都要回到本队场地一方重新开始。比赛中如有犯规动作则要罚分，最后累计得分多者为胜。狩猎比赛分为两局，净赛 20 分钟，局间可以调换场地，也可换人。队员所用背篓由塑料制成，高 20 厘米，篓口呈半月形，也可用塑料小筐代替。沙袋用帆布缝制，重约 20 克，双方以不同颜色区别。狩猎活动，在一定程度上与现代篮球进攻和防守的基本功训练相似，对锻炼身体器官，提高速度，增强灵巧性、准确性和判断力以及队员之间相互合作都有着积极作用。

4. 踢石球

踢石球是流行在甘肃满族人中的一项体育活动形式。由于多数满族人早在公元17世纪中叶就由外省迁来或随着满族旗兵来西部驻防，开始了满族人口在甘肃的繁衍，因而踢石球活动在这一带流行当具有较早的历史了。时至今日，踢石球在甘肃的满族民众中已经成为一项非常盛行的体育项目。根据对当代踢石球活动的分析，一般所用石球多用花岗岩制作，球面光滑，球体直径约一尺。踢石球的活动，是从有坡度（坡度系石球能从坡面自上而下自然滚动为宜）的斜面底处开始，参赛者单足脚背将球沿斜面自下而上推踢出去，待球滚至一定高度返滚回来，再用另一只脚用同样的方法推踢，以此双脚交替进行。待双脚无力推踢石球时，另换一人推踢。比赛结果以踢球次数多者、球滚高者为胜。

5. 绳飞（跳百索）

绳飞，又称跳百索，是清代满族人对跳绳的一种叫法。清代《有益游戏图说》有这样的记载："用六尺许麻绳，手执两端，使由头上回转于足下，且转且跃，以为游戏，是谓绳飞。"这是满族青少年中普及流行的一种体育项目。绳飞的跳法，一般有三种形式，一种为游戏性跳法，即边跳边伴唱，以娱乐为主；另一种是技巧性跳法，有单脚跳、换脚跳、双脚并跳、双脚空中分跳以及蹲跳等多种花样动作；还有一种是快速跳法，有快跑跳绳比赛和原地快跳比赛之分。绳飞的技巧主要在跳的节奏和上肢的摇绳频率上，当绳的摆动与跳跃配合默契、协调时，一个跳绳动作才能完整。这是适合于少年儿童开展的体育活动。

第十五章　毛南族传统体育文化资源调查

一、民族概况

（一）民族起源

毛南族自称“阿难”，意思是“这个地方的人”，称谓表明他们是岭西的原住民族。从宋代开始，在汉文史稿中记载，今广西环江县境内先后有“茆滩”“茅滩”“冒南”等地名。岭南百越支系有地名与族名合一之俗，毛南族也是以地名族。中华人民共和国成立后，称为“毛难族”。20世纪80年代根据本族意见改“毛难族”为“毛南族”。贵州毛南族前身是佯僙人，居住在以平塘、惠水、独山为中心的贵州南部地区。1990年7月27日，聚居区内31904名佯僙人被认定为毛南族。贵州毛南族多以一村一寨聚族而居，村落多处山间平坝，依山傍水。到2009年底，平塘、惠水、独山三县毛南族总人口为35965人。其中平塘县毛南族人口有31298人，主要分布在卡蒲毛南族乡、者密镇、大塘镇3个乡（镇）；惠水县毛南族人口总数为2789人，主要居住在涟江流域沿岸的高镇、和平两镇；独山县毛南族人口总数为1878人，主要居住在羊凤乡。

（二）分布

贵州毛南族主要聚居区有三个，其一是以平塘卡蒲毛南族乡、者密镇为中心，连接独山羊凤乡，位于平塘、独山两县相邻区域约400平方千米的连片地区；其二是位于惠水县涟江流域以高镇镇为中心的近20平方千米范围的地区；其三是位于西关山脉的平塘县大塘镇洋方村15平方千米的区域。

卡蒲毛南族乡位于平塘县境东部，乡政府所在地场河村地理位置为东经

107°24′50″，北纬 25°46′50″，海拔高度 800 米；所辖面积 104.76 平方千米。东与独山县羊凤乡、北与都匀市沙寨乡接壤，西北与苗二河乡、西与平湖镇，西南及南与者密镇相邻。全乡毛南族人口有 13321 人，占全乡总人口的 97.9%。

者密镇位于平塘县境东南部，镇政府驻地者密村地理位置为东经 107°21′10″，北纬 25°41′40″，海拔高度 740 米；所辖面积 209 平方千米。东接独山县尧梭乡、上司镇，北与卡蒲毛南族乡、平湖镇，西与摆茹镇，南与四寨镇为邻。毛南族人口有 15003 人，占全乡总人口的 76.4%。

大塘镇位于平塘县西北部，镇政府驻地地理位置为东经 106°56′30″，北纬 25°56′50″，海拔高度 1235 米。洋方村是大塘镇唯一的毛南族聚居村，位于大塘镇政府东北部，面积 15 平方千米。该村共 411 户 1950 人，其中毛南族人口 1520 人，占总人口的 77.9%。

高镇镇位于惠水县西北部，镇政府驻地地理位置为东经 106°40′40″，北纬 26°11′30″，海拔高度 980 米。北连省会贵阳，南与县城和平镇接壤，面积 77.8 平方千米。全镇毛南族人口有 2460 人，占惠水毛南族人口的 88%，主要分布在赤土、交椅、姚新、司蒙、山后、涟江 6 个村。

和平镇是惠水县人民政府所在地，位于县境西北部，地理位置为东经 106°39′40″，北纬 26°08′10″；面积 85.4 平方千米。全镇毛南族人口 329 人，占惠水毛南族人口的 12%，主要分布在大新村。

独山羊凤乡位于独山县境西部，乡政府所在地羊凤村地理位置为东经 107°27′60″，北纬 25°46′00″，海拔高度 800 余米；面积 107 平方千米。全乡毛南族人口有 1435 人，占独山毛南族人口的 76.4%。羊凤乡西与平塘卡蒲毛南族乡接壤，与卡蒲毛南族乡、者密镇一道形成了贵州毛南族最大的聚居区。

（三）地理环境

毛南族地区处在高山峡谷之间，气候温和，冬干春旱，夏秋降雨充足，日照时间较长，昼夜温差大，气温垂直差异显著。毛南族地形属于中国西部高原山地地区，境内地势西高东低，自中部向北、东、南三面倾斜，平均海拔在 1100 米左右。地貌可概括分为：高原山地、丘陵和盆地三种基本类型，境内山脉众多，重峦叠嶂，绵延纵横，山高谷深。

（四）宗教信仰

毛南族信仰多神，在进行各种敬神活动时，诸神又分家神与外神两种，家神有祖宗、灶王、财神、土地神、三界公爷、婆主（圣母娘娘）、社王、观音等。前五种神都写于一张红纸，贴在厅堂的神龛上，过年过节要用肉酒供祭，家神中的门神则贴在大门上，护卫门庭，不让恶鬼进住，保障人畜安全。

外神有蒙官、莫六官、李广将军等。蒙官是一种恶神，人们生病都认为是它在作祟，须用小猪和鸡鸭作祭品，请“鬼师”到水边禳解。莫六官被认为是“保护地方的善神”，人们在结婚“还愿”时均请莫六官。李广将军的神位设在每个村头的进口处，被认为是护卫人畜平安的村神，每年除夕和七月中元节时，家家户户都用猪肉或鸡、鸭酒饭供奉，为小孩“招魂”。

每个村子都供奉着一棵大树，称为“坛木”（音），说是护村树，具有很大的神威，谁都不能伤害它。每个村子都将一株状似茅草的长升草（学名“卧乌草”），奉为神草，借助它镇魔驱邪。妇女背小孩远行，要取它一两片叶子打个结，插在背上，回到家才取下来。家里有人生病，就在门口斜放一根木柱或扁担，系上“神草”，贴一小张红纸于其上，示意外人。如果谁家的小孩被认为缺“五行”中的“木”类，必须备办酒肉礼物，求拜“木”命者为“寄父”或“寄母”。若对方不答应，便选一棵树供奉，以补“木”之不足。此后若有病，缺“木”者须再备办酒肉供品祭树，以求消灾祛病。

毛南人把牛、猪等牲畜及鸡、鸟禽兽之类看作灵物。刚买回来的猪崽，要经过“烙棋”（燃火烤熏猪笼、猪栏）的洗礼。屠宰猪、牛等牲畜，主人要端起盛有食肴的器具呼唤该牲畜，谓之“叫魂”。此举意在祈求死畜宽恕，日后饲养才不遭报复。牛犊服役之前，也要举行种种神秘的仪式，目的是使它驯服。公鸡会报鸣时，被认为能晓神明，母鸡啼叫则被视为反常现象。对龙的崇拜也很突出。传说龙的活动同雨水有关，故以往的分龙节都少不了要举行隆重的祭龙仪式，以求风调雨顺、五谷丰登。

二、文化特征

（一）饮食

毛南族日食三餐，均以大米和玉米做成的各种饭为主食，高粱、小米、红薯、南瓜为辅。毛南饭即用糯玉米粉加竹笋及其他蔬菜和作料混合煮熟后制成，是毛南族夏季的主食。毛南族还长于用大米或玉米制作“米蜂仔”作为辅助主食，是消夏解暑佳品。家家喜欢食甜红薯，并作为入秋以后的辅助主食之一。毛南族喜爱腌制酸肉，酸螺蛳、酸菜是待客的传统佳肴。毛南族人民多礼好客，吃饭时不论客人大小，都邀其与长辈同坐，并以自己最好的饭菜招待。毛南族喜欢的酸食品很多，其中以“脯醒”“瓮煨”“索发”为最普遍，称为“毛南三酸”。

1. 脯醒：把猪、牛肉切成薄片，用生盐粉拌匀咬透，留两三天。用香糯蒸熟，放在簸箕里晾冷，与肉片揉搓均匀，放在坛里压紧密封，三个月后便可用。

2. 瓮煨：为了能随时吃到酸食品，家家户户还有一种特殊的盐水坛，毛南话叫“瓮煨”，可腌制多种瓜菜。

3. 索发：把洗净的钉螺用猪油干炒，待透熟发香后，趁热倒入坛里，然后密封，三个月就可以揭盖食用。

除了“三酸”外，还有酸辣椒、酸番茄、酸萝卜等。毛南族成年男子都好喝酒，并有非酒不足以敬客之说。有的人家还自己用高粱、玉米酿制。

（二）服饰

毛南族的服饰，根据性别、年龄、季节、用途和社会地位的不同，形成各种类型和模式，通常分为外衣（毛南语称“骨勒班”）、女衣（骨勒别），青年服装（骨勒作）、儿童服装（骨勒洁）和老人服装（骨勒老）是不一样的；根据季节与用法区分，冬季穿的衣服称“骨年香”，夏季穿的衣服称“骨年突”；喜事、走亲访友、赶场穿的称“骨拜板”，在家做工和下地劳动穿的称“骨费工”，等等，各种称谓五花八门。

男装称为五扣衣，同女装一样开右襟，但不镶花边，它的特点是有五颗晶亮的铜扣，毛南语称“骨娥妮”，意即五颗扣的衣服。领扣一颗，右襟三颗，和领扣垂直相对，安在肚脐位置一颗，下面开襟。衣服口袋和女装一样，缝在右衣襟里不外露。盛装时缠头巾，长约 8 尺，从左到右有规律地缠在头上，头巾一端有布须，露出头缠黑头巾顶，毛南话叫“挂爪”。腰缠 8 尺长的黑色腰带，腰带两头用红、黄、蓝、白绒线镶成锯齿形的布须，缠腰时两头有颜色的布须外露。下面穿宽筒裤子，脚穿白底黑面的布鞋。

女装最大的特点是镶有三道黄色花边的右开襟上衣和绲边裤子，从衣领到衣襟镶有黑色花边，花边有大和小之分，大小如筷头。镶大条花边费工少，缝制较容易；小条花边如火柴梗那样细小，缝制手工精细，穿起来也显得精致、美观。女裤的裤脚也镶三条黑色花边，花边大小要和上衣一样。盛装的头缠巾，发髻插银簪或玉簪，衣襟挂银牌；手戴银镯或玉镯，脚穿绣花鞋，肩背精致的“顶布花”（花竹帽）。

男女衣服颜色喜欢蓝青靛自染的青色和蓝色，很少穿黄色和白色，只有孝服用白布缝制，忌穿白色衣服串门。服孝男女穿白衣，要进别家时，把白衣、白巾脱于门外才能进屋，否则主家认为兆头不好。

毛南族对自己穿的衣服（特别是贴身衣）很珍视，叫作“本身”，汉意是“灵魂”，因此自己穿的衣服不乱丢，怕别人拿去灵魂，带来病灾。

毛南锦是织锦工艺品，流传于广西环江一带，可做被面、背带心、挂袋等。用棉线和各色丝绒线土机编织，图案纹样有八角花、香炉花、畦蝼花、凤凰花等，锦面图案呈几何形结构。

毛南族的手工产品“花竹帽”最具特色，亦是他们服饰中的一个亮点。“花竹帽”制作精良，美观实用，深受大家的喜爱。帽的直径一般为 70 厘米，分里外两层。做一顶帽子需要 700 多根细竹篾。首先在外层面上刷漆，这样既不透光、不渗水，又结实耐用。帽的里层用黑、黄二色竹篾编成各种几何图形的花纹图案。在帽圈处用各种色彩艳丽的彩带和珠料作装饰。据说“花竹帽”能给青年男女带来爱情好运，所以已成为男女爱情的信物。传说在一百多年前，有一个小伙子戴着他父亲制作的“花竹帽”去赶坪，被一位美丽的姑娘作为定情物，后来，姑娘、小伙子们纷纷效仿，“花竹帽”便成了男女爱情的信物。每当歌坪时，小伙子们总要戴着“花竹帽”去赶坪，如果看中了哪个姑娘，就把“花竹帽”送给她，姑娘如有意，她就会欣然接受。

毛南族的银器饰物给妇女儿童增添了光彩，除了银手镯外，还有耳环、银项圈、银麒麟、银环、银簪、“五子登科”帽饰、银钗、银梳等。青年妇女戴上耳环，表示已出嫁或订婚了，小孩戴银锁驱邪禳灾。

毛南族妇女爱穿绣花鞋，有“双桥”“猫鼻”“云头”三种形式。“双桥”鞋是用红、绿两种颜色在鞋面上镶两条花边，像两座石拱桥横跨河面，也像一对彩虹吸水，因而得名。“猫鼻”鞋用五色花带在鞋面上构成勾头形的鞋尖，尖头活像小花猫的鼻子。“云头”鞋的鞋面绣有云纹图案，这些精致的绣花鞋通常是要赴喜宴和走亲时才穿的，平时在家穿黑色布鞋。毛南人走远路、赶坪多数穿草鞋，草鞋用竹壳、竹棉和禾米草编织而成。

（三）生产生活

毛南族以农业为主，饲养业和副业为辅，主要是种植杂粮，少数地区种植水稻。毛南族经营农业，从事雕刻、竹编、木工等工业。

三、民族传统体育活动

（一）传统体育活动分类

1. 以丧葬祭祀为主流的猴鼓舞、火龙舞、蓑衣舞、响杆舞。
2. 以竞技能力为主要表现的同顶、同背、同填、同拼、石担和石锁。
3. 以娱乐嬉戏为目的的打棉球、斗地牯牛、马革球、打耗尾。

（二）传统体育活动特点

季节性：在贵州以农业生产为主的少数民族地区，春种、夏锄、秋收、冬藏是人们的生活节奏。以畜牧与狩猎为主的草原民族，同样也受到气候和物候的影响，从而使他们的文化生活都与一定的季节相关。毛南族传统体育活动大多源于某一农时节令，并在该节令中开展，如分龙节、南瓜节等活动中都有相应的民族传统体育活动内容，从而使民族体育活动的开展呈现出鲜明的季节性。

娱乐性：毛南族传统体育具有娱乐性，它着重于人的身心需要和情感愿望的满足，以自娱自乐的、消遣的和游戏的活动方式出现，人们在这些活动中可以收获健康和快乐，得到情感抒发和宣泄。

健身性：传统体育是各民族改造自然、改造社会、促进自身发展过程中的智慧结晶。毛南族传统体育活动可以改善民族男女老少体质，提高男女老少的身体健康水平。

多样性：受到传统习惯、季节和节气的变化影响，毛南族各体育项目形式和活动呈现多样化。

（三）传统体育项目介绍

1. 猴鼓舞

猴鼓舞原为打猴鼓，是专用于丧葬祭祀礼仪搞闹鬼场的一种耍猴戏，多在开丧的礼仪过程中和出殡的前一天晚上举行。表演为：一人击铜鼓，一人击皮鼓，三人都穿孝衣、戴孝帕，按照鼓点节奏，站在堂屋中央或院坝里闻声起舞。一人先出场，随后两人手执鼓棒继出，也有两人对跳和个人独舞表演。他们模仿猴子动作，时而跃到堂屋中间的大桌桌面上，时而跳到地上，舞步灵活多变，场面楚楚动人。舞动一场需要 20 多分钟，活动量较大，一般要准备 23 个组轮流进行表演。这一传统体育项目源于丧葬祭祀性舞蹈，在长期的生产生活中逐渐演变成自娱的形式，这种演变的现象在很多民族中比比皆是。它们发展的共同特点是祭祀舞蹈从神圣的文化形态演变成了世俗的形式，从为神回归到为人，经历了文化属性的蜕变，使其嬉戏娱乐而成为世俗大众的喜爱项目保存至今。

2. 火龙舞

舞火龙也是毛南族以祭祀形式开展的一项民族传统体育活动，它具有悠久的历史文化背景。从古至今，每逢大年三十夜，贵州毛南族人都要用这种活动方式祈求来年的风调雨顺、五谷丰登、逢凶化吉、祛病平安。火龙是用竹条编扎成的龙身，一般都是 7 至 9 节，然后用布连贯起来，再画上各种色彩鲜艳的图案，龙就栩栩如生，非常漂亮。毛南族舞火龙与其他地区的最大区别在于：龙从头至尾都有两根固定、点燃舞动不熄的蜡烛，舞动起来龙的全身都在发光，黑夜走乡串寨玩起来仿佛一条火龙在飞舞。所以毛南族舞火龙一般都是在晚上玩耍，才能玩出它的壮观来。

3. 同顶、同背、同填、同拼、石担、石锁

这是一系列的传统式比力气、比威武的力量较量，规则相似。一般是采用一对一的举重物、拿大顶、推抬物体，以推拉举抬顶起的重量、次数多者为胜。表现参与者的威武、雄壮、有力，毛南族人民以古老竞技娱乐方式，表达本民族纯真、美好向上的民族风格。形成同顶这些项目的原因，是由于毛南族人居住在高山峻岭，山间地势险要的环境，族人在过险道时，常用双手合抱物体拿举而过。为了练就硬朗的腰板、腿脚和肩背力量，每逢秋后农闲或节庆时他们都要组织同顶之类的竞技比赛。

4. 打棉球、斗地牯牛、马革球、打耗尾

这类都是以娱乐嬉戏为目的的竞技类项目，在规则上没有严格统一的要求，项目上多存有闲暇消遣、节庆娱乐、娱乐健身、愉悦身心的需要，是以传统的节庆活动、新春伊始、农作生产、狂欢娱乐来开展民族传统体育活动。这类的体育用具一般都是就地取材或人们自制的活动器材，用起来方便、简单，生活中的环境随处可取，或者在家里就可以制作，活动规则别出心裁、活动过程开心刺激，人们乐此不疲。

第十六章　羌族传统体育文化资源调查

一、民族概况

（一）民族起源

2000 年，羌族总人口 306072 人，主要分布在四川省阿坝藏族羌族自治州的茂县、汶川、理县、松潘、黑水等县以及绵阳市的北川羌族自治县，其余散居于四川省甘孜藏族自治州的丹巴县、绵阳市的平武县以及贵州省铜仁市的江口县和石阡县。大多数羌族聚居于高山或半山地带，少数分布在公路沿线各城镇附近，与藏、汉、回等族杂居。

羌族是贵州少数民族之一。羌族自称“尔玛”或“尔咩”，意为本地人。远古时代的羌人是一个以牧为主兼营农业的强大部族，大致活动在甘肃、青海等地。公元前 5 世纪以前，羌人逐水草向东、西、南三面迁徙。今日的羌族是由当时迁到川西北的一支羌人发展而来。据 2000 年第五次人口普查，贵州羌族有 1431 人，大部分聚居在石阡、江口两县，约 1200 人，其余的散居全省各地。在中华人民共和国成立前，由于民族歧视和压迫，迫使羌族同胞都隐瞒了自己的民族成分，而报为汉族。1986 年经省政府批准，江口、石阡两县的羌族恢复了自己的民族成分。贵州羌族源于四川岷江上游，但究竟何时进入贵州省，史籍中无明确记载。石阡县的夏熙清说：“我们的祖先夏正大，大约在明末由四川迁到石阡摩罗，已 11 代人以上。”章太炎在《检论·序种姓》中有“羌者，姜也”一说。据石阡县本庄镇的姜应堂介绍：“听祖辈传说，我们是姜子牙的后代，姜羌合一，是羌族。”江口县一位姓胡的羌族同胞说：“我们老祖宗是从四川茂汶辗转迁到铜仁，然后才迁到漆树坪定居。到贵州已有 14 代人。”由此看来，聚居在石阡、江口的羌族同胞的祖先是明末清初由四川辗转迁徙而来，距今已300多年。

（二）分布

羌族大部分分布在铜仁市的江口县和石阡县，其余的散居全省各地。

（三）地理环境

羌族地区处在高山峡谷之间，气候温和，冬干春旱，夏秋降雨充足，日照时间较长，昼夜温差大，气温垂直差异显著。中国西部高原山地地势西高东低，自中部向北、东、南三面倾斜，平均海拔在1100米左右。地貌多高原山地、丘陵和盆地，其中92.5%的面积为山地和丘陵，山脉众多，重峦叠嶂，绵延纵横，山高谷深。

（四）宗教信仰

羌族除邻近藏族地区的一部分信仰藏传佛教外，其余普遍信仰原始宗教，即万物有灵、多神信仰和祖先崇拜。神灵均以白石（白色石英石）为象征，被敬奉于山中、林地、屋顶和室内。一般在碉房屋顶四角供有五块白石，分别象征天神、地神、山神、山神娘娘和树神。其中，天神地位最高，能主宰万物，祸福人畜。堂屋的神龛供有家神（泛称角角神），包括祖先神、女神（保佑妇女之神）、男神（保佑男子之神）、牲畜神（保佑六畜兴旺）、财神（招财进宝）、仓神（守管家庭粮食和财物）、门神（挡住三灾六难）。神龛下火塘上的三足架，其中一足上系一小铁环，即代表火神。此外，从事特殊行业的家庭，还供奉各自的祖师神，如猴头神、药王神、石匠神、鲁班、太上老君。一些地方的羌族受汉族影响，还供有灶神、土地神、观音菩萨、送子娘娘、川主、关圣人、玉皇大帝等。

二、文化特征

（一）饮食

羌族饮食丰富。主食是玉米、洋芋、小麦、青稞，辅以荞麦、莜麦和各种豆类，蔬菜品种多样。传统的饮食有搅团、玉米蒸蒸、“金裹银”或“银裹金”、洋芋糍粑、煮洋芋、猪膘肉。人们普遍吸兰花烟，还喜欢饮咂酒、“玉米蒸蒸酒”和蜂蜜酒。咂酒，是羌族地区流行的一种特殊的饮酒方式。

（二）服饰

头饰，男女包头帕。赤不苏一带的妇女盛行“一匹瓦”，瓦片状的青布上绣有花纹，用银牌、环扣点缀。黑虎乡的妇女以白布帕包头，被称为“万年孝”，传说是为了纪念民族英雄黑虎将军。蒲溪妇女包头用黑色头帕，前端露出一块白色布块，人称“喜鹊头帕”。无论男女，都穿棉布或锦缎（过去为自制土布或麻布）长衫，右衽，比较宽松，形似旗袍。男衣过膝，女衫有的到脚背。色彩因年龄不同有所变化，中老年人多为单一的蓝色、黑色，年轻姑娘则喜欢艳丽的色彩。衣领、袖口和对襟有扎花，斜襟部嵌有一至三指宽的花纹，有的镶梅花形银饰，皆手工细作。纹式多样，色泽艳丽。衣衫外套无领、无袖、无扣的羊皮褂子，羊皮褂子四周露垂长毛，晴天毛向外，雨天毛向内，可用来防寒、挡雨、垫坐、垫背和负重。男女除了束腰带，女子还喜欢束花围腰和绣花飘带，男子系裹肚。在高山或半高山的羌族男女裹绑腿，以麻布或毡子缠绕。鞋类以自制的“云云鞋”最有特色，形似小船，鞋尖微翘，面上绣有云纹图案。未婚男子和姑娘穿绣花彩鞋，中老年人则穿素色圆口布鞋。装饰上，女性普遍喜戴银牌、领花、耳环、手镯、戒指、发簪，有的还在戒指上镶嵌玛瑙、玉石及珊瑚，有的胸前挂链珠和椭圆形的“色吴”。成年男子饰以腰刀、烟袋、铁火镰。

（三）生产生活

羌族现主要经营农业。工业从无到有，已兴建起制革、造纸、木材、水泥、化肥等工业。刺绣、挑花、编织是羌族人民的传统工艺。羌族是一个能歌善舞的民族，男女老少大都会唱本民族的民歌，不论是劳动生产、婚丧嫁娶，都要唱歌跳舞。歌舞时伴奏的乐器主要是羌笛，这是一种古老的六声阶的双管竖笛。此外是小锣、手铃、唢呐、羊皮鼓、胡琴、口弦等乐器。这些乐器能吹、奏、弹出具有独特风格的民族乐调，使节日的人们异常欢乐。羌族舞蹈主要有自娱性舞蹈、祭祀性舞蹈、礼仪性舞蹈、集合性舞蹈几大类。以羌族锅庄（羌语“跳沙朗”）最流行；传统的祭祀风俗舞“跳盔甲”极富浓郁的民俗风格。羌族舞蹈在民风习俗和群众生活中有重要意义，每遇逢年过节、婚丧嫁娶、种植、收割、放牧、狩猎、盖房、治病等活动，羌族人民都要跳舞。从流传至今的羌族舞蹈艺术中，还反映出羌族文化在长期的发展过程中与汉、藏族文化的相互影响和传统的渊源关系。

三、民族传统体育活动

(一) 传统体育活动分类

羌族传统体育按项目分主要有：推杆、拳下翻身、抱蛋（羌族语“蛾捉”）、仰卧抱杆起（羌族语“勿仑什别嘟余”）、扭棍子、摔跤等。

(二) 传统体育活动特点

1. 地域性

地域是一个民族长期繁衍生息的空间条件。各民族的传统体育活动及其所形成的价值观念、审美情趣等民族体育文化现象，在很大程度上受到所处地域的影响。因此，我国民族传统体育活动的内容和形式，从某个侧面反映了某一地区的生产、生活方式与社会风尚。各地区少数民族由于受到不同地理环境的影响，形成了斑斓多姿而又各具特色的民族体育项目。而这些项目，又必然是当地人群生存过程中形成的一种技能。如江南的竞渡、北国的冰嬉、大漠的赛驼、山地的竞走、草原的骑射、丛林的射弩等，无不保留着不同地理条件下一定的生产、生活方式的烙印。这些形式多样、具有鲜明地方特色的体育活动内容伴随着地方民俗文化的演进沿袭至今。

2. 季节性

以农业生产为主的少数民族地区，春种、夏锄、秋收、冬藏是人们的生活节奏。以畜牧与狩猎为主的草原民族，同样也受到气候和物候的影响，从而使他们的文化生活都与一定的季节相关。羌族传统体育活动往往源于某一农时节令，并在该节令中开展，活动中都有相应的民族传统体育活动内容，从而使体育活动的开展呈现出鲜明的季节性。

3. 娱乐性

羌族传统体育具有娱乐性，重在满足人的身心需要和情感愿望，以自娱自乐和游戏的活动方式呈现。令人愉悦的身体活动和情绪情感抒发，使活动具有较大的吸引力。每逢喜庆节日，男女老少都聚集在一起，开展各种体育活动，沉浸在欢乐之中。

（三）传统体育项目介绍

1. 扭棍子

取一根长约 1 米的木棍，两人各握一端，各自朝相反方向扭动，以能将木棍扭转一周者为胜。比赛过程中，木棍不能接触身体，否则就算犯规，这是羌族一项传统体育活动。

2. 摔跤

羌族摔跤可分两种形式。一种为双方互相交叉抱住对方的腰，用力把对方摔倒，这种摔法不得用脚踢、脚绊，以连续三次将对手摔倒者为胜。另一种形式为“抱花肩”，即双方互相抱住肩膀，以用脚将对方绊倒者为胜。

3. 溜索

在羌族人民的交通设施中，溜索是不可缺少的。在波涛汹涌的岷江上，用一根或两根碗口粗的竹缆取倾斜之势，系在两岸的石柱上。渡江者以皮带或麻绳紧束腰间，身悬绳上，飘然而过。

4. 推杆

推杆最初是一种竞技活动。竞技的两个人，一个要半蹲双手夹着杆，另外一个弓步去推杆。如果蹲着夹杆的人动了就是他输了；如果推杆的人推不动蹲着夹杆的人，推杆的人就输了。也有时一个人蹲着，几个人去推；有的时候是女的去推男的，后来慢慢地发展成一种娱乐活动。推杆的方法多种多样，有用腰腹部、肩窝、双手互推的，还有用前额、膝盖推抵的，有两人之间的推杆，有几个人互推的，有几个人推一人的。器械有木杠、竹竿或扁担。该运动男女均可参加。比赛时，在一块两丈见方的平地上，用一根长约一丈、手臂一般粗细的木杆，一人紧握一端，并以两腿夹骑其上，作为守方；另一人则握着木杆的另一端，用力向前猛推，作为攻方。攻守双方面对木杆须保持平衡，不能上下摇摆或忽然猛推，严禁一端抬高或左右偏摆。比赛时间以裁判拍 5 下巴掌（约 5 秒钟）为一个回合的时间，攻方若能将木杆推过规定界线（距离约 50 厘米）即为胜，取五局三胜制。因此项比赛对守方较为有利，故攻方亦可增至 2~3 人。但推木杆的距离需相应加长，如两人进攻，需将木杆推过 100 厘米，3 人进攻则需推过 150 厘米。

5. 抱蛋

抱蛋，羌语称“蛾捉”，着重锻炼人的眼力和腿力，培养其灵活性、反应力，娱乐性很强，在羌族青少年中开展广泛。游戏规则是：场地不限，平坝场院即可。先在场中画一圆圈，直径1.5米左右，内放3~5块大小相当的石块或沙包作“蛋”；再由一人自告奋勇充当“保蛋人”，他双手着地，呈半俯状，以胸腹护“蛋”；然后，由一些少年或成年人组成“抱蛋人”（没有具体人数限制）。比赛开始，抱蛋人就要寻找时机，巧设骗局，出其不意地袭击保蛋人。保蛋人以旋转形式（双手着地），用一只脚蹬、扫抱蛋人，抱蛋人不能进圈抱蛋。保蛋人不能用手拉人，只要保蛋人的腿部与抱蛋人相接触，抱蛋人即输，并被惩罚为保蛋人。若保蛋人的蛋全被抢走，则保蛋人输，必会受到“筛糠”等一些有趣的处罚。

第十七章　仫佬族传统体育文化资源调查

一、民族概况

（一）民族起源

仫佬族是贵州古老的世居民族之一，具有悠久的历史。仫佬族是由古代的“僚人”发展演变而来的，晋人常璩《华阳国志·南中志》中，即有关于“僚人”在云贵高原云岭山脉南沿一带活动的记载。唐宋以后，《岭外代答》《溪蛮丛笑》等史籍中出现了“僚”“伶”的记述。《天河县志》《大清一统志》说：“伶人又名僚，俗名姆佬”，可见仫佬与僚、伶有密切的渊源关系。大约在宋代，仫佬族从僚、伶中分化出来形成单一的民族。历史上并未把仫佬族当成一个民族看待，1953 年 8 月 30 日经过民族识别，仫佬族才真正成为中华民族大家庭的一员。

（二）分布

仫佬族聚居在中国南部地区，主要分布在广西和贵州的山区。根据第五次人口普查的统计，全国仫佬族人口共有 20.74 万人，分布在广西的最多，占全国仫佬族人数的 80%左右；贵州仫佬族有 2.84 万人，占全国仫佬族的 13.69%；主要分布在黔东南自治州麻江县、凯里市、黄平县，黔南自治州福泉市、都匀市、瓮安县。在广西主要聚居在罗城仫佬族自治县，其余散居在该县邻近的融水、柳江、河池等县市。

（三）地理环境

由于自然条件及社会因素，贵州仫佬族长期生活在艰苦的环境中。根据气候条件，贵州仫佬族主要以种植水稻为主，此外，仫佬族还种植玉米、红薯、芋头、谷子、小麦、荞麦、高粱等。在贵州，仫佬族聚居地基本上都在山区，以凯里市的麻江县为例，麻江县地处贵州省中部，清水江上游，是黔东南苗族侗族自治州西大门，位于东经 107°18′～107°53′、北纬 26°17′～26°37′。东距黔东南苗族侗族自治州州府凯里市 37 千米，南距黔南布依族苗族自治州州府都匀市 23 千米，北距亚洲最大的瓮福磷矿肥基地 65 千米。

（四）宗教信仰

仫佬族信仰有很多，多数都是所谓的神、仙、鬼，此外，不管是天上的日月星辰、风雨雷电，还是地上的山川草木、飞禽走兽等，仫佬族都认为与神有关系。与其他民族一样，祖先也是仫佬族人所崇尚的，对“灶王”“土地”“社王”“土王”等神祇的祭礼敬奉，更是仫佬族民间信仰的主要内容。这样的一些传统的思想观念深深植根在仫佬族的观念中，并作为民族意识世代传承着，深深影响着他们的日常社会生活。部分仫佬族也信奉佛教和道教，经过长期的融合发展，形成了仫佬族别具特色的民间宗教文化。

二、文化特征

（一）饮食

仫佬族以稻米为主食，麦类、薯类、玉米、豆类辅之。稻米有籼米和糯米，籼米作为日常的正餐，糯米作为节日的食品原料。仫佬族大都习惯日食三餐，早餐为粥，午餐食用早餐留下的粥，晚餐吃米饭和比较丰富的菜肴。农忙季节一般都是早餐吃粥，午餐和晚餐为米饭。此外，仫佬族喜食酸辣，家家备有酸坛腌制各种腌菜，有腌豆角、蒜头等。

（二）服饰

每个民族都有自己的服装，各有各的特点，仫佬族也不例外，仫佬族由于长期与汉、壮族交错杂居，服装在一些样式方面带有汉族、壮族的风格。仫佬族衣服的颜色以深青色为主，在男女服饰上，妇女上衣很短，与腰齐，袖子和背上绣有大量的鳞状花纹。下衣多为无褶筒裙，脚上穿的是钩尖鞋。

男装上衣多为对襟上衣，下身为长裤，年老的穿琵琶襟上衣。在以前，由于生活条件不好，主要穿草鞋，现在虽然生活条件有所改善，但是有少数老人也在穿，主要是在天气炎热的夏季。

（三）生产生活

仫佬人居住的总体特点是“聚族而居”。仫佬族聚居区内，山岭绵延起伏，他们多住在山区或半山区，依山傍水建立村落。同姓的大都居住在一个村子里，如果一个村的居民虽同姓但不共祖的，也必须分段居住，相互不混杂。

仫佬民居多为砖墙、瓦顶、矮楼建筑，人住底层，楼上是仓房。在南方，房屋的修建大多都是坐北朝南，仫佬族的房屋建设也讲究“风水”，仫佬人家建造房屋不光要讲究吉利的“坐向”，就是村落的“坐向”也是马虎不得的，什么“后龙”“朝山”都要请风水先生来“定罗盘”。仫佬族的取暖设备是地炉，地炉制作简单，使用方便，位置大都选择在堂屋的大门左右人行动较少的地方。逢年过节，亲朋欢聚，围坐在地炉边边吃饭边聊天。

三、民族传统体育活动

（一）传统体育活动分类

仫佬族的体育活动种类很多，大致可分为以下几类。

1. 宗教祭祀类

比如仫佬族的“依饭节”，又称“敬依饭公爷”“喜乐愿”“祖先愿”“贺香火”等，是仫佬族祭祖、祭神，保护人畜平安和庆丰收的祭祀活动，是他们传统的最为隆重的节日。每三年举行一次，在立冬后择日举行。在这一天都会举行很多各式各样的活动，如演新戏，唱新歌，跳依饭舞，进行各种体育比赛及经贸活动等，增进了民族的团结。

2. 农事生产类

为了欢庆劳动丰收和预祝来年好收成而形成的节日，比如说“四月八”，仫佬族称“牛王诞”，在这一节日中会有斗牛、对歌等活动。

3. 婚恋郊游类

这类活动主要是青年人的活动，是青年男女谈情说爱、尽情欢乐的日子。在这样的节日中，青年男女通过各种各样的方式向心仪的人表达爱意，比如说仫佬族“走坡节”，这一节日多在春节期间或八月十五中秋节举行，节日中青年男女通过对歌、互赠月饼（称“同年饼”）、同年鞋（又称“鸳鸯鞋”）、跳舞等来寻找意中人并定下终身。

（二）传统体育活动特点

体育活动一般都具有娱乐和健身的功能及特点，但对于民族传统体育来说，除具备这些特点外还有其自身独特的特点。仫佬族传统体育活动大多都来源于生产生活中，具有一定的民族民间特色，活动内容都与人们的生活息息相关。由于仫佬族的节日比较多，每一节日都有其特定的活动方式，因此每一种体育活动都有一定的节日色彩，并且内容形式多样，个别还具有一定的竞技性。在仫佬族的传统节日中，有的是关于爱情的，在这一类节日中的活动项目无疑会有一定的爱情色彩，比如跳舞、对歌等，青年男女不仅可以通过这种形式来展现自己的技艺，还能让心仪的人与自己走进幸福的生活。

（三）传统体育项目介绍

民间体育与民间游艺是民族社会生活的重要组成部分。仫佬族的民间体育和民间游艺之间没有明显的界限，两者互相渗透、相辅相成。仫佬族的传统体育文化与本民族的生产劳动、社会斗争和日常生活有着密切的联系，极富民族特色。舞草龙、赛竹球、群龙争珠、抢花炮、凤凰护蛋等传统体育项目，是仫佬族典型的传统民族体育形式。各种类型的体育活动，丰富了仫佬族人民的业余生活，具有浓郁的民族特色。

1. 舞草龙

舞草龙是仫佬人春节活动项目之一，健身与娱乐两者兼而有之。所谓的草龙，就是以禾秆草为主要材料编织而成，长度没有严格的限制。每到舞龙的节日，人们就带上草龙，多人共舞一条龙在大街田野中舞动穿梭，在龙的前面由一人拿着黄旗舞动指挥，指引龙的前进方向和舞龙者的舞动节奏。通过这样的一种运动形式，可以有效增强舞龙者的手臂力量，以及身体的协调性。

2. 赛竹球

赛竹球是仫佬族特有的一项民间传统体育活动，来源于生产生活中，具有浓郁的民族特色，有很好的锻炼价值和娱乐功能。竹球是用竹条编制而成的，形状像一个圆球，大小因人而异，大人小孩都可以玩。竹球活动的场地和器材要求都不高，用两个竹罩倒放在两个餐桌上为“篮”，分别放置在平地上且保持一定的距离，参赛队员不分男女老少，只要人数相等，即可分组对抗，用竹球投篮，投中一次计一分，约定的时间到，比赛结束，得分多者为胜，这是竹球运动最初的比赛方式。这种运动其实还可以有其他的玩法，以前是对抗比赛，那么也可以单人对阵。所投的篮也不一定是一个竹罩，也可以用其他东西代替，比如说生活中常用的水桶等。球可以保持原有的样式，有大有小，以供不同的人群使用。像这样一种运动完全可以拿到学校在体育课中以游戏的形式进行开展，这样不仅可以锻炼学生的灵敏性，为学生带来乐趣，同时也让这项民族传统运动得以传承发展。

3. 群龙争珠

“群龙争珠”是仫佬族青年的水上体育竞技活动。每到夏季，仫佬族青年都要选择一些农活不忙、阳光灿烂的日子，拿出自己出产的水果，来到河边或水库边，举行“群龙争珠”竞技会。他们往水里投放一定数量的水果，然后把人分成两组，同时潜入水中将水果捞上来。在规定的时间内以捞获水果数量最多者为胜，奖品就是水果，负方罚游水、潜水，直到无力再游水、潜水为止。这是最初的玩法，现在可以将水果换成其他可以漂浮在水面的物品，在同等时间内所捞到最多的即为胜者，奖品为各式精美物品，也可以是其他东西，如果在大型比赛中奖品可以为奖杯、奖牌、奖状等。

4. 抢花炮

抢花炮是仫佬族传统的民间文体活动，每年农历六月二十四日举行。“花炮节”每届只放五炮，每炮有一个花环。比赛先由主持人宣布开始后，点炮人员依次点响花炮，花炮将花环射向空中，并徐徐飘落。当落到三五十米的低空时，早已准备好的抢花环队员向花环奔去。先抢到花环的人必须穿过附近山坡上的龙王庙大门方可算胜利。不然，比赛继续进行。抢花炮场面生动，队员们互相协作，热闹非凡。抢得花炮者被视为村中英雄，受到人们的崇敬。现在抢花炮已成为全国少数民族传统体育运动会项目之一，在场地、规则、人数上有了一定的规范性，集竞技和健身于一体，极大地推广了抢花炮这项运动。

5. 凤凰护蛋

凤凰护蛋是仫佬族儿童经常进行的娱乐活动。方法很简单，没有场地、器材、时间和人数的限制，只要有一块三四米宽的平地（草坪）以及四块鸡蛋般大的石子就行了。游戏开始前，参加者通过自愿或者推选一个人扮演“凤凰”，其余的扮演“偷”“抢”的角色。凤凰把四块石头也就是所谓的“蛋”放在地上，然后整个身体扑在“蛋”上，四肢着地，用身体护“蛋”，但身体躯干不许贴近蛋。准备好后，“凤凰”喊开始，扮演“偷”“抢”的人就可用手去抢、偷“凤凰”身下的蛋。在游戏中，“凤凰”不许站起来，只能用手去抓、拍和打击或用脚去踢来犯者，而“抢”“偷”者可以随意跑动俯身用手去“抢”“偷”，不能用手脚踢打、推拉“凤凰”的四肢，违者犯规，抢得的蛋无效。如果“凤凰蛋”被抢、偷完，则为“凤凰”输，“抢”“偷”者再把蛋还给“凤凰”重新开始游戏。“抢”“偷”者若在游戏中被踢中则为输，于是轮换为“凤凰”，如此周而复始。

这项游戏可以作为体育游戏在校内开展，具有极强的娱乐性，也可增强学生的团结协作能力，但是“蛋”的选材就不用石头了，石头比较坚硬，容易伤到身体，携带也不方便。可以用其他类似的东西代替，比如说小足球、小排球、气球等，这些比较轻便，安全性高，游戏起来也是比较安全的，也更容易将此运动推广传承。

下篇

贵州民族传统体育文化资源的开发利用

第一章　贵州民族传统体育文化资源的开发利用现状

一、开发利用中存在的问题

（一）缺乏总体规划和调控

就目前国内各地的民族体育文化活动来看，通常是由各民族地区进行自主策划，在地域空间分布格局上存在很大的问题，无法作出科学系统的规划与安排，主要体现在：一是地域分布不均匀，西南地区往往处于密集、饱和型状态，而其他地区数量较少，未能因地制宜；二是季节规划不规则，春秋季节活动较多，夏冬季节稀少，未能因时制宜，一些夏季的龙舟竞赛、棋艺比赛，以及冬季的滑雪、溜冰等未能很好地予以利用；三是部门管理不合理，由于对民族体育文化内容及举办形式缺乏专业的研究策划及定位，致使执行标准不统一，各行其是，不能树立具有特色的旅游形象，无法打出富有吸引力的民族体育文化旗帜及品牌，导致反响较微、规模不大及发展目标不宏远；四是宣传力度不到位，有些总体规划和调控处理得不错，但缺少宣传投资意识。

（二）经营管理状况待改观

国内对民族体育文化的经营管理急需规范，主要体现在以下两个方面：首先管理部门太多，制约性太强，一个旅游景区的整体投入、门票分成及对外宣传等管理工作往往就有风景名胜管理处、林业局、旅游局、文化局及土地管理局等多个部门插手处理，存在收钱有人、管理无人、意见不一的不良状况，致使民族体育活动在旅游景区的发展受到很大的制约，难以发挥最大效益；其次是各部门职权分配不明确，一旦与游客发生权益纠纷时，各自推诿，影响民族体育文化长期发展的信誉，或者放任自流，没有专门的监督管理机构，致使出现乱标价、乱立项，甚至一些村镇自设娱乐场所，各占一方，从而影响民族体育旅游健康、有序、稳定地发展。民族传统体育文化资源的开发利用使参与民族体育活动的人数极为丰富，甚至多达百万之众，往往汇集了全国各地甚至世界各地的游客，展示了体育文化极大的市场价值。但不可否认，在开发上仍然存在众多不足，如“五一”“十一”黄金假期中，往往难以达到预期的轰动效应。还有，目前的民族体育文化多是民间自发组织，在资金投入、场地设施、规模大小上受到制约，影响了民族体育文化资源的开发利用。但一些由市级、县区组织的赛龙舟、抢花炮等体育文化活动，则能够吸引大批旅游观众，带来巨大的经济收入。作为单独的旅游项目进行开发，穿插在民族风情表演的旅游活动中，或作为附带项目，发挥其应有的市场价值及开发潜力，相关人员提高让其走向产业化和社会化的认识；体现独有的民族文化品位，各景区的体育文化打造不同项目、高品位、内涵足的体育活动项目，辩证地结合本地区、本民族的具体情况予以开发；培养民族体育文化的专业人才，在组织、讲解、表演上提高水平，将民族体育的艺术性、观赏性演绎到位，注重质量；提高认识和宣传，一些游客对民族体育文化了解不多，参与积极性不足，从而导致民族体育的表演收入变动较大。

二、体育竞赛

各级少数民族传统体育运动会是各少数民族进行交流的一个大舞台，各个少数民族都有机会将其民族独特的项目在这个大舞台上向各族同胞们展示。这是一个让自己民族的文化向外传播发展的绝好机会。将少数民族传统体育文化项目引进各级少数民族传统体育运动会，作为表演项目参与竞赛，或者在开闭幕式上进行表演，是宣传和介绍少数民族传统体育文化的绝好机会，让各族同胞感受少数民族传统体育文化的气势和魅力，从而提升少数民族传统体育文化的知名度。借助全国少数民族传统体育运动会的影响力和宣传力不断壮大。全国少数民族传统体育运动会（以下简称“民运会”）是由国家民族事务委员会和国家体育运动委员会联合主办、由地方承办的每4年举行一次的全国性民族体育盛会，是中国目前关于少数民族传统体育文化宣传力度最大、影响范围最广的国家行为。民运会为贵州少数民族传统体育文化提供了很好的发展平台，是贵州少数民族传统体育文化“借国家之力，涨自己之威”的发展良机。目前，八人秋千、高脚竞速、押加、摔跤、打陀螺、蹴球、射弩、抢花炮、龙舟、独竹漂、珍珠球等具有竞技性质的贵州少数民族传统体育项目已被列入民运会比赛项目，影响力不断壮大。依托“全民健身”发展少数民族传统体育活动。2012 年，作为响应国务院通过并已施行的《全民健身条例》，贵州省、市（地、州）和县级政府正在制订推出《全民健身实施计划》，着力推进“多彩贵州龙舟赛”、户外徒步、舞龙舞狮等民族传统体育项目和山地户外运动。例如，黔东南苗族侗族自治州和黔南布依族苗族自治州利用其丰富的水资源，重点打造出以民族传统体育项目漂流、皮划艇和龙舟为特色的水上全民健身活动。施秉县杉木河漂流节和下司皮划艇激流回旋赛事已成为品牌项目，每年吸引着几十万群众的参加。贵州少数民族传统体育活动作为促进全民健身活动开展的有效方式之一，不仅丰富了全民健身活动的内容，也为其自身的保护与传承提供了一条新思路。

三、学校教育

少数民族传统体育文化进校园，对于保护和传承民族文化具有重要的意义。根据少数民族传统体育文化的特点和功能，将其整理、改编后引入各级学校，可以作为一项教学内容，让学生了解少数民族传统体育文化的历史和文化，参与少数民族传统体育文化的学习，从而增强对少数民族文化的认知和感情。还可以在学校成立一个专门的少数民族传统体育文化协会或者少数民族传统体育文化表演队，既可以作为学校特色项目，又可以作为各类活动的表演，能有效宣传学校知名度，丰富学校校园文化。此外，还可以加强对少数民族传统体育项目技术动作、花式花样的创新和创编，举办系列比赛，从而加强交流。

四、大众健身活动

国家大力推行全民健身计划，目的就是让群众积极参与体育锻炼，使健身成为人们生活的一部分，让人民群众真正享受到体育带来的健康和快乐，让体育运动在人的全面发展与和谐社会构建中发挥更加积极的作用。少数民族传统体育项目是具有悠久历史的民族传统体育和艺术形式，是非常好的民族集体健身活动，具有健身、娱乐、观赏等价值。把少数民族传统体育项目作为全民健身项目进行推广，既可以弘扬我国少数民族传统文化，又可以满足人们对强身健体的需要，还可以充实人们的生活，提高大众的艺术观赏力。

五、民俗民族研究

依托相应的少数民族传统节日，开发并发展贵州少数民族传统体育文化。在漫长的发展过程中，传统体育活动不断与节庆活动融合，发展到现代社会，大多数体育项目都在举行过程中依托相应的少数民族传统节日在发展壮大。如素有“东方橄榄球”之称的“抢花炮”，是黔、桂、湘边界侗族、壮族、仫佬族聚居地流传着的民间传统体育活动。目前，以贵州从江县的“花炮节”最为著名。毋庸置疑，“抢花炮”是“花炮节”上最主要的活动内容之一，它象征着侗族人民对幸福的追求，蕴含着侗族人民对美好生活的向往。再如苗族在鼓藏节举行招龙、跳鼓藏木鼓舞等活动；仡佬族在敬雀节上跳敬雀舞、举行舞龙等活动都是典型的案例。此外，部分体育项目虽没有与其相适应的民族节庆，却是很多大型节庆、聚会活动中的重要内容。例如，广泛流传于贵州少数民族中的拔河、跳绳、打棍、打手毽、舞龙舞狮等大众体育活动，经常性地在很多大型活动中演出。

第二章　贵州民族传统体育文化资源的开发利用原则

一、注重独特魅力，突出民族性原则

任何一项民族体育都有它产生、演变及发展的独特过程。在开发民族体育文化资源时，要注意以民族体育文化为主导，挖掘存在的独特魅力，做到“人无我有，人有我精”，从奇特、规模、古老、实用等方面彰显体育活动的民族特性。既要注意体现它美体健身、休闲娱乐的功能，又要对它进行整理、研究、开发和包装，注重民俗风情，突出地域性特色。在我国，同一地区内通常是多民族杂处，民族体育活动精彩纷呈，要注意选择难以替代的具有突出地位的民族体育文化资源，这样才具有一定的竞争力。在开发时，要注意结合当地的自然景观、民俗风情，做好特色定位，并且不能过度对民族体育进行篡改、修饰，尽可能在内容、格调、造型和色彩上保持原始风貌，从而形成地域性的特色精品。

二、注重文化内涵，突出参与性原则

在具体开发各项民族体育文化资源时，相关活动和商品要注重民族体育文化内涵的挖掘与定位，并通过展现或参与的方式呈现给游客。一直以来，旅游部门及景区特别注重中国旅游的观赏性和娱乐性，但却一直忽略游客的参与需求，民族体育文化更应该加大旅游者的参与性，让其在参与的过程中体验民族传统文化内涵，加强对民族体育文化的喜爱。

三、注重防护措施，突出安全性原则

近年来，国内外一些景区不断发生安全事件，致使游客的生命财产安全受到威胁。因此，对于具有挑战性、刺激性和危险性的民族体育文化资源，在开发时要特别注意做好防护措施。比如赛马、攀岩以及大型体育文化活动等，往往需要通过超越和挑战自我才能彰显其魅力，但其安全隐患也是不言而喻的，这就需要主管部门加强监督检查，保障安全。

第三章　贵州民族传统体育文化资源的开发利用方法

一、政府进行总体规划和调控

在开发民族体育文化资源时，首先，政府要加强自身的主导作用，加大资金的扶助与投入，对相关项目进行引导、规划、调控及监督，使民族体育文化资源能够运营正规化、科学化和合理化，并促进旅游、饮食产业部门、社会各企业、行政部门等加强合作，改善景区环境、交通运输、邮电通信、餐饮服务等。其次，民族体育文化资源开发利用涉及旅游、民族、体育等部门，政府有必要提供管理体系及法制体系等正规化的支持体系，通过部门间综合运用旅游的法制“行政”规划等手段，从而建立和完善可持续发展综合协调与决策的民族体育文化管理机制组织和法规。最后，应该注重景区的基础设施建设，如提高公路等级，改造表演场地，建立一批功能完善、设备齐全、档次分布合理、特色鲜明的休闲娱乐场所，激发游客停留或重游的兴趣，从而增加消费投入。

二、相关部门需加大宣传力度

民族体育文化资源往往“养在深闺人不识”，所以在宣传力度上更需加大。加强宣传时，通常要注意以下几点：一是要充分体现民族体育文化资源的自身优势，突出并树立“民族品牌”；二是注意结合当地的自然风光、风俗民情，既能起到将各种旅游资源融会贯通的作用，又能有效地提高自身的吸引力；三是要注意将“民族传统体育文化资源”作为宣传主题，加深人们对民族体育文化资源的印象，以及对相关内容和环节的了解，这样才能吸引游客的注意力和好奇心；四是通过舆论导向潜移默化游客的心理观念，使其从潜意识的自发行为向有意识的自觉行为转变，这样才能发自内心地认可和喜欢民族体育文化资源；五是对一些重点的民族体育文化资源进行详细讲解，让人们可以了解其内容特点及服务项目；六是联合民族、旅游、文化等部门和机构进行宣传，增加宣传力量；七是注意通过电影、电视、手机、网络、书报及广告等渠道展开宣传工作。

三、挖掘资源并大力拓展市场

在民族传统体育文化资源的挖掘上，对已经开发的资源要辨析它的发展优势，不断地予以完善、继承，寻找它存在的问题，进行分析并解决。对未发现或未使用的资源，要借鉴和参考已开发资源的经验，结合旅游市场的分析调查，研发一套可行性极强的规划方案，尽可能对已开发和未开发的资源采取两手抓的方式，既不放弃已开发资源的辉煌成绩，又可着手未开发资源的潜在优势。这样才能不断地丰富民族体育文化资源，并为拓展市场提供重要的资源保障。在拓展市场时，首先，要不断革新自己的市场意识，以市场需求为准则，加强调查、寻找机遇，开发适合游客心理和生理需求的民族体育文化资源；其次，要注意向集约化、规模化、集团化发展，尽快形成保护资源、增加效益的管理机制，以及有利于培养公平竞争、配置优化的市场经营环境。

四、注意人力资源的开发培养

孙中山曾说过，“人能尽其才则百事兴”。要想让民族体育文化资源的开发走得远、走得久，对人力资源的开发和培养至关重要。由于民族体育文化资源涉及民族语言、民族文化、地理、历史及体育等多方面的领域，因此必须通过专项培训和职业教育建立一支熟悉民族文化和体育业务的高水平、高素质的专业人才队伍，能够熟悉民族体育文化资源的相关内容、展示步骤及参与方法，并可担任导游、讲解、表演等各方面的工作。同时，要加强从业人员创新意识。要想具有创新意识，开发人员必须彻底改变观念，认识到民族体育文化资源开发的市场价值及开发的可行性、必要性，并注重理论研究、人员培训，在加深理解和认识后，才能具备创新的基本条件。

五、注意加强开发的可持续性

要想有效落实这一点，在开发民族体育文化资源的同时，必须采取一定的保护措施，这样才能保证民族体育传统文化不受影响和损害，才能成为一种与自然景观、民俗风情和谐发展的环保型文化产业。这主要从两个方面入手：一是保护民族体育文化资源传统文化的可持续发展，尽可能收集、整理和利用民族传统文化的形式，促进与现代旅游文化、体育文化的有机结合，这样既保留传统文化的内在价值，又能适应大众对传统文化的内心需求；二是保护民族体育文化资源环境的可持续发展，这样能够创造一个良性的循环系统，从而协调和保护民族体育文化资源开发与环境的关系，并加大对旅游景区生态环境的治理力度，实现两者的可持续发展。